GOVERNANÇA PÚBLICA MUNICIPAL

***Primeiro Modelo** para Implementação

E

ESG APLICADO AO SETOR PÚBLICO

***Primeiro Modelo** para Implementação

Dr. Augustinho Vicente Paludo
Dr. Antônio Gonçalves de Oliveira
Msc. Fernando Diego Trujillo
Dr. Inácio Andruski Guimarães
Dra. Isabel Jurema Grimm
Dr. Mário Prokopiuk
Dr. Rogério Allon Duenhas

GOVERNANÇA PÚBLICA MUNICIPAL

*Primeiro Modelo para Implementação

E

ESG APLICADO AO SETOR PÚBLICO

*Primeiro Modelo para Implementação

2025

EDITORA JusPODIVM
www.editorajuspodivm.com.br

EDITORA *Jus*PODIVM
www.editorajuspodivm.com.br

Rua Canuto Saraiva, 131 – Mooca – CEP: 03113-010 – São Paulo – São Paulo
Tel: (11) 3582.5757
• Contato: https://www.editorajuspodivm.com.br/central-de-relacionamento

Copyright: Edições *Jus*PODIVM

Diagramação: Lupe Comunicação e Design *(lupecomunicacao@gmail.com)*

Capa: Ana Caquetti

P184o Paludo, Augustinho Vicente
Governança Pública Municipal e ESG Aplicado ao Setor Público: Primeiro Modelo para Implementação / Augustinho Vicente Paludo... [et. al.] – São Paulo: Editora Juspodivm, 2025.
296 p.

ISBN: 978-85-442-6183-5

1. Governança Pública. 2. Administração Pública. 3. ESG Público. I. Paludo, Augustinho Vicente II. Oliveira, Antônio Gonçalves de III. Trujillo, Fernando Diego IV. Guimarães, Inácio Andruski V. Grimm, Isabel Jurema VI. Prokopiuk, Mario VII. Duenhas, Rogério Allon VIII. Título.

CDD 350

BIBLIOTECÁRIA RESPONSÁVEL

Ana Carolina Ribeiro Mois – CRB7 – RJ 007348/0

De tudo, ficam três coisas:

A certeza de que estamos sempre começando,
A certeza de que é preciso continuar,
A certeza de que seremos interrompidos antes
de terminar.

Portanto devemos:

Fazer da interrupção um caminho novo,
Da queda, um passo de dança,
Do medo, uma escada,
Do sonho, uma ponte,
Da procura, um encontro.

Poema atribuído a
Fernando Sabino

DEDICATÓRIAS

Aos meus filhos, Luís Otávio, Ana Laísa e José Pedro, a quem amo e sinto saudades, mesmo em vida e estando tão próximos – e a **todas as pessoas que são honestas e praticam o bem** – independentemente da condição econômica, raça ou religião –, pois são como verdadeiras lâmpadas a iluminar a escuridão de um mundo egoísta.

Augustinho V. Paludo

À minha família, alicerce para a vida; aos amigos, porque só os verdadeiros permanecem, especialmente os da "pelada", que transformam campos em cenários de histórias e risadas; aos meus alunos e ex-alunos; aos orientandos, que confiaram em meu caminho e dividiram comigo a busca pelo saber; e ao Grande Arquiteto do Universo, cuja infinita bondade e sabedoria nos concedem não apenas a vida, mas a dádiva de compartilhá-la com pessoas tão extraordinárias.

Antonio G. Oliveira

Ao meu filho Heitor, meu maior presente e fonte de inspiração e coragem, que me trouxe um novo significado sobre o que é o amor. À minha amada esposa Tatiane, companheira e amiga, que sempre me apoiou, incondicionalmente. À minha mãe, Ana Lúcia, virtuosa, símbolo de ternura e resiliência, que foi e sempre será imprescindível nas minhas formações pessoais, profissionais e acadêmicas. À toda a minha família, que sempre esteve ao meu lado a todo instante.

Fernando D. Trujillo

Dedico esta obra especialmente ao meu filho Enrico.

Inacio A. Guimarães

Dedico esta obra a todos os meus alunos e alunas, que, com seu entusiasmo e curiosidade, me inspiram a seguir na jornada do aprendizado e do ensino. A cada interação, renovam minha paixão pela educação e me motivam a buscar novos caminhos para compartilhar conhecimento.

Isabel J. Grimm

Dedico esse livro em eterna gratidão à minha mãe, Tereza Prokopiuk (*in memoriam*), e ao meu pai, Wenceslau Prokopiuk, que sempre me incentivaram, apoiaram e acreditaram no valor da educação e do trabalho comprometido com o bem público. E agradeço ao Augustinho Paludo pela parceria de longos anos, pela confiança e pela amizade verdadeira que construí ao longo desta caminhada.

Mario Prokopiuk

Dedico este livro à minha esposa Helen, e aos meus filhos Arthur e Heitor.

Rogério A. Duenhas

APRESENTAÇÃO

A governança no setor público continua sendo um dos temas mais comentados – e mesmo sem ter certeza de que se trata, como se implementa e como funciona – muitas instituições e gestores a consideram implementada e em funcionamento.

O conhecimento limitado sobre a governança pública tem levado instituições de renome, profissionais, gestores, e até mesmo acadêmicos, a falar de "governanças" que não existem; como governança de TI, governança de processos, governança de projetos, etc. A explicação é simples: **governança vem de governo** (do ente federativo ou da instituição pública), é estratégica e posiciona-se acima da administração e da gestão. Portanto, os termos acima estão incorretos, porque TI, processos e projetos não são governados, mas geridos e gerenciados.

Outra situação verificada em muitos casos, em que se afirma ter implementado a governança, é a ausência de elementos essenciais que a caracterizam, como, por exemplo, a participação das partes interessadas.

E, certamente, a maior dificuldade dos gestores públicos – depois de compreender o que realmente é a governança pública – está em entender como ela funciona efetivamente: como ela se aplica e como ela fortalece, direciona e orienta a administração e a gestão, de forma a melhorar os serviços e os resultados.

Para dirimir essas e outras dúvidas a respeito da governança pública, apresenta-se este livro, que tem origem nas pesquisas realizadas para a construção da **Tese de Doutorado em Planejamento e Governança Pública na UTFPR** (2025) – cuja banca de qualificação e defesa foi composta por cinco professores doutores: UTFPR, PUC-PR, UNIVASSORAS e FGV-PR.

Ainda que o título vincule o livro aos municípios (que é o seu maior foco), sua abordagem **transcende** o título da obra, visto que compreende:

Governabilidade - Governança - Administração e Gestão - Planejamento - Desenvolvimento: abordados em nível Mundial, Nacional, e Municipal; e, ainda, o ESG aplicado ao setor público.

Assim, o livro apresenta um referencial teórico consistente para todos esses itens - e foca em aspectos práticos para aplicação e funcionamento da governança nos municípios. Ainda, a obra incorpora discussões sobre a aplicação dos princípios de *Environmental, Social and Governance* (ESG), e faz a conversão do ESG privado para o setor público brasileiro, indicando um caminho para sua implementação.

Fontes

A pesquisa para a elaboração do texto de Governança localizou 1.245 conteúdos, dos quais foram utilizados 360. Porém, como o mesmo tema é tratado em capítulos diferentes (níveis mundial e nacional; e nível municipal), 124 referências foram excluídas por estarem em duplicidade, restando, assim, 236 conteúdos efetivamente utilizados, sintetizados no quadro a seguir.

Especificação	Quantidade	Nacionais	Internacionais
Livros	29		
Documentos Públicos + IBGC	18		
Tese, Dissertação, Monografia e TCC	53	211	25
Artigos Científicos (inclui anais de eventos)	125		
Outros, oriundos da Internet	11		
TOTAL	236	236	

Para o ESG foram pesquisados 178 conteúdos e utilizados 53, além de pesquisas em dezenas de páginas de instituições públicas nacionais e internacionais.

A UTFPR é a única Universidade Federal a ofertar curso de ***Doutorado em Governança Pública***, traduzindo-se, assim, em centro de excelência a emanar conhecimentos da governança pública para todo o Brasil.

Motivação e Solução proposta pelo livro

Fazer algo útil para ajudar a solucionar problemas públicos (municipais ou de instituições públicas) e melhorar os serviços públicos e os resultados para a população, contribuindo para a sustentabilidade, a redução das desigualdades sociais, e a melhoria do bem-estar de todos os brasileiros, foi nossa motivação.

É fato que os municípios brasileiros convivem com problemas desde a sua criação, que foram agravados pelo crescimento populacional urbano, pela escassez de recursos, pela corrupção generalizada e pelo agravamento de outros problemas como violência, moradia, desemprego e desigualdade social.

Ainda, há outras questões públicas urgentes (nacional e municipal), que necessitam de respostas concretas e imediatas, com destaque para a sustentabilidade e as mudanças climáticas, cuja solução envolve governos, instituições públicas e empresas privadas.

Num ato de coragem, os gestores utilizaram as tecnologias para solucionar os problemas urbanos e tornar as cidades "inteligentes". Todavia, mesmo positivas, as tecnologias não solucionaram os problemas sociais, trouxeram novos problemas, e uma nova forma de desigualdade: a desigualdade digital.

De outro lado, a população anseia por ver o cumprimento de garantias que lhes foram asseguradas pela Constituição Federal de 1988, como "moradia, alimentação, educação, saúde, lazer, vestuário, higiene, transporte e previdência social" (art. 7º).

A não resolução, ou não amenização, dos problemas, sem menosprezar outras visões, se deve a dois aspectos principais, **(i)** à falta de vontade política dos governos e dos altos gestores; e **(ii)** à falta de uma boa administração e gestão (municipal ou das instituições públicas).

A vontade política pouco depende deste livro, visto que tem capacidade limitada para influenciar na formação da vontade de governos, prefeitos, políticos e altos gestores. A administração e a gestão – em todos os níveis – podem ser impactadas positivamente pelo conteúdo deste livro, porque a governança chegou para organizar e melhorar a administração e a gestão, tornando-as mais capazes de resolver problemas e melhorar o planejamento, os serviços e os resultados para a instituição e para os cidadãos.

Todavia, a inexistência de conteúdos descritivos-explicativos sobre a aplicação da governança na administração e gestão prejudica o seu entendimento, e faz com que ela seja mal compreendida, mal implementada e mal aplicada, anulando ou reduzindo o impacto positivo que ela poderia causar na administração e gestão.

Essa é a razão deste livro: fornecer um conteúdo científico, confiável, objetivo e claro, que o gestor municipal consiga ler e compreender, e que demonstre esse potencial da governança, e esclareça as inter-relações, os papéis e a importância da governança pública municipal. Além disso, apresenta-se uma estrutura e um caminho para sua implementação, incluindo aspectos práticos de sua aplicação no planejamento voltado ao desenvolvimento local.

Registre-se que o conteúdo do livro vai além dos aspectos municipais e aborda com propriedade a governabilidade, a governança, a administração, a gestão, o planejamento e o desenvolvimento – também em nível nacional: aplicado aos governos e instituições públicas de todos os níveis e poderes.

Assim, **a solução proposta** é: por meio da governança, melhorar a administração e a gestão, tornando-a mais capaz de resolver os problemas municipais (e problemas das instituições públicas de todos os níveis); e, consequentemente, melhorar a prestação de serviços, o planejamento e os resultados para a instituição e para todos os cidadãos.

Quanto ao ESG, o livro traz o embasamento teórico acerca do tema e faz a conversão de sua aplicação para o setor público brasileiro, indicando um caminho prático para a sua implementação, monitoramento e aperfeiçoamento. A obra incorpora discussões sobre a aplicação dos princípios de *Environmental, Social and Governance* (ESG) no setor público brasileiro, proporcionando uma compreensão aprofundada das práticas sustentáveis e dos responsáveis pela sua implementação.

Estrutura do Livro

<table>
<tr><td>Capítulo 1 – Introdução e Contextualização</td><td>Inserção nos temas, contextualização e introdução acerca dos problemas municipais, governança, administração e gestão e planejamento.</td></tr>
<tr><td rowspan="2">Capítulo 2 – Revisão da Literatura</td><td>Estudo das teorias aplicadas à governança: teoria da agência; institucional, da escolha pública e dos stakeholders.</td></tr>
<tr><td>Fundamentação teórica abstrata quanto a: governabilidade; governança pública; administração pública; desenvolvimento; e planejamento público.</td></tr>
<tr><td rowspan="2">Capítulo 3 – Referencial Aplicado ao Município</td><td>Referencial aplicado ao Município, quanto a: governabilidade municipal; governança pública municipal; administração e gestão pública municipal; desenvolvimento local; e planejamento estratégico municipal.</td></tr>
<tr><td>Principais conteúdos da pesquisa documental, quanto à governança pública municipal.</td></tr>
<tr><td>Capítulo 4 – Resultados</td><td>Esclarecimentos de aspectos importantes da governança pública e governança pública municipal, de suas conexões, papéis e sistema de governança e administração pública municipal, da aplicação no planejamento para o desenvolvimento local, e proposição de um caminho para implementação da governança pública municipal.</td></tr>
<tr><td>Capítulo 5 – Considerações Finais e Conclusão</td><td>Considerações finais dos autores, e conclusão geral.</td></tr>
<tr><td>ESG Aplicado ao Setor Público</td><td>Conteúdo teórico e prático do ESG dividido em 5 pontos: 1-Sustentabilidade e ESG; 2-ESG aplicado ao setor privado; 3-Do privado para o público; 4-ESG no Setor Público; 5-Considerações Finais.</td></tr>
</table>

Público-Alvo

O conteúdo do livro inclui conteúdo Nacional e Local, por isso é de interesse de todas as Instituições Públicas em todos os níveis e em todas as esferas; Partidos Políticos; Servidores e Profissionais que atuam no setor público; Professores acadêmicos; Empresas de cursos e consultoria; e demais interessados em conhecer os conceitos e a aplicação da teoria da Governança e do ESG no setor público brasileiro.

Todos os autores têm canais nas redes sociais para contato e esclarecimentos acerca do conteúdo do livro. Se preferir, pode usar o contato da página www.augustinhopaludo.com.br.

Que esta obra inspire práticas de governança mais justas, participativas e inovadoras, contribuindo para a construção de cidades mais humanas e sustentáveis.

SUMÁRIO

Parte 1

GOVERNANÇA PÚBLICA MUNICIPAL

Parte 1

GOVERNANÇA PÚBLICA MUNICIPAL

AUGUSTINHO V. PALUDO

ANTONIO G. OLIVEIRA

INÁCIO A. GUIMARÃES

ISABEL J. GRIMM

MÁRIO PROKOPIUK

ROGÉRIO A. DUENHAS

1

INTRODUÇÃO E CONTEXTUALIZAÇÃO

A organização político-administrativa da República Federativa do Brasil compreende a União, os Estados, o Distrito Federal e os Municípios, todos autônomos, conforme assegurado pelo artigo 18 da Constituição Federal de 1988. Na comparação com outros países a nação brasileira tem um ente federativo peculiar, que são os Municípios, presentes no Brasil desde o período colonial (Costa, 2008).

No Brasil, a Constituição e leis federais e estaduais devem ser respeitadas no âmbito municipal, bem como as metrópoles e outras grandes cidades exercem influência em todo o território nacional (Santos, 1993; Lobo, Cunha, 2019). Todavia, sob outro olhar, os municípios também possuem vida própria, pois são autônomos e senhores dos seus destinos, cujas decisões e ações ditam o crescimento e desenvolvimento local, com reflexos diretos na qualidade de vida da população que habita em seu território.

Olhando para a história, tanto em anos longínquos como em períodos recentes, vê-se que os países e regiões têm ciclos de crescimento econômico (Furtado, 2009) que, em regra, resultam em melhoria das condições de vida da população; e ciclos de estagnação ou recessão econômica (Vaz-Curado, 2019), com reflexos negativos para a nação, para a região, e para seus habitantes.

O contexto brasileiro não é diferente, visto que nos últimos trinta anos houve períodos de crescimento, alternados com períodos medianos, e períodos em que o crescimento foi negativo, conforme o quadro 1.

QUADRO 1 - TAXA DE CRESCIMENTO DO PIB ANUAL REAL

ANO	(%)	ANO	(%)	ANO	(%)	ANO	(%)
1990	1,80	1999	0,47	2008	6,30	2017	1,10
1991	1,03	2000	4,39	2009	0,20	2018	1,30
1992	-0,54	2001	1,39	2010	7,50	2019	1,40
1993	4,92	2002	3,05	2011	2,70	2020	-3,90
1994	5,85	2003	1,14	2012	0,90	2021	5,00
1995	4,22	2004	5,76	2013	2,30	2022	2,90
1996	2,21	2005	3,20	2014	0,10	2023	2,90
1997	3,39	2006	3,20	2015	-3,80	2024	3,20
1998	0,34	2007	3,70	2016	-3,50		

FONTES: IBGE e Ipeadata (2024). NOTA: Elaborado pelos autores (2025).

Vê-se que nos últimos dez anos o crescimento médio do PIB foi de 0,66%. Reflexos diretos desse baixo crescimento foram o aumento da desigualdade social, a precariedade do emprego, o empobrecimento da população (Mattei, Cunha, 2020), o aumento da criminalidade, e o agravamento da fome (Torrado et al., 2022), que, em julho de 2022, atingiu cerca de 33 milhões de pessoas (combateafome.org.br, 2023).

Esses dados demonstram que os resultados das ações dos governos estão na contramão do contido na nossa Carta Magna, que está fundamentada na dignidade da pessoa humana (CF/1988, art. 1º, III), e tem como objetivo fundamental erradicar a pobreza, reduzir as desigualdades sociais e regionais, e promover o bem de todos (CF/1988, art. 2º, III e IV).

Na ótica pública, os governos nacionais, estaduais e municipais utilizam a administração e a gestão, como instrumentos para implementar os planos e alcançar seus objetivos. A administração e a gestão pública (federal, estadual e municipal) têm, portanto, o papel relevante de traduzir as diretrizes e objetivos políticos dos governantes eleitos democraticamente, em programas, projetos e linhas de ações capazes de concretizar esses desejos políticos, cujos reflexos afetam a economia, o social e a sustentabilidade.

Sem desconsiderar os ataques que a administração tem sofrido (desmantelamento de instituições públicas e propostas de reformas para torná-la mais política e menos profissional.) e as críticas existentes quanto a atuação administrativa pública, com relação aos serviços de baixa qualidade e resultados insatisfatórios (Neves, *et al.*, 2017; Novato, 2019); é essa administração que assegura a atuação dos mandatários dentro da lei, que assegura o combate aos desvios de finalidade e de recursos, que soluciona problemas, e que presta serviços aos cidadãos: é essa mesma administração que "pode fazer 'mais com menos' e melhorar os serviços e resultados públicos, que em última instância, melhoram também a qualidade de vida das pessoas" (Paludo, Oliveira, 2024, p. 6).

Nas teorias administrativas têm-se que o planejamento é o guia das ações administrativas, tanto na iniciativa privada como no meio público. No Brasil, por imposição da Constituição federal de 1988, artigo 174, é competência do Estado (por meio das instituições públicas) realizar a função de planejamento:

> Art. 174, Como agente normativo e regulador da atividade econômica, o Estado exercerá, na forma da lei, as funções de fiscalização, incentivo e planejamento, sendo este determinante para o setor público e indicativo para o setor privado.

O planejamento é o direcionador das ações públicas, e se bem elaborado, contribui para o alcance de melhores resultados em todos os níveis: nacional, regional ou local. É por meio da implementação de um conjunto de projetos e ações, estabelecidos racionalmente no planejamento, que se obtém o crescimento econômico, que é o caminho indicado para avançar rumo ao desenvolvimento, e, assim, abrir espaço para solucionar problemas, reduzir as desigualdades e alcançar a justiça social (Pereira, Wez Jr., 2021).

O desenvolvimento utiliza-se do planejamento, estratégias e processo (Carvalho, 2022), e tem como finalidade o crescimento e o desenvolvimento (Costa, 2014). Em sentido oposto, o mau planejamento está entre as causas do subdesenvolvimento e da pobreza (Santos, 2007, p. 13). Assim, se o planejamento não é garantia de sucesso, sem ele o desenvolvimento e a melhora social estão fadados ao fracasso (Paludo, Prokopiuk, 2014).

Nesse contexto, visando auxiliar o gestor público, melhorar a organização da administração e o funcionamento da gestão, bem como fortalecer o planejamento; surge a governança como um sistema que propõe

1 Governos Collor de Melo, Temer, Bolsonaro; e a PEC32 que tramita no Congresso Nacional.

elevar a gestão das organizações públicas a novos patamares de eficiência, eficácia, efetividade e sustentabilidade. A governança pública "dá o direcionamento estratégico, orienta o planejamento, ao mesmo tempo em que monitora, controla e avalia a atuação da gestão, assegurando que os serviços e resultados agreguem valor e atendam às necessidades das partes interessadas, os *stakeholders*" (Paludo, Oliveira, 2024, p. 11).

Ora, se a governança tem esse poder de influenciar e guiar a administração e a gestão, e se compete a essa administração, dentre outras, a elaboração do planejamento que guiará a atuação dos Municípios e indicará um caminho para o desenvolvimento; vê-se na boa governança municipal um novo impulso para o planejamento voltado para o desenvolvimento local.

Isso inclui maior abertura para a participação da sociedade, ampliação do debate na busca por soluções, realização de convênios e parcerias, e a seleção dos melhores projetos de acordo com a capacidade municipal, visando alcançar patamares mais elevados de qualidade nos serviços públicos, otimização na utilização dos recursos, e resultados que atendam às necessidades das partes interessadas (instituições públicas, usuários, cidadãos, sociedade).

Todavia, a governança é um sistema complexo que se inter-relaciona com diversos elementos e atores. Acima dela tem a governabilidade, que influencia no seu funcionamento, visto que a governança também é compreendida como o braço operacional da governabilidade (PDRAE, 1995). Por ser um "instrumento da governabilidade para a realização dos fins do Estado, a governança pressupõe condições mínimas de governabilidade, ou seja, em situações de crise grave ou de ruptura institucional, que afetem a governabilidade, a governança restará comprometida, haja vista o seu caráter instrumental" (Paludo, 2024a, p. 231).

No bojo da governança têm-se o dirigente máximo, a alta administração e os cidadãos; sujeita as regras da governança têm-se a administração e a gestão; e, em seu entorno, têm-se os órgãos de controle, os poderes, o mercado e a sociedade. É por isso que a governança é vista como um sistema complexo, pois envolve a diversidade de atores e elementos inter-relacionados e interdependentes.

Além de agregar as partes internas e externas, a governança traz consigo o resgaste do espírito público, do olhar democrático e social, do bem comum, da importância de critérios para nomeação de gestores públicos, da transparência na tomada de decisões, da visão conjunta de governança e gestão, da participação das partes interessadas, do combate à corrupção, e do foco em resultados que atendam as partes interessadas (Brasil, 2014; GPGP, 2018; Brasil, 2020; RGB, 2021).

Uma vez implementada, a governança exerce seu poder de governar, cujos reflexos se estendem a todas as instâncias e atores municipais; inclusive, espraiando-se para além do município. Nesse contexto, a governança tem importantes papéis a desempenhar na administração e na gestão das instituições públicas municipais, e no planejamento para o desenvolvimento local.

Considerando que a principal atuação da governança é sobre a administração e a gestão, cabe esclarecer que administração é um termo mais amplo e tradicional, que compreende a estrutura administrativa e as funções estratégicas, e gestão um termo mais moderno e ligado à parte tática e operacional de fazer acontecer. Todavia, há casos que dispensam essa segregação, e pode-se dizer assertivamente administração de empresas ou gestão de empresas, administração municipal ou gestão municipal, dentre outros.

Já o planejamento é a primeira e a principal função da administração: é um processo racional para tomada de decisão, é um guia para as ações, um direcionador de futuro apontando o caminho a ser seguido para "sair de uma situação atual existente e alcançar uma situação futura desejada" (Paludo, Prokopiuk, 2014, p. 14).

Demonstrar a importância da governança, esclarecer suas conexões e interrelações, desvendar o papel que desempenha em cada uma dessas dimensões, demonstrar uma estrutura de governança e administração aplicada ao município, e indicar um caminho para sua aplicação no município, irá facilitar a compreensão pelo gestor público, pelos demais atores, e pela sociedade, de sua real importância e da necessidade de sua adequada implementação.

Um município com uma boa governança guiando a administração e a gestão, com a participação dos principais atores locais e realização de convênios e parcerias, terá mais chances de sucesso na construção e implementação do planejamento para o desenvolvimento local sustentável.

Todavia, existem dificuldades a serem superadas para a implementação da governança municipal, como: a vontade política, a ausência de critérios para a indicação de gestores locais, as limitações técnicas e financeiras da administração em pequenos municípios, a pouca participação da comunidade local, a dificuldade em conciliar cooperação com competição, a quase ausência de instrumentos de monitoramento, avaliação, e responsabilização dos agentes com poder de decisão, dentre outros.

Para essas dificuldades, bem como para os grandes problemas locais (econômicos, sociais e ambientais) não existem soluções prontas, e nem se espera que esse estudo resulte em fórmula capaz de resolvê-los. Todavia, se houver vontade política e os municípios implementarem a governança adequadamente, terão uma administração mais bem organizada e melhores práticas de gestão, assim como regras, princípios e valores capazes de minimizar a corrupção e melhorar os serviços e os resultados da administração municipal.

Então, por meio do planejamento estratégico participativo voltado para o desenvolvimento local, guiado pela governança e construído pela administração e a gestão, com a participação de atores públicos e privados, é possível desenhar uma história diferente, e os munícipes podem olhar para o futuro e acreditar que haverá dias melhores para toda a população municipal.

2

REVISÃO DA LITERATURA

A revisão da literatura compreende os estudos de aplicação em nível nacional ou internacional, oriundos do levantamento bibliográfico acerca da governança pública e demais temas abordados neste livro. O conteúdo para aplicação específica encontra-se no Referencial Aplicado ao Município.

Os dois blocos referem-se a governança pública municipal e temas correlacionados, apenas segregados quanto a aplicação: (i) como revisão da literatura (capítulo 2), ou (ii) como referencial municipal específico, para a construção de novos entendimentos e do guia para aplicação da governança pública municipal (capítulo 3).

Assim, neste capítulo apresenta-se os conteúdos com a visão geral e abstrata acerca dos temas objeto do livro, compreendendo as teorias aplicadas a governança pública, a governabilidade, a governança pública e a governança multinível, a administração pública, o desenvolvimento e o planejamento público.

2.1 TEORIAS APLICADAS À GOVERNANÇA PÚBLICA

No setor público, quatro teorias são utilizadas para fundamentar e justificar a governança: teoria da agência, teoria institucional, teoria da escolha pública e teoria dos *stakeholders*. O estudo conjunto dessas teorias afasta interpretações simplistas e superficiais, e oferece ao estudante, pesquisador ou profissional, um bom entendimento acerca da governança aplicada ao setor público.

2.1.1 Teoria da Agência

Foi a separação entre a propriedade e a gestão, aliada aos escândalos de má gestão em grandes empresas, que deram origem a teoria da agência (Lacruz, 2020), entendida como uma relação contratual sob a qual o principal contrata o agente para desempenhar algum serviço em nome do principal, envolvendo a delegação ao agente, de poder para tomada de decisão (Jensen, Meckling, 1976).

A teoria da agência insere-se no contexto da teoria da firma e na teoria dos contratos, e tem grande difusão no campo das teorias organizacionais (Silva, 2018a). Seu foco está em determinar o contrato mais eficiente para reger a relação agente-principal (Lacruz, 2020), e guarda relação com o "*homos economicus*", que retrata os homens como individualistas, egoístas e oportunistas (Bernardon, 2018).

O início da discussão apoia-se na relação contratual entre os proprietários (principais) e os executivos que conduzem as organizações (agentes). Para que os agentes possam desempenhar as funções, o principal lhes confere o poder para tomar decisões (Jensen, Meckling, 1976). Todavia, os agentes têm maiores e mais detalhadas informações do que os principais, o que torna difícil o controle pelos proprietários.

Os agentes também têm seus próprios interesses, que nem sempre estão em harmonia com os interesses dos principais, ou que serão perseguidos prioritariamente, deixando os interesses dos principais em segundo plano; ou seja, "o agente buscará maximizar o benefício próprio em detrimento dos objetivos do principal" (Silva, 2018a, p. 27).

Dessa forma, têm-se presente tanto a assimetria de informações, como o conflito de interesses, na relação agente-principal.

A assimetria se caracteriza "quando uma das partes tem mais informações do que a outra" (Paludo, 2024b, p. 26) com relação ao mesmo objeto, que, na teoria da agência, se configura quando o agente fornece informações incompletas ao principal. O conflito de interesse se configura quando o agente não prioriza os interesses dos principais, e persegue seus próprios interesses (Borges, 2010; Silva, 2018a).

Um caminho adotado, na área privada, para a resolução desse impasse, consiste no sistema de recompensas atribuído aos agentes e estritamente vinculado ao desempenho e alcance das metas estabelecidas pelos principais (Shapiro, 2005). Se a recompensa atrelada aos resultados for razoável, diminui significativamente o risco de desvio de interesses pelos agentes (Silva, 2018b).

Estudos demonstram que o custo da agência é maior onde o quadro de gestores é alheio à propriedade da empresa, "são inversamente proporcionais ao alinhamento das posições de gestão e propriedade, e aumentam conforme o número de acionistas, sejam estes majoritários ou minoritários" (Silva 2018b, p. 29).

A figura 1 demonstra os vários elementos que compõem a teoria da agência.

FIGURA 1 - TEORIA DA AGÊNCIA

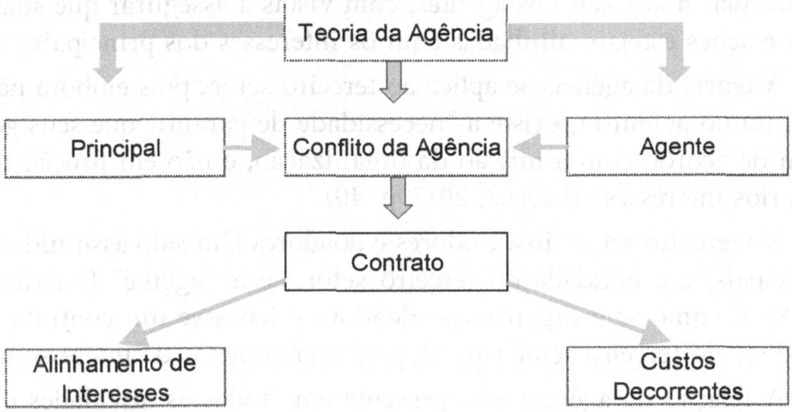

FONTE: Os autores (2025).

Os contratos de alinhamento de interesses amenizam, mas não dispensam, o monitoramento e o controle que devem estar presentes em todas as organizações. Nesse contexto, o conselho de administração das empresas modernas tem encontrado na governança corporativa um meio para redução de desvios e de custos de monitoramento.

A governança utiliza preceitos e conceitos oriundos da teoria da agência; pode-se dizer que "é apoiada pela teoria da agência, que se bem entendida e utilizada pelos vários agentes e conselho de administração, torna mais fácil reduzir os impactos negativos que os agentes podem causar sobre as organizações, trabalhando para a melhoria das relações e para a maximização dos resultados financeiros" (Moraes, 2015, p. 40).

A teoria da agência corrobora para a implementação de estrutura de governança, visando amenizar riscos e conflitos entre os proprietários e agentes, e fortalecer os relacionamentos com todos os interessados na empresa (Hedlund, et al., 2021); ou seja, a governança surge para atenuar os problemas de agência (Lacruz, 2020).

O sistema de governança corporativa, em apoio ao conselho de administração, utiliza mecanismos de direcionamento e controle da gestão para que os agentes persigam os objetivos estipulados pelos principais, sem desvios, utilizando os recursos de forma eficiente e eficaz, maximizando os resultados da organização para os proprietários (Arruda, Madruga, Freitas Junior, 2008; Hedlund et al., 2021).

Assim, vê-se que a governança corporativa privada encontra amparo na teoria da agência, sendo utilizada para minimizar conflitos, monitorar e controlar a atuação dos agentes, com vistas a assegurar que suas decisões e ações estejam alinhadas com os interesses dos principais.

A teoria da agência se aplica ao terceiro setor., pois embora não haja a figura do acionista, existe a "necessidade de garantir que seus gestores ajam de acordo com a missão da organização, e não em função de seus próprios interesses" (Lacruz, 2017, p. 40).

No terceiro setor "instituidores e doadores têm sido assumidos como principais, e a entidade do terceiro setor, como agente" (Lacruz, 2017, p. 38). É como se a organização doadora celebrasse um contrato com a entidade do terceiro setor para desenvolver projetos de interesse mútuo.

A relação da agência está presente em "todas as atividades que envolvem laços de cooperação, mesmo que não exista uma clara relação agente-principal" (Lacruz, 2017, p. 49). No terceiro setor se torna ainda mais necessária a aplicação dessa teoria e a implementação da governança, face a maior discricionariedade do gestor, que pode não agir no melhor interesse da organização doadora.

No meio público a teoria da agência também encontra respaldo e campo de aplicação. Para Simão (2014, p. 20), "as organizações públicas e as privadas têm como ponto em comum a separação entre a propriedade e a gestão, que caracteriza os conflitos de agência". Existe uma relação entre os principais (sociedade/cidadãos) e os agentes (governos, políticos e gestores), em que a governança contribui para assegurar que os interesses da sociedade sejam considerados nas decisões (Vieira, Barreto, 2019; Paludo, 2024a).

Todavia, as características das organizações públicas refletem suas particularidades: a) a multiplicidade de principais, com interesses diversificados e não raro conflitantes (Shapiro, 2005); b) as normas vigentes, que não permitem a vinculação de gratificações e recompensas aos agentes, pelo alcance das metas (Paludo, 2024a); c) o nepotismo e as ideologias, que direcionam a nomeações de gestores/agentes (Andrade, 2018); d) a assimetria de poder entre o principal e os agentes, em favor dos agentes

---

1 "O primeiro setor é o Estatal, o segundo setor é o mercado, e o terceiro setor é um espaço público não estatal, que não se enquadra no primeiro ou no segundo setor" (Paludo, 2024a, p. 100).

(Fraga *et al.*, 2021); e) os mecanismos de controle e sanção que tem se mostrado ineficientes e insuficientes, visto que o desvio de finalidade e a corrupção continuam pujantes no Brasil (Bochenek, 2018).

Nas organizações privadas o custo da agência é maior onde o quadro de gestores é alheio à propriedade da empresa (Silva, 2018b); trazendo para o meio público, o monitoramento e controle devem ser maior para gestores indicados por partidos políticos, que nem sempre perseguem o bem-estar da sociedade.

Com frequência os interesses têm sido distintos e, as decisões e ações tomadas pelos agentes oportunistas, nem sempre refletem os interesses do principal; de outro lado o controle social utilizado para fiscalizar monitorar e avaliar as ações dos agentes públicos tem se mostrado insuficiente, sendo necessário estruturar a governança (Machado, 2018).

Assim, percebe-se que a implementação da governança, tanto no terceiro setor como no meio público, é uma questão que se impõe (Furtado, Silva, 2018) para melhorar o direcionamento, o controle de finalidade e a transparência, assegurando que os interesses dos principais (cidadãos e sociedade) sejam observados pelos agentes públicos, sem desvios.

A governança influencia as instituições públicas (Silva, 2018b), minimizando os conflitos da agência, zelando pela equidade e alinhamento de objetivos, pela transparência da informação, e por resultados que atendam a maioria dos interesses da sociedade.

2.1.2 Teoria Institucional

Do relacionamento das instituições com a sociedade e o desenvolvimento, surgiu a teoria institucionalista que coloca as instituições em evidência. Sua origem remonta ao século XIX e seu relançamento, como novo institucionalismo, ocorreu em meados da década 1970 (Silva, 2018a).

Para Hinings *et al.* (2018) as instituições são sistemas multifacetados que dão forma ao comportamento social. "O termo instituição refere-se ao conjunto de regras e acordos que as organizações e indivíduos devem seguir" (Palma, 2020, p. 55). Instituições são, também, as organizações públicas que desempenham atribuições específicas outorgadas ou delegadas por instrumento normativo.

Os primeiros estudos focavam no modo como uma organização pode ganhar legitimidade perante a sociedade e assim tornar-se uma instituição permanente (Paiva, 2018). As organizações "necessitam de legitimidade das partes interessadas e para isso adotam elementos tangíveis, como a estrutura e os processos, para corresponder a um conjunto de normas e valores intangíveis no ambiente institucional" (*Borges et al.*, 2023, p. 4958).

O antigo institucionalismo entende que as instituições influenciam, controlam e transformam os indivíduos e demais atores sociais, afetando suas escolhas (Gomes Filho, 2018). Nesse institucionalismo as teorias eram formalistas e normativas, as instituições eram poderosas, e sua relação com os demais atores era assimétrica (Hall, Taylor, 2003).

Essa influência apoia-se em comportamentos organizacionais padronizados, que acabam se tornando uma espécie de regra (Borges *et al.*, 2023). As instituições "representam um mecanismo de relacionamento e regras de conduta daquilo que é comumente e socialmente aceito pelo conjunto dos agentes econômicos" (North, 1990 *apud* Gomes filho, 2018, p. 56).

A figura 2 demonstra os vários elementos que compõem a legitimidade das instituições.

FIGURA 2 - INSTITUIÇÕES E LEGITIMIDADE

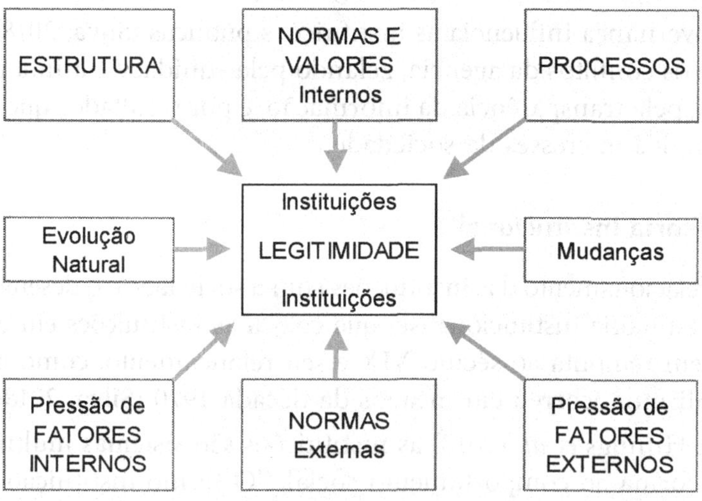

FONTE: Adaptado de Borges *et al.* (2023), com ampliação.

A partir da década de 1970 a teoria institucionalista prossegue com o novo institucionalismo, incorporando novos conceitos e relações causais que influenciam o processo decisório das instituições. As organizações passaram a impor uma nova ordem em busca da redução de incertezas, com respostas que tendem a preservar sua legitimidade (Palma, 2020).

Tanto o velho como o novo institucionalismo focam a análise da organização com o ambiente e mantém o ceticismo perante o ator racional. O novo traz como contribuição a influência do construtivismo social e concentra esforços na análise de organizações inseridas num determinado setor, campo ou sociedade (Paiva, 2018).

As instituições passaram a ser vistas sob três enfoques: (i) o regulativo refere-se ao modo como as instituições regulam os comportamentos, focando em fatores que viabilizam sua atuação, com pouco espaço para a discricionariedade; (ii) o normativo apoia-se em valores desejáveis para a definição de padrões, e em normas que detalham como as coisas devem ser feitas para serem aceitas; e (iii) o cultural/cognitivo retrata como as crenças e lógicas são criadas e compartilhadas no ambiente organizacional (Scott, 2014).

Como a maioria das instituições são oriundas de processos passados, e não estão em pleno alinhamento com as demandas do presente, carregam um ar de conservadorismo e inércia (Abbondanza, 2021). Mesmo perseguindo a estabilidade, as organizações são forçadas a se remodelar, e mudanças institucionais passaram a ser vistas como positivas; como uma forma de resposta organizacional para proteger suas atividades, fortalecer sua legitimidade e assegurar sua sobrevivência (Palma, 2020).

Contudo, a continuidade das instituições não decorre apenas da satisfação das necessidades humanas, mas de outros fatores inevitáveis do ambiente que cerca a organização, envolvendo órgãos reguladores, colaboradores internos, fornecedores, clientes, e a própria sociedade: contexto em que a governança organizacional se faz necessária.

A evolução fez com que as antigas regras das organizações, construídas por elas próprias, com ou sem a contribuição de outros atores, hoje sejam determinadas mais pela força da lei e pela opinião pública (Beux, 2023). Queiram ou não, os clientes determinam o sucesso da organização e as normas estabelecem limites e obrigações, cada vez mais detalhadas, que devem ser cumpridas para que a organização possa continuar atuando.

O novo institucionalismo inclui os sistemas normativos e de governo, criados para regular a economia, que no velho institucionalismo eram reguladas pelo próprio sistema econômico (Paiva, 2018). Nesse contexto, o mercado deixa de ser autorregulador, e o Estado assume a função de estabelecer regras e limites para a atuação de profissionais e das organizações.

Assim, a busca do desenvolvimento, no mundo contemporâneo, compreende as instituições públicas e privadas, cada uma com o seu papel, onde o Estado, mediante regulação e incentivo, exerce influência considerável, visto que os processos organizacionais são afetados pelo conjunto de normas e regras impostas pelo Estado (Paiva, 2018). As instituições públicas possuem grande importância no processo de desenvolvimento, com destaque para as agências de fomento e para as que planejam o desenvolvimento no longo prazo (Souza, 2019).

Cabe as instituições públicas a estruturação de normativos de estabilidade nas relações econômicas, políticas e sociais, que resultem em menor custo às organizações e a sociedade, visto que uma boa economia também depende do bom funcionamento das instituições privadas; e a falta de regramento adequado pode incentivar práticas desleais na busca por objetivos organizacionais, o que torna indispensável a existência de instituições públicas para a atividade de regulação.

As instituições "moldam as relações entre os indivíduos e a maneira como as sociedades evoluem ao longo do tempo" (Souza, 2019, p. 28-29); elas precedem a ação dos indivíduos e delimitam sua ação, podendo "potencializá-la, neutralizá-la ou constrangê-la", enquanto os indivíduos podem "reforçar ou desafiar as instituições" com suas ações (Grigoletto, Alves, 2019). As instituições do Estado impõem restrições mediante leis, decretos e outras normas que impactam em toda a sociedade (Souza, 2019).

Em regra, as instituições públicas e seus agentes sentem-se protegidos pelas normas legais, e nem sempre perseguem os melhores resultados públicos, o que reforça a importância de mecanismos e instrumentos de controle (Silva *et al.*, 2023), dentre os quais encontra-se a governança organizacional, que zela pela equidade, pelo interesse público, e pela responsabilização de gestores com poder de decisão.

Quanto as instituições públicas, o banco mundial destaca que "os países não alcançarão uma boa governança sem que haja instituições sólidas, um forte sistema legal e um judiciário independente" (BM, 2002, p. 12); e a OCDE (2018) reforça que instituições democráticas eficientes estão no cerne de uma boa governança pública.

Dada a importância das instituições para atividade econômica, para a vida social e para o desenvolvimento, a implementação da governança organizacional é um sistema que se impõe (Furtado, Silva, 2018): tanto para organizações privadas como para instituições públicas; haja vista a necessidade de considerar as principais partes interessadas, monitorar e evitar desvios de agentes públicos, e melhorar a eficiência administrativa e os resultados organizacionais para as partes interessadas.

Assim, vê-se que as instituições são essenciais na vida econômica, política, social e cultural das nações; que a governança tem um importante papel a desempenhar no fortalecimento e funcionamento das instituições; e que o bom funcionamento das instituições públicas resulta em estabilidade para o Estado, Governo, administração pública, sociedade e mercado; contribuindo, também, para o processo de desenvolvimento econômico, político e social da nação, dos estados e dos municípios.

2.1.3 Teoria da Escolha Pública

A teoria da escolha pública estuda o comportamento dos indivíduos relacionado com o processo político, ajudando compreender como são realizadas as decisões governamentais (Schiavo, 2021), sob o "paradigma da maximização dos interesses individuais constante da teoria microeconômica moderna" (Baggio, 2023, p. 183), em que indivíduos, governos, políticos e gestores têm uma agenda própria e buscam maximizar seus interesses pessoais (Lima, 2012).

Os primeiros estudos relacionam eleitores e políticos, onde os políticos verificam as preferências dos eleitores e até mudam suas políticas em busca de votos. De outro lado, as decisões públicas não satisfazem a maioria dos eleitores, que tem pouco poder para influenciar nas decisões (Schiavo, 2021).

Ainda que o foco esteja relacionado com o processo político (Schiavo, 2021), a teoria da escolha pública vai além e investiga as interações públicas, envolvendo instituições públicas e cidadãos, incluindo como os governos e gestores públicos tomam suas decisões; e, também, analisa as motivações que levam as pessoas a participarem e influenciarem as decisões públicas, em regra com interesses particulares.

Essa teoria traz à tona as falhas do próprio governo. Como os governos não têm certeza das preferências dos cidadãos, acabam por aceitar intermediários como grupos de interesses e agências descentralizadas da administração pública (Pereira, 1997), e muitas de suas decisões e ações não agradam aos eleitores e cidadãos.

Três grupos se destacam nas escolhas envolvendo governos e pessoas: os eleitores (contribuintes, cidadãos e beneficiários do serviço público); os políticos (que procuram agradar os eleitores e seu partido); e os burocratas (funcionários públicos que controlam, direta ou indiretamente, as operações do governo). Esses grupos agem como qualquer outro grupo ou pessoa, visando interesse próprio (Jiménez, 2008).

Não raro, as decisões tomadas por burocratas públicos atendem a seus próprios interesses ou de poderosos grupos, e não o interesse público (Silva *et al.*, 2019); ou seja, o comportamento e as decisões de homens de governo são orientados por princípios utilitários e não pelo altruísmo ou interesse público (Borges, 2010).

A atuação das pessoas e associações no processo de decisão pública, dentre outras, visa limitar a discricionariedade ou arbitrariedade administrativa. Os cidadãos também se unem em associações e grupos diversos como forma de se fazer ouvir e influenciar nas decisões de políticas públicas (Pereira, 1997; Borges, 2010).

Nesse contexto, a teoria da escolha pública também ajuda a compreender o dilema que gestores públicos enfrentam ao tomar decisão impopular, frente à necessidade de manutenção das condições de austeridade fiscal (Lima Filho; Peixe, 2023). Essa teoria também traz à tona a motivação das decisões dos governos e gestores públicos, e seus reflexos na entrega de bens e serviços a sociedade, bem como a distância entre as decisões gerenciais e a promoção do bem comum (Lima Filho, Peixe, 2023).

O estado "possui o poder de proibir ou compelir" e de tomar decisões que impactam na vida de todos os cidadãos e de toda a sociedade (Baggio, 2023, p. 188). Os efeitos dessas decisões são percebidos "no nível de emprego, na renda das famílias, nos preços praticados e no crescimento econômico" (Lima Filho, Peixe, 2023, p. 5), com reflexos no bem-estar da população.

Todavia, o processo de decisão governamental é extremamente complexo (Lima, 2012), e a democracia enfrenta problemas como o populismo, o domínio das elites (econômica e política), a ação de grupos de interesses, o poder invisível, os acordos pouco legítimos no parlamento e na relação deste com o Poder Executivo (Lima, 2012).

Nesse jogo, os cidadãos, associações e demais atores interessados em promover o interesse público, acabam tendo menos espaço e menor poder de influência na tomada de decisão. Assim, mecanismos de governança para "ampliar a participação e a transparência das decisões podem tornar os resultados mais satisfatórios" (Lima, 2012, p. 28), para os cidadãos e as partes interessadas.

No Brasil, a teoria da escolha pública ganhou força e tem respaldo direto na constituição federal de 1998, que fomenta a participação dos cidadãos, inclusive destacando a soberania dos indivíduos sobre as decisões que o afetarão (Bernabel, 2009).

Independentemente de questionamentos ou da efetividade da teoria da escolha pública, o fato é que as decisões públicas têm impacto direto na vida de todas as pessoas (Souza, 2019). As "decisões governamentais, manifestadas na existência ou não de políticas públicas, repercutem na economia e na sociedade" (Dall'Olio, 2023, p. 8). Dessa forma, todos os cidadãos, contribuintes ou não, quer queiram ou não, "serão afetados pelas decisões dos gestores públicos" (Souza, Faria, 2017, p. 14), conforme demonstra a figura 3.

FIGURA 3 - ALCANCE DAS DECISÕES PÚBLICAS

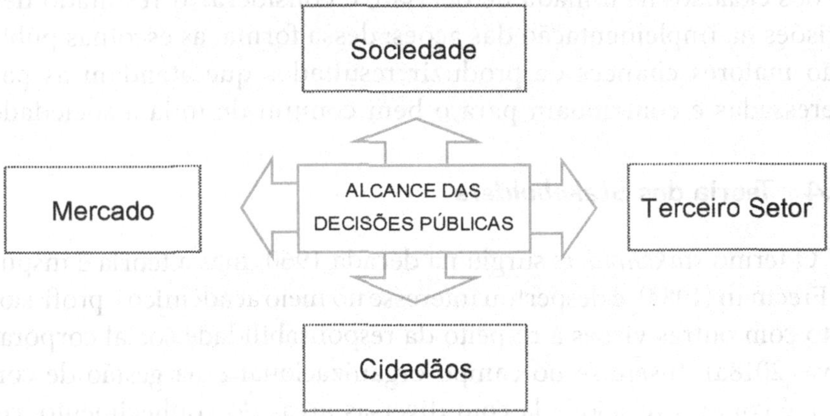

FONTE: Os autores (2025).

Esse fato, de todos serem afetados, dá legitimidade aos usuários, cidadãos, associações e entidades para participarem das decisões públicas, visto que "as decisões do processo participativo e democrático definem a formulação da agenda que norteará as prioridades da gestão pública" (Dall'Olio, 2023, p. 8).

Nessa participação, intermediada pelas instituições públicas, a governança tem importante papel a desempenhar, visando assegurar o respeito às escolhas oriundas desse processo; e, em que pesem as críticas, a teoria da escolha pública ensina que "é melhor confiar em burocracias", sugere que o processo político é "ineficiente e corrupto" e legitima a "eficiência e a administração tecnocrática" (Borges, 2010, p. 175).

No meio público o gestor tem o dever de agir, e suas decisões têm impacto na vida dos cidadãos, pois uma vez prestado um serviço, produzido um bem público ou estabelecida alguma norma, não é possível excluir ninguém do seu consumo (bens e serviços), nem de suas consequências (normas) – visto que "os bens públicos puros são de consumo coletivo e têm características de indivisibilidade e de não exclusão" (Paludo, 2024b, p. 25), ou seja, os bens públicos puros são não rivais.

Nesse processo, a governança pública "pode ajudar a equilibrar diferentes interesses, permitindo que cidadãos e organizações expressem suas preocupações, fomentando a responsabilidade na tomada de decisões" (Cust *et al.*, 2023, p. 1), para que estejam alinhadas ao bem comum da sociedade.

Assim, cabe aos gestores públicos, apoiados pelos mecanismos, instrumentos e regras da governança pública, abrir canais efetivos para a participação dos cidadãos na tomada de decisão, e considerar o resultado dessas decisões na implementação das ações: dessa forma, as escolhas públicas terão maiores chances de produzir resultados que atendam as partes interessadas e contribuam para o bem comum de toda a sociedade.

2.1.4 Teoria dos *Stakeholders*

O termo *stakeholders* surgiu na década 1960, mas a teoria é inspirada em Freeman (1984), e despertou interesse no meio acadêmico e profissional, junto com outras visões a respeito da responsabilidade social corporativa (Silva, 2018a). Insere-se no campo organizacional e na gestão de conflitos, e é comum relacioná-la com diversas áreas do conhecimento, como sociologia, economia, política, ética (Carvalho, 2023a) e administração.

Stakeholders "são grupos ou indivíduos que podem afetar ou são afetados pela organização na realização de seus objetivos" (Freeman, 1984, p. 46); são todos os direta ou indiretamente interessados no desempenho da organização, e designa todos os grupos/partes interessadas ou intervenientes (Bronstein, 2016).

Freeman descreve a teoria dos *stakeholders* em três dimensões: (i) a descritiva trata dos interesses, características e comportamentos organizacionais que explicam as relações e a gestão dos stakeholders; (ii) a instrumental trata da ligação entre a gestão de *stakeholders* e a realização das estratégias corporativas, visando atender os *stakeholders* e avaliar o impacto e a geração de valor para a empresa; e, (iii) a normativa é a base fundamental da teoria, pois foca nos interesses particulares dos stakeholders, que não devem estar subordinados aos interesses de nenhum outro *stakeholder* (Freeman, 1984).

No pano de fundo está o fato de que as organizações não são completamente autônomas, independentes e sustentáveis, mas estão imersas num ambiente em que as partes interessadas têm seus interesses que devem ser considerados pelas organizações, até como fator de sustentabilidade e sobrevivência ao longo do tempo.

Identificar os *stakeholders* e considerar estrategicamente essa relação é um aspecto a ser considerado (Anese, 2017; Silva, 2018a), visto que para atender suas expectativas é preciso saber quem são e quais são os grupos que possuem maior influência. Esse processo compreende quatro etapas: identificar, planejar o engajamento, gerenciar o engajamento, e monitorar o engajamento (Pmbok, 2021).

Ainda que todos os *stakeholders* devem ser considerados, é claro que aqueles que podem causar maior impacto deverão receber um tratamento especial, visto que essa teoria também está pautada na criação de valor que os *stakeholders* podem oferecer para a organização (Alves, 2020); bem como é importante identificar os *stakeholders* com interesses contrários, que constituem uma ameaça para à organização, e que também demandam gerenciamento.

Anese (2017, p. 34) identificou 16 autores com posicionamentos sobre essa teoria, todavia, todos eles se referem, de alguma forma, ao relacionamento ou gestão dos *stakeholders* da organização. Os debates recentes consideram necessária a gestão desses interessados, mas também existem críticas e resistências, e questiona-se quanto a alocação de recursos para a gestão dos *stakeholders* (Silva, 2018a).

Estudos recentes "reconhecem o papel dos *Stakeholders* como motor de influência nas decisões das empresas" (Silva, Marques, 2023, p. 59), que devem ser considerados como parte do ambiente de negócios e seus interesses devem ser gerenciados pela organização (Alves, 2020). Assim, a gestão dos *stakeholders* deve harmonizar as relações com os interessados, minimizando atritos e agregando valor a empresa, resultando num relacionamento com ganhos para ambas as partes.

Considerando que os grupos de *stakeholders* influenciam de modos diferentes, pressionando ou tentando direcionar a organização para diferentes direções, a gestão equilibrada é a chave. A "gestão dos *stakeholders*, ou das partes interessadas, é um dos fatores fundamentais para o desempenho da gestão empresarial" (Alves, 2020, p. 26), e deve fazer parte da gestão e planejamento estratégico.

QUADRO 2 - GESTÃO DOS *STAKEHOLDERS*

ETAPAS	ATIVIDADES
Identificação dos *skateholders*	Identificar os grupos direta ou indiretamente interessados
Levantamento das demandas	Relacionar os interesses por grupos
Análise e classificação das demandas	Análise das demandas: prioritárias, secundárias, contrárias
Seleção das demandas a serem atendidas	Demandas prioritárias
Seleção de demandas a serem neutralizadas	Demandas contrárias, negativas
Alinhamento do resultado da análise com as demandas da organização	Alinhar as demandas prioritárias com os planos da organização
Monitoramento e controle	Monitorar o atendimento das demandas positivas e a neutralização das negativas
Avaliação e reavaliação	Avaliar e reavaliar o processo de gestão dos *stakeholders*

FONTE: Os autores (2025).

O quadro 2 demonstra as etapas e as atividades, para a gestão dos *stakeholders*, em nível organizacional.

Aspecto peculiar é representado pelo governo e pelas instituições públicas: sob a ótica das organizações privadas, as instituições públicas são *stakeholders* interessados no desempenho econômico e social de suas atividades e no correto pagamento dos tributos. Do lado governamental, as organizações privadas é que são os *stakeholders* interessadas na regulação e no desempenho econômico e eficiente das instituições públicas.

A teoria dos *stakeholders* é plenamente aplicável as organizações públicas, tanto no campo teórico como em aspectos práticos (Carvalho, 2023a). Merece destaque o papel e a responsabilidade dos gestores públicos no atendimento às expectativas dos *stakeholders*, que parte da compreensão do papel social da instituição e insere-se na responsabilidade social pública.

Vê-se, portanto, que a teoria dos *stakeholders* encontra espaço no meio público, todavia, "a responsabilidade dos administradores públicos é superior à dos gestores privados" quanto a geração e entrega de valor, visto que administram recursos públicos e políticas essenciais para o alcance de bem-estar social (Carvalho, 2023a).

A análise e a aplicação da teoria dos *Stakeholders* "é um princípio fulcral na compreensão e resolução de desafios da sustentabilidade" (Silva, Marques, 2023, p. 61), inclusive no meio público, onde o equilíbrio é a chave para uma boa gestão do relacionamento com as partes interessadas. Nesse ponto, a governança pública "respeita a perspectiva dos *stakeholders* e reconhece a existência de uma responsabilidade comum entre todos os atores estatais, fomentando práticas de participação e integração" (Vieira, Barreto, 2019, p. 34).

Assim, como em todos os relacionamentos, existem as posições e interesses conflitantes, com e entre os *stakeholders*, que necessitam ser conciliados, alinhados, descartados ou atendidos, onde a governança organizacional pública tem importante papel a desempenhar, atuando na mediação de conflitos e interesses, de modo a preservar e harmonizar o interesse público, o interesse da organização e os interesses dos *stakeholders*.

FIGURA 4 - SÍNTESE DAS TEORIAS DA GOVERNANÇA

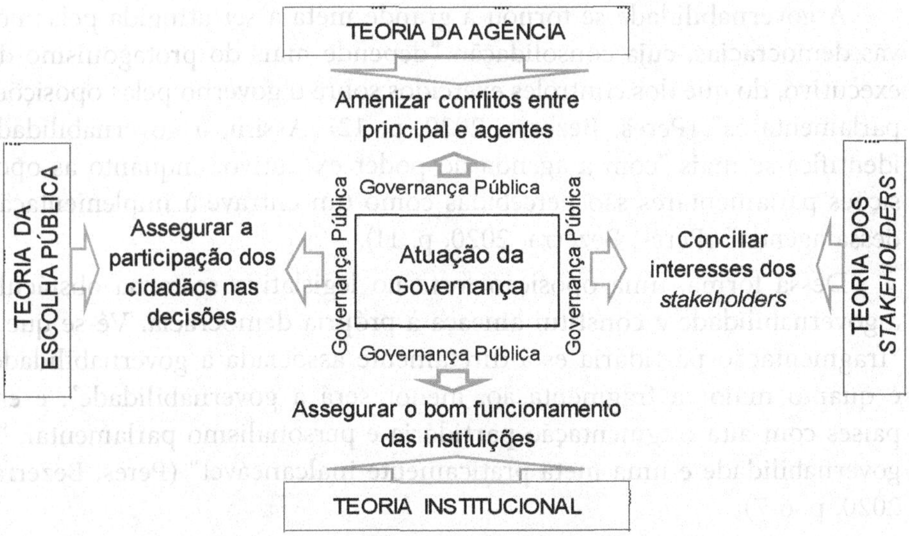

FONTE: Os autores (2025).

Conforme a figura 4, todas essas quatro teorias dão suporte e fundamentam à governança pública. Elas demonstram que a governança é importante para o Estado, para as instituições públicas, para o mercado, para a sociedade, para os cidadãos e demais interessados.

2.2 GOVERNABILIDADE

Preliminarmente registre-se que governabilidade, governança, governo e administração/gestão pública são termos inter-relacionados e interdependentes, e que os conceitos de governabilidade e governança são indissociáveis e complementares (Araújo, 2002).

Governabilidade refere-se ao poder **político em si**, que deve ser legítimo e contar com o apoio da população e de seus representantes no congresso nacional (Paludo, 2024a); significa a capacidade **política** de governar, derivada da relação de legitimidade do Estado e do seu governo com a sociedade (Bresser-Pereira, 1998). Governabilidade "está ligada à ação do governo e condiz mais à dimensão político-estatal" (Oliveira, Carvalho, Corrêa, 2013, p. 98); está no bojo do sistema político-institucional, "no plano do Estado, e representa um conjunto de atributos essenciais ao exercício do governo, sem os quais nenhum poder será exercido" (Ribczuk, Nascimento, 2017, p. 224).

A governabilidade se tornou a grande meta a ser atingida pelas novas democracias, cuja consolidação "depende mais do protagonismo do executivo, do que dos controles exercidos sobre o governo pelas oposições parlamentares" (Peres, Bezerra, 2020, p. 12). Assim, a governabilidade identifica-se mais "com a agenda do poder executivo, enquanto as oposições parlamentares são percebidas como um entrave à implementação dessa agenda" (Peres, Bezerra, 2020, p. 11).

Dessa forma, uma oposição forte no legislativo se torna obstáculo à governabilidade e constitui ameaça à própria democracia. Vê-se que a "fragmentação partidária está diretamente associada à governabilidade, e quanto maior a fragmentação, menor será a governabilidade", e em países com alta fragmentação partidária e personalismo parlamentar, "a governabilidade é uma meta praticamente inalcançável" (Peres, Bezerra, 2020, p. 6-7).

Enquanto a crise de governo está mais relacionada com o social, a crise de governabilidade ocorre quando o sistema de governo perde as condições decisórias no âmbito político, pela falta de apoio parlamentar (Costa, 1997), todavia, existem também outras dimensões para a crise de governabilidade: a social, a fiscal e a administrativa.

Assim, não basta existir dificuldade em apenas uma dimensão para caracterizar uma crise de governabilidade, visto que ela pode ser controlada; porém, quando duas ou mais crises ocorrem simultaneamente têm-se circunstâncias suficientes para caracterizar a crise; momento em que o "Estado releva-se incapaz de produzir os "outputs" necessários para gerar e manter a lealdade dos atores, grupos e organizações" (Torres, 2016, p. 157).

FIGURA 5 - ORIGENS DA CRISE DE GOVERNABILIDADE

FONTE: Os autores (2025).

A figura 5 demonstra de onde se originam as crises, que podem gerar uma crise de governabilidade.

Não é simples obter a governabilidade, todavia a dificuldade maior é "assegurar a governabilidade num ambiente democrático" (Peres, Bezerra, 2020, p. 5), visto que em momentos de baixa popularidade do governo, facilmente surgem instabilidades oriundas de situações de crises na sua relação com o legislativo.

Para assegurar a governabilidade "é necessária a coesão dos partidos políticos", visto que "o sistema de governo e a relação entre o poder legislativo e executivo são fundamentais" (Costa, 2023, p. 21) para avançar na agenda política, aprovar ou rejeitar leis, evitar processo de impeachment, e assegurar a estabilidade. Na construção da base política de apoio, o governo utiliza de "incentivos do arranjo institucional, na cooperação entre o presidente e o congresso" (Peres, Bezerra, 2020, p. 16).

A governabilidade é, ainda, fortemente afetada pelo apoio popular, visto que, não deve existir nenhum instrumento mais poderoso do que aquele "inerente à noção de vontade popular emanado do povo nas urnas" (Torres, 2016, p. 165). Portanto, os governos devem manter-se alertas as demandas sociais e a voz da sociedade civil, pois sem "estabilidade social e organização civil não é possível a instalação de qualquer projeto de governabilidade" (Platt, Seelander, 2013, p. 5).

A conquista da legitimidade para assegurar a governabilidade, necessita de um governo "que tome decisões amparadas num processo que inclua a participação dos diversos setores da sociedade, dos poderes constituídos, das instituições públicas e privadas e segmentos representativos da sociedade, para garantir que as escolhas efetivamente atendam aos anseios da sociedade, e contem com seu apoio na implementação dos planos e na fiscalização dos serviços públicos" (Paludo, 2024a, p. 226).

Como visto, uma base parlamentar e o apoio popular são importantes, todavia, a governabilidade também será afetada se houver um "sentimento generalizado de insegurança entre as elites do país" (Costa, 1997, p. 60). De outro lado, os grandes grupos econômicos, se estiverem alinhados com o governo, também podem contribuir para a sustentação da governabilidade.

Assim, a legitimação da governabilidade é ampla e inclui os poderes, os partidos políticos, os cidadãos e a cidadania organizada, as associações, grupos econômicos e demais agrupamentos representativos da sociedade. A "governabilidade do Estado é afetada pelo poder social, econômico e cultural" (Muller, 2008, p. 50); ou no dizer de Araújo (2002, p. 6), a legitimidade vem da capacidade dos governos de "articular alianças e coalizões/pactos entre os diferentes grupos sociopolíticos, para viabilizar o projeto de Estado e sociedade a ser implementado".

Dessa forma, a governabilidade nacional se constrói mediante o equilíbrio entre as esferas de poder e a mediação de interesses, influenciada pela capacidade de negociação e de obtenção de novos apoios. Ainda, o apoio popular, fortalecido por meio de diálogo com conselhos, cidadãos e representantes da sociedade, dá ao presidente maior força para promover suas ideias e mudanças frente aos demais atores e poderes institucionais (Bezerra, 2020).

Nesse contexto, resta claro que "o desafio da governabilidade consiste em conciliar os muitos interesses desses atores (na maioria divergentes) e reuni-los em objetivos comuns a ser perseguido por todos" (Paludo, 2024a, p. 227). Assim, a capacidade de articular alianças políticas e pactos sociais constitui-se em fator crítico para a viabilização dos objetivos do governo; e essa articulação para intermediação de interesses inclui o clientelismo e o corporativismo.

Clientelismo é um tipo de relação política em que uma pessoa (o patrão) dá proteção à outra (o cliente) em troca de apoio eleitoral (Avelino Filho, 1994). É um tipo de relação entre atores políticos que envolve concessão de benefícios públicos, na forma de empregos, benefícios fiscais, isenções, em troca de apoio político, sobretudo na forma de voto.

Já o corporativismo é uma prática de organização com base em entidades representativas de interesses das categorias profissionais. É uma ação sindical, política, em que prevalece a defesa dos interesses ou privilégios de um setor organizado da sociedade (Silva, 2001). Essas entidades contam com o apoio do Estado e detêm o monopólio da representação: "o Estado lhes concede o monopólio da representação em troca do controle" (Schmitter, 1989, p. 94).

Registre-se que, tanto no clientelismo como no corporativismo e neocorporativismo, o que se procura é conciliar interesses, reduzir atritos e aumentar a governabilidade; assim, o clientelismo e o corporativismo são meios utilizados pelos governos para obtenção de apoio, com vistas a aumentar sua legitimidade e fortalecer a governabilidade (Paludo, 2024a).

Todavia, nas últimas décadas, a governança pública também se tornou um importante instrumento utilizado pelos governos para atuação nessa arena: atua como braço operacional da governabilidade (Araújo, 2002), reduzindo conflitos e conciliando interesses, que também contribuem para assegurar a estabilidade e manter a governabilidade, em que pese continuar a existir o clientelismo, o corporativismo, e, de forma mais determinante, as coalizões.

2.2.1 Governabilidade no Brasil

No contexto da reforma do aparelho do Estado (1995), constatou-se que o sistema democrático brasileiro é legítimo, porque os governos e demais representantes ascendem ao poder por meio do voto popular, ou seja, pela vontade do cidadão-eleitor (Ribczuk, Nascimento, 2017).

Os estudos sobre a governabilidade do sistema presidencialista brasileiro são recentes, e a maioria trata da formação de coalizões (Peres, Bezerra, 2020). Com o objetivo de garantir a governabilidade, "o presidente da república recorre a coalizões, entendidas como a negociação ou acordos mais estáveis que são firmados entre o líder do Executivo e alguns partidos políticos inseridos no interior do Legislativo" (Santos, Luz, 2023, p. 39).

Todavia, as coalizões brasileiras "não têm sua continuidade assegurada durante todo o mandato e podem ser desfeitas e refeitas durante a legislatura, o que pode acarretar uma crise severa de governabilidade" (Carvalho, 2023b, p. 454), como as que ocorreram nos governos Collor (1992) e Dilma (2016), resultando em impeachment presidencial.

No Brasil, quem dita as regras na arena legislativa é o "centrão" (bloco político que domina o Congresso Nacional): ou o presidente atende aos seus pedidos, ou terá sérios problemas de governabilidade, podendo incorrer em processo de impeachment. A composição do legislativo federal acarreta "dificuldades para se governar um país dominado por uma elite conservadora, reacionária e falso-moralista, com ampla representação política no Congresso Nacional" (Candiotto, 2023, p. 8).

Esses pedidos, do centrão e demais partidos da base aliada, incluem o governo de ministérios e cargos diversos no primeiro e segundo escalão em todas as áreas do governo, garantia de orçamento para suas emendas, influência na agenda governamental, proteção contra escândalos envolvendo ou não o desvio de recursos e a corrupção, dentre outros. Assim, vê-se que os partidos políticos também avançam em agendas políticas e administrativas, "mesmo sem a concordância do executivo" (Santos, Luz, 2023, p. 54).

Da mesma forma que "um Estado fraco favorece a concentração da riqueza e acentua a desigual partilha de recursos" (Pereira, 2014, p. 4), as concessões, principalmente orçamentárias, são maiores quando o governo se encontra enfraquecido politicamente, como visto nos governos Temer e Bolsonaro.

Isso se repete, e de forma mais acentuada no terceiro governo Lula (quadro 3), que mesmo com a coalização não tem apoio suficiente para aprovar o que gostaria (Santos, Luz, 2023), e cuja maioria do congresso nacional, incluindo a bancada evangélica, são mais adeptos da ideologia da direita (Valle, 2018; Cunha, 2023), ou de interesses próprios e pouco republicanos.

QUADRO 3 - VALOR DAS EMENDAS ORÇAMENTÁRIAS PARA DEPUTADOS E SENADORES

GOVERNO	ANO	EMENDAS EMPENHADAS	EMENDAS PAGAS ATÉ 31-MAR-2025
Dilma Rousseff	2014	6.094.305.555,29	133.325.135,13
Dilma Rousseff	2015	3.383.460.923,45	124.276.108,08
Michel Temer	2016	43.106.457,768,33	29.701.982.294,19
Michel Temer	2017	38.677.862,000,33	24.975.541.860,90
Michel Temer	2018	12.011.002.555,81	6.729.418.559,30
Jair Messias Bolsonaro	2019	13.863.064.452,72	6.272.798.712,55
Jair Messias Bolsonaro	2020	37.540.725.479,42	23.550.372.047,05
Jair Messias Bolsonaro	2021	33.398.615.010,00	19.177.005.175,38
Jair Messias Bolsonaro	2022	25.458.155.910,00	17.202.506.903,43
Luiz Inácio Lula da Silva	2023	37.964.433.431,00	25.714.070.296,75
Luiz Inácio Lula da Silva	2024	47.766.735.844,13	31.673.430.573,12

FONTE: Portal da Transparência da CGU (2025). Elaborado pelos Autores (2025).

Mesmo se atendidos os pedidos desses partidos e políticos, é comum surgirem atritos entre o governante e a base aliada. "Este é o dilema institucional brasileiro, convivemos num sistema político fragmentado (presidencialismo multipartidário), e isso demanda coalizões de governo (presidencialismo de coalizão) que, no geral, são instáveis" (Peres, Bezerra, 2020, p. 16).

O sistema brasileiro de partidos políticos "tende a perpetuar os privilégios e a resistir à introdução de mudanças políticas" (Pereira, 2014, p. 6), numa arena em que partidos e parlamentares abusam do poder em benefício próprio (Neves, 2024). Segundo Araújo (2016, p. 262), "existe no Brasil um novo tipo de clientelismo político que anda lado a lado com a corrupção": se renovaram e se fortaleceram com a troca de benefícios por voto no parlamento brasileiro.

Essa é a grande dificuldade da democracia e dos governos de coalização: são forçados a fazer acordos para obter os votos no congresso nacional, permitindo que um grupo privilegiado continue a sugar o estado brasileiro.

Nessa arena, a governança pública também ganhou espaço como instrumento para reduzir conflitos e conciliar interesses, contribuindo, também, para assegurar e manter a governabilidade, em que pese a preponderância do apoio popular e das coalizões partidárias.

No Brasil, outra questão primordial para a governabilidade é o apoio popular. Para obter esse apoio ou para evitar a rejeição, é importante que os governos estejam em sintonia com os cidadãos e suas necessidades, inclusive "distribuindo recursos em áreas básicas enquanto estratégia de governabilidade e instauração da paz" (Platt, Seelander, 2013, p. 8).

Ainda, conforme figura 6, existem outras forças e atores que também contribuem ou interferem na governabilidade brasileira: o poder judiciário, os governadores de estado, os prefeitos (principalmente das capitais), os grandes grupos econômicos, as entidades representativas, as instituições religiosas, as personalidades nacionais.

FIGURA 6 - FONTES DA GOVERNABILIDADE NACIONAL

FONTE: Os autores (2025).

A governança, como braço operacional da governabilidade (PDRAE, 1995) e elo entre a atividade política e a função administrativa (Bergamini, Souza, 2022), atua na intermediação de interesses, conciliação de conflitos, ou mesmo no atendimento a demandas por serviços da administração. São esses atores da figura 6, juntamente com a governança, os principais elementos que podem assegurar a governabilidade, que é essencial para que haja a estabilidade política econômica e social da nação brasileira.

2.3 GOVERNANÇA PÚBLICA

Em que pese existirem escritos que a palavra governança, de origem grega, encontra-se limitada a "pilotar, dirigir, guiar ou conduzir" (Garcia, 2021, p. 26; Freitas, 2022, p. 13), entendemos que a governança pública se encontra mais atrelada ao governo das unidades federativas e ao governo das instituições públicas (Lynn Jr., Heinrich, Hill, 2000; Tzeng, 2009; Pitseys, 2010, Ivanyna, Shah, 2011; BRASIL, 2014; Penedo, 2016; BM, 2017; Lacruz, 2017; Martins, 2020; Paludo, Oliveira, 2024).

O significado de governança "é a ação ou maneira de governar um estado, organização ou povo" (Tzeng, 2009, p. 50). A "governança é sobre o exercício da autoridade do governo por meio de suas instituições" (Lynn Jr, Heinrich, Hill, 2000, p. 3); traz a ideia de "governo no sentido da arte de governar" (Pitseys, 2010, p. 214). Como termo geral, "governança refere-se ao ato de governar e à estrutura necessária para fazê-lo" (Lacruz, 2017, p. 37). Assim, a governança pública é "a capacidade de governar, implementando soluções eficazes com o fito de promover o bem-estar social" (Penedo, 2016, p. 88). As demais funções da governança pública estão, de alguma forma, correlacionadas, ao ato de governar.

Mesmo considerando que Secchi (2009) acredita que uma das razões para o surgimento da governança pública foi a ascensão dos valores neoliberais, da mesma forma que Assis e Godoy (2013) também a vinculam à "onda neoliberal"; entendemos que os valores democráticos e sociais tiveram a maior influência, visto que "a governança utiliza processos democráticos para desenhar as soluções demandadas pela sociedade" (Santos, 2017, p. 34), que o "núcleo da governança pública está na sua relação com a democracia, na medida em que estabelece os meios para a participação social" (Bergamini; Souza, 2022, p. 49), e que a compreensão da governança se dá como "projeto democrático" (Zambanini *et al.*, 2018, p. 91), com forte preocupação com o social (Assis, Godoy, 2013; Freitas, 2022).

A governança, como arte de governar, "traz a lógica da administração para o campo social; ela não trata apenas do bom funcionamento das instituições, mas também da qualidade da ação dessas instituições no espaço social" (Pitseys, 2010, p. 217-218).

No contexto democrático, "o Estado-Nação não foi capaz de responder às demandas contemporâneas, e tornou-se inevitável o reforço da democracia participativa, a promoção da transparência, do acesso à informação pública, e da prestação de contas/*accountability*" (Gomes, 2014, p. 11). No contexto social, não foram resolvidos problemas como desigualdade e pobreza (IPEA, 2023). Assim, a governança pública vem contribuir para o aperfeiçoamento das práticas democráticas, ao mesmo tempo em que traz consigo um olhar social, e a "busca do bem-estar da sociedade" (Zambanini *et al.*, 2018, p. 92).

No meio público, a governança tem sentido e aplicabilidade mais amplos do que na área privada, e envolve: a) as grandes decisões administrativas das unidades da federação (União, Estados, DF, Municípios); b) a interação entre os diversos atores públicos e privados; c) a atuação na amenização de conflitos e na construção de viabilidades; d) a aplicação de princípios, premissas e diretrizes no âmbito das instituições públicas visando melhorar o governo e a gestão dessas instituições; e) a influência e orientação do planejamento institucional e para o desenvolvimento; f) outras funções relacionadas a integridade, transparência, riscos, controle, prestação de contas e resultados.

A governança pública apresenta-se como paradigma, porque "oferece uma abordagem diferenciada de conexão entre o sistema governamental e o ambiente que circunda o governo" (Secchi, 2009, p. 363), configurando-se, também, como "uma ligação entre a atividade política e a função administrativa" (Bergamini, Souza, 2022, p. 50).

Diversos estudos divulgados pelo Banco Mundial e pela Organização das Nações Unidas (2000 a 2020), demonstram que a governança se encontra ancorada em práticas democráticas que visam ajudar as nações na busca de soluções para o desenvolvimento econômico e social, envolvendo todos os seus atores, "mercado, governo e sociedade civil, através de mecanismos de democracia participativa" (Santos, 2017, p. 28).

A governança pública pode ser vista em relação (i) ao processo pelo qual os governos são selecionados, monitorados e substituídos; (ii) a capacidade do governo para formular e implementar políticas sólidas; (iii) ao respeito dos cidadãos e do Estado pelas instituições que governam as interações econômicas e sociais entre eles (BM, 2017).

O fenômeno da governança pública vem sendo debatido numa abordagem multidisciplinar (Kooiman, 2004), envolvendo as teorias do desenvolvimento, a administração, a contabilidade, a ciências política e a administração pública (Santos, 2017); possui uma "diversidade de conceitos imprecisos entre as diferentes áreas do conhecimento" (Bergamini, Souza, 2022, p. 49), e pode ser segregada em diferentes níveis (nacional, local, institucional).

Assim, a teoria da governação "começa na diversidade, no dinamismo e na complexidade das sociedades a serem governadas" (Kooiman, 2004, p. 192); e sua difusão e expansão ocorreu com a criação de "mecanismos de diálogos entre governo e sociedade" (Assis, Godoy, 2013, p. 3), numa perspectiva "multifacetada e plural" (Silva, 2022, p. 799).

O termo governança no setor público "era tido como sinônimo de governo" (Martins, 2020, p. 23), sendo utilizado em substituição ao governo em muitas discussões sobre instituições e políticas públicas (Mattia, 2017). Todavia, "a governança não é governo, embora o governo, em qualquer nível, possa potencialmente fazer parte de um processo de governança" (Bryant, 2018, p. 5).

Diversos autores veem a governança como "passagem de uma maneira tradicional de governar, para uma nova, com envolvimento de diferentes níveis de governança" (Mattia, 2017, p. 1123).

Ficou clara a mudança do papel do Estado, "que deixa de exercer um papel de governo e passa a um papel de governança" (Kissler, Heidemann, 2006); nesse contexto, "o Estado não deixa de ser responsável, mas passa a agir em parceria com os outros atores" (Zambanini *et al.*, 2018, p. 92), compartilhando decisões e "substituindo a prestação direta do serviço público pela burocracia, por iniciativas de descentralização e coordenação (Vieira, Barreto, 2019, p. 27).

Todavia, parece mais adequado entender a governança como uma forma de expansão do governo, que agora deve governar juntamente com os demais atores (as principais partes interessadas). O termo governança "significa uma nova forma de governar, diferente e mais ampla que o tradicional modelo hierárquico" (Prokopiuk, 2013, p. 172). Com a governança "o Estado se torna menos hierárquico e passa a privilegiar a interação entre múltiplos atores" (Vieira, Barreto, 2019, p. 27).

Houve uma significativa mudança, dos "modelos mais tradicionais, em que a governação era vista basicamente como de mão única dos governantes para os governados, para um modelo de mão dupla, em que considera os aspectos, problemas e oportunidades do sistema governamental e do sistema a ser governado" (Kooiman, 2004 p. 175). A governança pública "está transformando o papel do governo, exigindo do setor público maior confiança, interação e capacidade de coordenação social" (Kinzler, 2023, p. 30).

A governança pública passou a ser compreendida como um governo mais amplo, que inclui "não apenas a ação estatal, mas governos, organizações da sociedade civil e empresas privadas associadas à consecução dos objetivos sociais e comunitários" (Martins, 2020, p. 24), ou seja, a governança pública envolve a sociedade civil na solução de problemas e na busca do desenvolvimento sustentável, integrando diferentes atores e engajando a comunidade, tornando-se, essencialmente "um processo com múltiplas partes interessadas" (Bryant, 2018, p. 5).

Nesse contexto, um dos pontos cruciais para o entendimento da governança pública é que "os fenômenos sociopolíticos e sua interação com o governo devem ser situados no contexto da diversidade, dinamismo e complexidade da sociedades modernas" (Kooiman, 2004, p. 173), em que o ambiente democrático é propício para sua implementação e aplicação.

A interação dessa diversidade ajuda a entender melhor os problemas, as oportunidades, e a influência entre os participantes. A interação é tanto de processo resultante da atuação dos atores sociais e dos valores, objetivos, interesses e propósitos específicos; como estrutural, num contexto sócio-estrutural-cultural em que participam as instituições, estruturas sociais, com regras e normas de conduta, e esquemas de comunicação (Kooiman, 2004).

Configura-se um modelo horizontal de governança caracterizada pela relação entre atores públicos e privados no processo de decisão e elaboração de políticas públicas (Secchi, 2009; Bergamini, Souza, 2022). Nesse contexto há colaboração, cooperação, e coordenação, como forma de lidar com os problemas, com a diversidade e com o dinamismo. Assim, resta claro que é preciso "processos e estruturas de governação sócio-políticas que levem a sério as interações e os atores" (Kooiman, 2004, p. 192).

Vê-se que a grande utilidade da governança está na sua capacidade de envolver harmonicamente as instituições, os atores e as relações envolvidas no processo de governar o meio público (Santos, 2017); todavia, o sucesso dependerá da capacidade de articulação e "dos atores e grupos envolvidos, de suas aspirações e valores, e das decisões que tomam sobre questões como responsabilidade, transparência, participação, comunicação, compartilhamento de conhecimento, eficiência e equidade" (Emmendoerfer *et al.*, 2023, p. 2.527).

Nesse contexto, a "abertura para a participação dos setores interessados ou esferas de poder no processo decisório são procedimentos e práticas governamentais essenciais ao processo de governança" (Furtado, Silva, 2018, p. 6), e a arena onde a interação com os atores acontece, é no âmbito das instituições públicas. Por meio das instituições públicas, a governança "torna-se uma ligação entre a atividade política, função administrativa" (Bergamini, Souza, 2022, p. 50), e o interesse social. Guiadas pela governança, as instituições são engajadas em novas maneiras de gerenciamento e cooperação (Zambanini *et al.*, 2018).

Nessa arena, qualquer um dos atores (público, social ou privado) dispõe de certa autoridade, que varia de quase insignificante para quase impositiva. Todavia, considerando a estrutura, os recursos e demais meios, resta claro que, mesmo no contexto da governança, as autoridades formal e democraticamente constituídas ocupam uma posição de destaque, influenciando ou mesmo direcionando as decisões estratégicas e as políticas públicas (Vieira, Barreto, 2019). Nesse ponto a governança também estará vigilante, para assegurar que exista equidade entre as partes e o interesse público-social esteja presente e seja o balizador das decisões.

São as instituições que organizam e dão vida a esses inter-relacionamentos, que constroem o planejamento, formulam os planos de ações, e implementam as soluções. As instituições "dão ordem as relações sociais, reduzem a flexibilidade e a variabilidade no comportamento e restringem as possibilidades de uma perseguição unilateral de interesses egoísticos dos atores envolvidos" (Prokopiuk, 2013, p. 178).

É nesse contexto das instituições públicas que se destaca a importância, largamente apregoada por organizações mundiais e pelos preceitos da governança, da necessidade de critérios para a seleção de altos gestores públicos, da obrigatoriedade de obedecer a princípios éticos, profissionais e legais, e da obrigatoriedade de prestar conta de sua atuação. Nesse ponto, os mecanismos de governança pública estão presentes para assegurar o respeito as normas, a transparência, *accountability* e responsabilização dos agentes públicos (Bergamini, Souza, 2022).

Existe uma vasta literatura sobre a importância das instituições, contudo, elas ganharam novo destaque após o surgimento da governança. Pode-se dizer que a governança redefiniu a atuação das instituições, a extensão e a forma da intervenção pública (Mattia, 2017); que a governança veio para recuperar a importância do Estado e das instituições (Zambanini *et al.*, 2018); e que a governança melhora a "capacidade de governar e administrar" (Emmendoerfer *et al.*, 2023. p. 2.526).

Assim, a governança vem, também, para melhorar a administração e a gestão (Martins, 2020), "visa, em primeiro lugar, melhorar a administração" (Pitseys, 2010, p. 215); tanto é que a "boa governança" também é caracterizada pela capacidade de "combinar boas práticas de gestão pública" (Santos, 2017, p. 40).

Vê-se, portanto, que a governança vai além das decisões de escolhas políticas, nacionais, regionais e locais, envolvendo toda a atuação administrativa pública. A governança pública "é mais do que um simples artifício", se tornou "mais do que direção", é vista como um movimento de reforma da gestão pública, que "traz mecanismos de democracia participativa, deliberativa e redes" para a participação dos cidadãos (Santos, 2017, p. 34-35), que podem influenciar todo tipo de decisão estratégica pública, assim como concertar os meios para sua execução.

A governança pública está envolta no interesse público e social, de olho na legitimidade das decisões e demais atos praticados pela Administração, e na qualidade da gestão: nesse ambiente a governança designa a eficiência nos negócios públicos (BM, 2017), compreendendo serviços públicos de qualidade e a observância a um leque de princípios relacionados a sua atuação, transparência, controle e prestação de contas.

Existem princípios imperativos para assegurar uma boa administração, aos quais foram acrescentados os da governança, e dos quais o governo e gestores públicos devem ser os fiéis cumpridores, "porque a sociedade os instituiu para um único objetivo: atingir o bem-estar social" (Camilo, Yamaguchi, Manenti, 2018, p. 10). Para assegurar que esses princípios sejam obedecidos pela gestão, é essencial fortalecer os mecanismos de governança pública, como "importante recurso no combate às ações administrativas burocráticas, inoperantes e contrárias ao interesse público (Travaglia, César, 2016, p. 144).

Todavia, registre-se que a governança, não é um fim em si mesmo, mas um meio necessário para melhorar os governos e para que as instituições governamentais possam melhor se organizar para cumprir sua missão, alcançar seus objetivos e gerar resultados que atendam a maioria das partes interessadas, e assim contribuam para melhorar o bem-estar das pessoas, respeitando os princípios e normas legais.

2.3.1 Governança Multinível

O debate sobre a governança multinível "remonta aos processos de reorganização territorial das políticas sociais, ocorrido desde os anos 1970 nos países industrializados" (Bichir, 2017, p. 51), e sua conceituação teve origem na União Europeia, "em meados na década de 1990" (Abrucio, Sydow, 2018, p. 50).

Nesse período, constatou-se a "crescente importância dos níveis subnacionais na estratégia de tomada de decisão junto aos demais níveis", e os estudos envolviam as políticas públicas e o federalismo, na "busca de compreensão sobre como os diferentes níveis de governo interagiam" (Martins, 2023, p. 123).

A governança multinível "ocorre quando não há competência exclusiva ou hierarquia estável de autoridade", sendo praticada num ambiente que exige "contínua cooperação e fortalecimento da capacidade institucional de atuar de forma coordenada no ciclo das políticas públicas descentralizadas" (Brasil, 2021, p. 12).

Essa governança "trata das relações de autoridade interativa no contexto de multiatores de diferentes níveis e esferas, compreendendo o exercício da autoridade em várias dimensões de relações que perpassam diferentes níveis de governo" (Prokopiuk, 2013, p. 182). Ela compreende a "interação entre os níveis de governo e uma ampla gama de partes interessadas, incluindo atores privados e cidadãos, na formulação e implementação de políticas públicas" (Brasil, 2021, p. 13).

Vê-se que a governança multinível ao mesmo tempo em que "busca compreender as relações que envolvem os diversos níveis governamentais e as novas formas de governança em diferentes realidades territoriais" (Brasil, 2021, p. 12), "pressupõe a interação entre governantes e governados em vários níveis de administração" (Martins, Freire, 2021, p. 118).

São essas relações, entre instituições e atores de diferentes níveis, na condução de políticas públicas descentralizadas, que caracterizam a governança multinível, "ligando as práticas e as dinâmicas locais nas relações com outras escalas de governo, com as práticas e as dinâmicas locais nas relações com a sociedade" (Rodrigues, 2023, p. 28).

Portanto, a governança multinível, além de aspectos federativos, traz consigo aspectos democráticos e de participação social, e seu campo de aplicação se dá no contexto da formulação e implementação de políticas públicas descentralizadas, facilitando a construção de arranjos institucionais para sua implementação.

Nesse formato, a articulação envolvendo a União, estados e municípios é um elemento determinante para o êxito dessas políticas descentralizadas, e vínculos fortes entre os níveis de governo são essenciais para sua execução, num ambiente que pressupõe a colaboração interfederativa, com partilha de responsabilidades entre os diferentes atores.

O federalismo brasileiro "se caracteriza por apresentar diferentes níveis da ação governamental, cada um dos quais com diversos graus de responsabilidade e autonomia" (Silva, Costa, Martins, 2024, p. 5), e pela grande diversidade territorial, em que as realidades locais são muito diferentes, exigindo que a "política pública de alcance nacional tenha atuações diferenciadas, adaptadas às demandas de cada território" (Silva, Costa, Martins, 2024, p. 36).

É essa diversidade, de regiões, capacidades e políticas, que comporta e permite configurações diferenciadas, com diferentes formas de intersetorialidade e de cooperação e colaboração interfederativa. Existem diferentes padrões de governança multinível na comparação entre uma política e outra, bem como na mesma política em diferentes níveis (Rodrigues, 2023).

O federalismo cooperativo é peça-chave para se obter êxito na implementação de políticas públicas descentralizadas, num Brasil com fortes desigualdades territoriais e administrações locais fragilizadas (Abrucio, Sydow, 2018). Essa cooperação pode ser facilitada com a utilização de mecanismos de governança multinível, para gerar relacionamento colaborativo e alinhado entre as instâncias e atores envolvidos.

No federalismo brasileiro, a força está no municipalismo muito mais que no estímulo dos governos estaduais, que por vezes dificulta ou impede a prática cooperativa intermunicipal mais efetiva e permanente (Frey, 2018).

Todavia, os municípios "são dependentes dos governos estaduais e federal, sobretudo dos repasses financeiros, fazendo com que as formas de cooperação federativa sejam debilitadas, quando não prejudicadas, pela sua falta de autonomia financeira" (Silva, Costa, Martins, 2024, p. 38).

Vê-se, portanto, que a solução depende de coordenação, cooperação e participação, além é claro, de estrutura institucional, recursos financeiros e capacidade técnica. E essa solução não é impositiva: não se coordena impositivamente e "não se consegue cooperação nem participação por decreto, mas através de estratégias de adesão" (Silva, Costa, Martins, 2024, p. 7).

A colaboração "é o mais desafiante, porque implica mudanças estruturais na forma de agir, compromisso coletivo, partilha de recursos e de poder, formas de comunicação e de relacionamento multidirecionais; a coordenação também é desafiante, pois envolve planejamento conjunto e partilha de recursos, para diferentes missões, no respeito pela in(ter)dependência e valorização das partes; e a cooperação, ainda que mais informal, pressupõe vontade para atuar em conjunto para atingir um objetivo comum às partes envolvidas" (Pereira, 2014, p. 10).

A coordenação evita efeitos disfuncionais na organização e funcionamento do sistema, aumentando sua eficácia, todavia "não é suficiente para garantir a implementação de políticas setoriais ou territoriais. É preciso haver cooperação entre os entes federativos e participação social" (Silva, Costa, Martins, 2024 p. 7), bem como "é preciso compartilhar poder e reforçar os laços de colaboração entre os níveis de governo e com atores sociais relevantes" (Abrucio, Sydow, 2018, p. 47).

Nesse contexto, a repartição de competências pela CF/1988 com descentralização de políticas públicas provocou mudanças que exigem novas formas de atuação do Estado e da administração pública, contemplem os diferentes níveis e acolham os diferentes atores, num ambiente em que se faz necessária a aplicação das regras de governança multinível.

A governança multinível abraça a verticalidade e o papel do Estado nas relações interfederativas, em que "o jogo principal ocorre entre União e municípios, e o papel dos estados tem sido pouco considerado", e na dimensão horizontal "deve considerar categorias de atores burocratas estatais e atores da sociedade civil" (Bichir, 2017, p. 53). Na dimensão vertical têm-se as conexões "entre níveis de governos, considerando seus aspectos institucionais, financeiros e informacionais" e na dimensão horizontal têm-se o conjunto de relações "entre arranjos cooperativos, formados por regiões ou municipalidades, ao lado de atores extraestatais" (Prokopiuk, 2013, p. 183).

QUADRO 4 - DIMENSÕES DA GOVERNANÇA MULTINÍVEL

<table>
<tr><th>VERTICAL</th><th>HORIZONTAL</th></tr>
<tr><td rowspan="2">Governança Federal</td><td>Governos</td></tr>
<tr><td>Administração Pública</td></tr>
<tr><td rowspan="2">Governança Estadual</td><td>Terceiro Setor</td></tr>
<tr><td>Sociedade</td></tr>
<tr><td>Governança Municipal</td><td>Mercado</td></tr>
</table>

FONTE: Os autores (2025).

O quadro 4 demonstra a dimensão vertical (níveis) e a dimensão horizontal (atores) da governança multinível; ou seja, a governança multinível "contempla, não apenas as relações horizontais entre os atores, mas também as relações verticais internas e externas" (Martins, 2023, p. 126), de governos e instituições públicas.

Todavia, existem dificuldades na dimensão vertical para criação de condições e capacidades suficientes para o exercício do federalismo cooperativo, e têm-se dificuldades no aspecto horizontal para dotar a administração pública municipal de instrumentos capazes de organizar e conciliar os interesses dos atores envolvidos.

As dificuldades da governança multinível, no contexto do federalismo e das políticas públicas descentralizadas, se estendem à coordenação governamental para "integração das políticas setoriais e necessidade de alinhar as políticas no sentido vertical, entre os entes da federação"; à cooperação, para "estabelecer uma relação horizontal entre as partes, e de menos subordinação", e à participação da sociedade civil, "sendo necessário melhorar as formas de participação e a sua efetividade" (Silva, Costa, Martins, 2024, p. 46).

Para Martins (2023, p. 127) um dos maiores desafios da governança multinível "relaciona-se aos problemas de coordenação das complexas inter-relações dos vários atores em diferentes níveis". Abrucio, Sydow (2018) destacam a falta de articulação intergovernamental e a fragilidade dos municípios. E, independentemente do município, ou da localização, haverá "problemas da desigualdade econômica, vulnerabilidade social e sustentabilidade ambiental" (Silva, Costa, Martins, 2024, p. 36).

Existem, também, outras dificuldades como a dispersão da autoridade central, o envolvimento de diferentes instituições e atores no processo de tomada de decisão, a fragmentação sobre o conhecimento acerca do papel dos atores envolvidos, e a falta de transparência (Martins, 2023).

Ainda, existem os conflitos entre as diversas instâncias e atores, em face da diversidade de interesses e valores. A União, os estados e municípios "são governados por políticos e administrados por gestores ligados a diferentes tendências político-ideológicas, o que cria dificuldades na definição de interesses comuns, e chegar a acordos para mantê-los" (Prokopiuk, Freder, 2020, p. 401).

E, têm-se as muitas "dificuldades dos municípios pequenos, com menos de 20 mil habitantes" (Rodrigues, 2023, p. 162). As instituições administrativas desses municípios podem limitar a governança multinível e o resultado das políticas públicas, "se não tiver um certo grau de maturidade" (Silva, Costa, Martins, 2024, p. 38).

Portanto, existem problemas para construir uma boa governança multinível compreendendo: (i) dificuldades na coordenação, cooperação e participação, (ii) assimetria de informações entre os participantes, (iii) carência de infraestrutura e capacidade técnica dos atores locais, (iv) baixa maturidade de instituições administrativas locais, (v) divergências quanto aos objetivos comuns, e (vi) relacionadas à transparência, prestação de contas e responsabilização.

Todavia, mesmo diante de dificuldades, o modelo de governança multinível é o mais eficiente e eficaz quando se trata de articulação territorial, e também para fortalecer a cooperação, colaboração e participação.

Isso porque gere melhor os impactos territoriais em várias escalas, provocados por externalidades multi-escalares; atua na intermediação de interesses do Estado, governo, empresas e sociedade civil; ajuda pensar a problemática interfederativa e caminhar rumo as soluções; facilita compromissos políticos mais credíveis; fomenta a inovação e experimentação no campo das políticas públicas; reflete a diversidade de interesses dos cidadãos, e contribui para melhorar a coordenação, a cooperação e a participação (Pereira, 2014, p. 7; Silva, Costa, Martins, 2024, p. 18 e 38).

Nesse contexto, a administração pública de todos os entes envolvidos tem imortante papel a desempenhar, contribuindo com a coordenação e a articulação, e proporcionando um ambiente adequado para a cooperação e a participação, visto que são necessários informações transparentes, diálogo e negociação constante com todos os envolvidos, para construir uma boa governança multinível e obter êxito nas políticas públicas descentralizadas.

2.4 ADMINISTRAÇÃO PÚBLICA

A história da administração remonta a milhares de anos a.C, "com indícios de ter surgido na civilização mais antiga do mundo, a Suméria" (Fernandes, 2013, p. 16). A administração pública teve suas origens no "Egito ptolomaico e no sistema de governo do Império Chinês, em 500 anos a.C." (Fernandes, 2013, p. 22); e a administração, como a ciência que trata das organizações, surgiu mais tarde, entre os anos de 1890 e 1925, com Taylor e Fayol.

No Brasil, a administração pública teria surgido ainda no período colonial, próximo ao ano 1.600. Registros indicam que "havia na colônia uma ampla, complexa e ramificada administração ... que não obedecia a critérios uniformes ... e um caos legislativo", e que a administração colonial abrangia quatro níveis: "as instituições metropolitanas, a administração central, a administração regional e a administração local" (Costa, 2008, p. 4).

Administração corresponde ao ato de administrar, ao qual podem ser imputadas três dimensões: "(i) como ciência, é o ramo do conhecimento que trata das organizações, e compreende o conjunto de teorias histórico-evolutivas estudadas nos cursos de graduação; (ii) como área administrativa, corresponde ao todo administrativo: estrutura e recursos, e envolve a criação de um ambiente favorável ao desempenho das atividades de todas as áreas; (iii) como função administrativa, compreende: planejar, organizar, dirigir, coordenar e controlar as atividades de todas as áreas, e não somente as da área administrativa" (Paludo, 2024a, p. 27-28).

Quanto aos níveis, a administração pública pode ser classificada em: estratégica, tática e operacional. A estratégica preocupa-se com aspectos essenciais para toda a organização, com foco na sustentabilidade, no longo prazo, na efetividade das ações e no alcance dos objetivos estratégicos; a tática compreende as áreas específicas como RH, TI, finanças, produção, e preocupa-se com objetivos setoriais; e a operacional é responsável pela execução das atividades dos projetos, processos e ações (Chiavenato, 2007).

A administração pública deve perseguir continuamente os melhores resultados em cinco dimensões principais: economicidade, eficiência, eficácia, efetividade e sustentabilidade.

Entenda-se economicidade como a minimização dos custos na produção ou aquisição de bens ou na execução de serviços; eficiência como o uso racional e econômico dos meios disponíveis, na relação entre insumos, produtos, qualidade, custo e produtividade; eficácia como o grau de alcance das metas ou objetivos de curto prazo; efetividade como o impacto final das ações, o grau de satisfação das necessidades e desejos da sociedade com os serviços prestados pela instituição; e sustentabilidade como o equilíbrio nas ações e na busca de resultados, usando racionalmente os recursos naturais, de forma a preservá-los também para as próximas gerações (Chiavenato, 2007; Brasil, 2012).

Administração Pública abrange a ciência, a disciplina, as normas, a estrutura e as técnicas administrativas aplicadas ao meio público, para o desempenho de suas atividades no dia a dia das organizações públicas; todavia, existem outros conceitos acerca de administração pública, que numa primeira divisão encontram-se os relacionados à ciência administrativa e à ciência jurídica.

Quanto à ciência da administração, é o ramo da administração aplicada nas administrações direta e indireta das três esferas (ou níveis) de governo: federal, estadual e municipal; quanto à ciência jurídica, corresponde às atividades desenvolvidas pelos entes públicos, dentro dos limites legais, com o fim de prestar serviços ao Estado e à sociedade em prol do bem comum (Paludo, 2024a).

A dimensão jurídica origina-se na doutrina do direito administrativo, que a segrega em outros dois conceitos específicos, definidos pelos juristas como subjetivo, formal ou orgânico; e objetivo, material ou funcional.

O primeiro corresponde ao conjunto de pessoas jurídicas e órgãos públicos criados para realizar a função administrativa do Estado, cujas atividades são desempenhadas pelos seus agentes: portanto, nesse sentido tem as pessoas jurídicas de direito público interno, as pessoas jurídicas da administração indireta, os órgãos da administração direta e os agentes públicos; e o segundo corresponde à função administrativa propriamente dita, e às atividades necessárias à prestação dos serviços públicos em geral. Neste conceito, inclui-se tanto a função administrativa desempenhada pelo Governo (decisões de governo), quanto as desempenhadas pelos órgãos e demais entes públicos, traduzidas em decisões administrativas e ações de execução (Di Pietro, 2016; Paulo, Alexandrino, 2016).

O conceito subjetivo reflete o conjunto orgânico, que corresponde à administração pública direta e indireta dos três poderes; e o conceito objetivo compreende a prestação dos serviços públicos, a intervenção no domínio econômico, o exercício do poder de polícia, e o fomento e incentivo às atividades em geral de interesse ou de utilidade pública.

A administração pública, segundo Paludo (2024a, p. 79-80), possui características próprias do meio público, que ajudam a compreender melhor o seu papel:

a) é executora das atividades desejadas pelo Estado, tendo em vista o bem-estar da coletividade. Ela presta serviços públicos e pratica atos administrativos por meio de seus órgãos e agentes;
b) é instrumental, utilizada pelo Estado para a promoção do desenvolvimento do país e do bem comum da sociedade. É o meio de que se valem o Estado e o governo para realização de seus fins;
c) é hierarquizada, em que há subordinação dos órgãos e agentes inferiores aos superiores;
d) tem competência limitada, só possui poder para decidir e comandar a área de sua competência específica, que é estabelecida em lei, ou decorrente dela;
e) tem responsabilidade técnica, pela prática dos atos administrativos e outros decorrentes da execução, cujo desvio do prescrito pela norma jurídica ou técnica invalidará o ato praticado e responsabilizará o agente que o praticou;
f) tem poder administrativo, e não poder político: suas decisões se restringem a assuntos técnicos, financeiros e jurídicos, e todas as atividades administrativas submetem-se aos princípios e normas vigentes;
g) é dependente, a atuação administrativa é dependente e vinculada às decisões/opções do governo, dos poderes e dos demais órgãos que detêm competência legal para fiscalização e controle de sua atuação;
h) é neutra, deve tratar a todos igualmente, não podendo favorecer/discriminar pessoas, políticos, determinada categoria ou região, em detrimento dos demais, sob pena de desvio de finalidade e ofensa ao ordenamento jurídico vigente.

Com o advento da constituição da república (1988), foi imposta à administração pública a obediência aos princípios da legalidade, impessoalidade, moralidade, publicidade e eficiência. Assim, tanto a administração pública como seus agentes estão obrigados a observar esses princípios no dia a dia das práticas administrativas, que devem ser compreendidos e aplicados mediante interpretação sistemática que preserve a harmonia, a racionalidade e a congruência em sua aplicação às situações concretas vividas pela administração pública, quando em suas relações com os administrados e a sociedade (Paulo, Alexandrino, 2016).

No aspecto da estrutura organizacional, a administração pública, conforme disposto na Constituição Federal de 1988, compreende a administração direta e a administração indireta, e, têm-se ainda, o terceiro setor, conforme quadro 5.

QUADRO 5 - COMPOSIÇÃO DA ADMINISTRAÇÃO DIRETA, INDIRETA E TERCEIRO SETOR

<table>
<tr><th colspan="3">Administração Direta e Indireta</th><th>Terceiro Setor</th></tr>
<tr><td rowspan="5">Administração Direta</td><td rowspan="5">Órgãos</td><td>da Presidência da República dos Ministérios</td><td>Fundações privadas</td></tr>
<tr><td>dos Poderes Legislativo e Judiciário</td><td>Associações privadas</td></tr>
<tr><td>do Ministério Público</td><td>Cooperativas diversas</td></tr>
<tr><td>da Defensoria Pública</td><td>Organizações sociais</td></tr>
<tr><td>Conselhos Diversos</td><td rowspan="2">Organizações sociais de interesse público</td></tr>
<tr><td rowspan="5">Administração Indireta</td><td rowspan="5">Entidades</td><td>Autarquias</td></tr>
<tr><td>Fundações</td><td>Organizações da sociedade civil</td></tr>
<tr><td>Empresas Públicas</td><td rowspan="2">Instituições comunitárias de educação superior</td></tr>
<tr><td>Sociedades de Economia Mista</td></tr>
<tr><td>Consórcios constituídos como Associação Pública</td><td>ONGS diversas</td></tr>
</table>

FONTE: Os autores (2025).

Registre-se que as ações da Administração Pública relacionadas à ordem social ocorrem mediante colaboração ou cooperação, materializadas por meio de convênios, termos de parceria, termo de fomento, contratos de gestão etc., enquanto as ações de caráter econômico compreendem as relações contratuais, formalizadas mediante concessão, autorização ou outra forma de contrato (Paludo, 2024a).

2.4.1 Evolução da Administração Pública

A evolução coloca em xeque o paradigma da estabilidade e impõe a necessidade de mudanças. Na iniciativa privada a reação à evolução ocorre por meio de mudanças e no setor público recebe o nome de reforma, "porque as mudanças na sociedade atual não são acompanhadas por mudanças equivalentes nas instituições" (Rojas, Duarte, 2011, p. 1).

A administração pública tem passado por significativas evoluções e mudanças, envolvendo organizações, atores, discursos e sistemas (Valadares, *et al.*, 2023), na tentativa de implantar a melhor gestão pública possível (Souza, Faria, 2017), que, numa perspectiva histórica, são descritas por meio de três modelos: a administração patrimonialista, a administração burocrática e a administração gerencial (Bresser-Pereira, 2001; Costa, 2008).

QUADRO 6 - CONTEXTUALIZAÇÃO DO PERÍODO DE TRANSIÇÃO DAS REFORMAS

PATRIMONIALISMO ➔	BUROCRACIA ➔	GERENCIAL
Confusão entre o público, o coletivo e o privado. O soberano era um "deus". Guerras, fortes mudanças políticas e produção industrial. Relação turbulenta do Estado com a população, e ausência de serviços públicos.	Início-crise do Estado liberal. Dominação pelo poder racional-legal. Organizações de grande porte. Profissionalização da administração e busca da eficiência. Insuficiência dos serviços públicos.	Início-crise do Estado interventor (econômica, fiscal e social). Globalização e grandes mudanças mundiais. Revolução tecnológica, inovação e técnicas privadas para melhorar a gestão e o atendimento do cidadão.

FONTE: Os autores (2025).

O quadro 6 contextualiza o período de transição – do modelo patrimonialista para o burocrático e deste para o gerencial – todas marcadas por períodos turbulentos e de crises econômicas, políticas e sociais, que exigiram mudanças no Estado/Administração visando superar os entraves do modelo vigente, ajustando a atuação administrativa à realidade e necessidades de cada período.

A administração patrimonialista, embora desorganizada, foi o primeiro modelo de administração pública. Trata-se da época de suas majestades (reis, príncipes), em que o soberano era uma espécie de "deus", que se considerava dono de tudo, sem qualquer tipo de prestação de contas de suas ações (Bobbio, 1981; Bresser-Pereira, 2001; Di Pietro, 2016).

As principais características que definiam a administração patrimonialista eram: poder oriundo da tradição/hereditariedade; confusão entre a propriedade privada e a pública; impermeabilidade à participação social-privada; endeusamento do soberano; corrupção e nepotismo; decisões discricionárias e arbitrárias; ausência de carreiras administrativas; desorganização do Estado e da administração; e, descaso pelo cidadão e pelas demandas sociais (Paludo, 2024a).

Mesmo no período final desse modelo "a administração pública aparecia como um elo para manutenção entre os interesses privados, normalmente da classe dominante, e a ação do Estado. Os princípios elementares da gestão pública como a impessoalidade e a desvinculação entre o cargo e a pessoa, eram deixados de lado para beneficiar vínculos de proximidade e familiaridade" (Nascimento, Grin, 2021, p. 9).

Como consequências mais visíveis desse modelo arcaico, e de suas ações, registram-se o descaso pelas demandas sociais, o nepotismo e a corrupção (PDRAE, 1995; Costa, 2008).

Em face da evolução, na segunda metade do século XIX, época do Estado liberal, surge a administração burocrática como o primeiro modelo organizado de administração pública. Ela vem suplantar o modelo patrimonialista, combater a corrupção e o nepotismo (PDRAE, 1995; Vieira, Barreto, 2019), dar suporte às organizações industriais de grande porte (Tavares *et al.*, 2014) e auxiliar na organização da administração pública.

Em relação ao passado patrimonialista "a formação da burocracia representa, portanto, um avanço significativo em relação às estruturas de poder ou tipos de domínio" (Bergamini, Souza, 2022, p. 48).

Os principais escritos acerca da burocracia são do sociólogo alemão Max Weber (Souza, Faria, 2017), que descreveu suas principais características: caráter legal das normas; caráter formal das comunicações; caráter racional e divisão do trabalho; hierarquia da autoridade; rotinas e procedimentos padronizados; impessoalidade nas relações; competência técnica e meritocracia; especialização da administração; profissionalização dos funcionários; e, previsibilidade de funcionamento (Paludo, 2024a).

No Brasil, o Departamento de Administração do Serviço Público (DASP) foi o responsável pela organização da administração pública, com base nos preceitos burocráticos. No entanto, logo viriam grandes alterações promovidas pelo Decreto-Lei n.º 200/1967, que, aliadas à crise econômica mundial na década 1970, levariam ao esgotamento do estado burocrático na década de 1980 (Souza, Faria, 2017), abrindo espaço para nova reforma da administração pública (década 1990).

Ainda que tenha permanecido na maior parte do século XX como o modelo mais utilizado (Santos, 2017), a burocracia ideal de Weber não se consolidou no Estado Brasileiro (Bresser-Pereira, 2001), porque as normas legais deixavam brechas contrárias à burocracia racional-legal. Assim, a burocracia falhou em seus propósitos (Costa, 2008), pois não conseguiu ser eficiente e nem se manter impessoal, além de ser considerada cara e inflexível (Souza, Faria, 2017).

A burocracia cedeu espaço para o modelo gerencial, orientado pelo desempenho e para o cidadão, no qual se intensificou a delegação para as agências implementadoras de políticas públicas, e a *accountability* passou a ser reconfigurada em termos de resultados (Rezende, 2009). Para Vieira e Barreto (2019), foi o modelo burocrático que orientou a fundação da moderna administração pública.

O Plano Diretor da Reforma do Estado - PDRAE (1995) foi o guia da reforma gerencial da administração pública no Brasil, que teve aspectos mais republicanos que liberais: "não visava um Estado mínimo, mas um Estado forte, que manteve o olhar social, mantendo sob sua responsabilidade os serviços e atividades importantes para o bem-comum da população" (Paludo, 2024a, p. 184).

As reformas gerenciais "partem do pressuposto de fazer a burocracia pública funcionar melhor, e a um menor custo" (Rezende, 2009, p. 351), aperfeiçoando os conceitos e pressupostos que regem a gestão pública (Santos, 2017). A nova gestão pública oriunda dessa reforma, conforme Vieira, Barreto (2019), é focada no cliente usuário dos serviços públicos e chegou para aprimorar o desempenho da administração pública, com o compromisso de encontrar soluções para os problemas público-sociais.

A reforma de 1995 foi orientada pelos princípios da busca por resultados, descentralização e delegação, flexibilização da gestão, transparência, *accountability*, inclusão social, eficiência fiscal, e foco no cidadão (Costa, 2008; Rezende, 2009; Gonçalves *et al.*, 2018). Com isso, delineou-se um novo padrão de relacionamento entre o Estado, administração pública, mercado e sociedade civil, agora sob a ótica gerencial, em que o Estado regula, controla e fomenta, e o mercado se encarrega da execução (PDRAE, 1995).

A nova gestão pública utiliza formas de gerenciamento oriundas de organizações privadas, com o objetivo de alcançar a eficiência, reduzir os gastos e melhorar os serviços oferecidos à população, juntamente com maior participação da sociedade nas decisões, mais transparência acerca da tomada de decisão e da gestão dos recursos públicos, e orientação para o cidadão (Imasato *et al.*, 2011; Silva *et al.*, 2013; Gonçalves *et al.*, 2018).

Essa evolução dos modelos de administração pública, do patrimonialista para o gerencial, "reflete a transformação da gestão pública, do nepotismo para a eficiência e eficácia na prestação de serviços" (Rissi, 2023, p. 20). Os modelos antigos focavam na execução das tarefas, enquanto o modelo gerencial enfatiza a eficiência, a eficácia, a efetividade.

Apesar das mudanças, os resultados alcançados pela reforma gerencial de 1995 foram limitados (Vieira, Barreto, 2019), e "não contribuíram como imaginado" (Bergamini, Souza, 2022, p. 49). Mesmo alcançando apenas parte dos objetivos, ela foi positiva ao promover mudanças na administração pública federal e "inspirar governos de estados e municípios a inovar suas administrações, tornando-as mais gerenciais, mais modernas e mais eficientes na prestação de serviços aos cidadãos" (Paludo, 2024a, p. 209).

A criação desse novo modelo institucional, dotado de maior capacidade gerencial, *accountability* e credibilidade, foi decisivo para adentrar ao sistema de governança. A ampliação da esfera pública para acolher novos atores, envolvendo Estado, administração, mercado e sociedade, também é fruto da influência da governança, que começa a ser aceita pelos governos e fomentada na administração pública (Rezende, 2009).

Nesse contexto, a governança pública brasileira chegou para organizar e "delimitar a gestão, e não para gerir" (Bergamini, Souza, 2022, p. 45), chegou para influenciar e expandir a administração gerencial numa via de mão dupla - de um lado há maior preocupação das instituições públicas com resultados para os cidadãos e demais partes interessadas, e, de outro, maior atenção dos cidadãos e da sociedade quanto à eficiência, eficácia, controle e melhoria da administração pública.

É nesse contexto, influenciada e guiada pela governança organizacional pública, que a nova administração pública encontrará meios para (re)organizar sua estrutura interna, melhorar a eficiência, e apresentar resultados mais satisfatórios, não somente quanto à eficácia, mas também quanto a efetividade, sustentabilidade e solução de problemas sociais.

2.5 DESENVOLVIMENTO

Sem desconsiderar as teorias e modelos acerca de crescimento e desenvolvimento, o que se pretende nesse estudo é apresentar um conteúdo geral a respeito do tema, com destaque para aspectos contemporâneos do desenvolvimento, de caráter predominantemente endógeno e com a participação ativa das instituições públicas, de forma a contribuir para o planejamento do desenvolvimento, com ênfase no âmbito local.

Pode-se dizer que os escritos sobre o crescimento econômico surgiram no continente Europeu, com Adam Smith, no século XVIII (Dias, Plein, 2022), todavia foi a partir das obras de Smith, Marx, Schumpeter e Keynes, na década de 1940, que essa teoria foi construída. No crescimento histórico, era predominante a visão capitalista (Bresser-Pereira, 2006), e "não era comum a preocupação com o social" (Garcia, 2021, p. 11).

O termo desenvolvimento surge na década 1970, e assume uma dimensão maior que o crescimento (Dias, Plein, 2022). O crescimento é econômico, mas o desenvolvimento deve ser inclusivo e envolve outras dimensões (Carvalho, 2022), resultando em melhor qualidade de vida das pessoas.

Inicialmente, a teoria do desenvolvimento econômico buscava explicar "as causas e o mecanismo do aumento persistente da produtividade do fator trabalho e suas repercussões na organização da produção e na forma como se distribui e se utiliza o produto social" (Furtado, 2009, p. 25); todavia, na opinião desse autor é necessário confrontar a teoria explicativa com a realidade do desenvolvimento, considerando as particularidades de cada nação ou região.

O conceito de desenvolvimento incorporou aspectos qualitativos, que levam em consideração o bem-estar dos indivíduos, e pode ser definido a partir de mudanças no bem-estar da população (Souza, 2019). Todavia, pensar que o termo desenvolvimento tenha um conceito único, é um pensamento errôneo, visto que comporta diferentes definições e interpretações, que estão sempre em evolução.

O crescimento é menos que desenvolvimento; é uma condição para o desenvolvimento, mas não é suficiente, pois "há uma vastidão de estudos que mostram cidades cuja prosperidade econômica trouxe certo crescimento, mas também problemas sociais, urbanos e ambientais" (Bellingieri, 2017, p. 27). Assim, a hipótese de que só o crescimento pode levar ao desenvolvimento merece restrição, pois não basta para alcançar o desenvolvimento, visto que o crescimento é econômico, mas o desenvolvimento espraia-se para além da economia e tem um forte viés social.

A partir da segunda guerra mundial, e "com o aprimoramento das estatísticas, foi constatado, na época, que dois terços da população mundial possuíam renda *per capi*ta inferior à dos países ricos" (Garcia, 2021, p. 12), e ficou evidente que o mundo se encontrava dividido em países desenvolvidos e países subdesenvolvidos (Souza, 2019). Os primeiros detêm a maior parte das riquezas enquanto muitos dos menos desenvolvidos estão imersos em pobreza.

Na américa Latina, com destaque para o Brasil, o crescimento se apoiou basicamente na exportação de produtos primários, ou seja, matéria prima, e num segundo momento o desenvolvimento ocorreu mediante à industrialização básica, visando substituir as importações pela produção nacional (Paludo, 2024a).

Durante centenas de anos permaneceu essa ideia de que a maioria dos problemas seriam resolvidos com o aumento da riqueza. A questão social e a questão ambiental, foram galgando espaço no meio público, como preocupação de dirigentes, pressão de setores da sociedade, ou imposição de organismos externos (Carvalho, 2022).

Todavia, a partir da segunda metade do século XX veio à tona que a expansão da atividade econômica não resolve automaticamente os problemas sociais, e o conceito de desenvolvimento avançou para além da economia, incorporando variáveis como justiça social, distribuição de riqueza, meio ambiente, liberdade (Vogt, Botelho; Wentroba, 2023). Para mensurar o processo de desenvolvimento "é necessário ter uma visão ampla em virtude da complexidade de variáveis de diversos setores, sejam eles: econômicos, políticos, sociais ou educacionais" (Souza, 2019, p. 34).

O desenvolvimento, nacional ou local, nas últimas décadas se tornou um objetivo a ser perseguido e sempre presente no debate político-intelectual das nações (Paranhos, 2020). Essa teoria, "foi ganhando como espaço de difusão os centros de pesquisa, universidades e as agências internacionais do capital" (Paranhos, 2020, p. 3).

A partir de 1980 ganha destaque o termo "desenvolvimento sustentável", com o despertar da consciência de que os recursos naturais são limitados, da necessidade de preservação do meio ambiente, e da urgência em repensar o futuro da humanidade (Dias, Plein, 2022).

O economista Ignacy Sachs é um dos maiores expoentes do desenvolvimento sustentável (ecodesenvolvimento), e indica cinco dimensões da sustentabilidade: a) social, voltada para a organização social e redução da pobreza; b) econômica, que demonstra a capacidade produtiva dos ecossistemas; c) ecológica, visando à preservação dos recursos naturais e biodiversidade; d) espacial, com foco no equilíbrio da configuração rural--urbana; e) cultural, defendendo o respeito as tradições e especificidades culturais das comunidades locais (Dias, Plein, 2022).

A abordagem de desenvolvimento sustentável não aceita a lógica do mercado que visa o lucro financeiro no curto prazo, nem a predominância do crescimento econômico; mas utiliza estratégias com planejamento e gerenciamento integrado, associando a preocupação ecológica com a equidade social, utilizando o emprego eficiente de recursos para "superação de conflitos de distribuição e de justiça social" (Frey, 2001, p. 14).

Na sociedade moderna, o desenvolvimento permeia todas as atividades e todas as decisões que vêm sendo tomadas nos sistemas social, econômico, político e administrativo (Frey, 2001, p. 2), incluindo, também, o debate das liberdades e da sustentabilidade (Vogt, Botelho, Wentroba, 2023), e temas como "fome, pobreza, desigualdade social, poluição, precarização do acesso a água e saneamento, degradação ambiental, violência, corrupção, desenvolvimento econômico, que afetam o planeta e são alvo de uma preocupação mundial" (Silva, 2022, p. 59).

Vê-se, portanto que, no século XXI, o desenvolvimento passa pelo equilíbrio entre o econômico, o ambiental e o social, incluindo métricas relacionadas aos serviços de saúde, educação, participação em discussões políticas e ambiental, e refere-se também às disposições sociais e direitos civis, bem como deve estar relacionado com a melhoria da qualidade de vida das pessoas e com a sustentabilidade do planeta (Vogt, Botelho, Wentroba, 2023).

2.5.1 Estado e Instituições no Desenvolvimento

Compartilhamos com a visão de John Maynard Keynes (1883-1946), no ponto em que defende a participação do poder público na economia para promoção do crescimento, e como agente indispensável na promoção da justiça social. Todavia, essa participação não pode ser excessiva a ponto de comprometer o equilíbrio nas contas públicas.

Se nos primórdios as grandes empresas eram as fomentadoras do desenvolvimento, agora se tornou essencial a "atuação ativa do Estado como agente instigador de políticas amplas, direcionando recursos e incentivos, diminuindo os obstáculos estruturais, dinamizando ações de agentes privados e dando segurança institucional" (Dias, Plein, 2022, p. 81).

O Estado atua na economia visando resolver problemas, atender demandas e gerar conquistas sociais. "O Governo intervém na economia para garantir estabilidade, crescimento, corrigir as falhas de mercado e as distorções, melhorar a distribuição de renda, aumentar o nível de emprego, proteger o meio ambiente etc. A atuação do Estado na economia ameniza as falhas de mercado, com vistas a melhorar o bem-estar da população" (Paludo, 2024b, p. 24).

Nesse aspecto, o Estado tem papel importante no desenvolvimento regional, tanto no que se refere ao fomento, como em relação "a regulação das externalidades negativas produzidas nas regiões mais dinâmicas, e a promoção do crescimento e desenvolvimento nas regiões mais atrasadas" (Lima, 2006, p. 84).

O Estado também é indispensável para assegurar que as políticas públicas viabilizem o desenvolvimento das capacidades humanas, "pois de nada adianta promover o progresso econômico com fomento às indústrias e ao consumo, sabendo que a pobreza de um país não está relacionada apenas com a renda per capita, mas também com as condições oferecidas às pessoas, com base na interação entre a estrutura social, política e econômica" (Vogt, Botelho, Wentroba, 2023, p. 70).

O Estado não necessariamente precisa ser o maior financiador, mas sim um planejador, orientador e fomentador. Questão fundamental inerente ao papel do Estado no desenvolvimento "reside nas políticas públicas de fomento" (Lima, 2006, p. 83). As agências de fomento assumem um papel central no desenvolvimento econômico (Souza, 2019). Sem essas instituições governamentais "o desenvolvimento fica comprometido e inviabilizado no longo prazo" (Souza, 2019, p. 35).

Todavia, um fator que dificulta ações mais efetivas do Estado no desenvolvimento brasileiro nacional ou local, é a situação fiscal deficitária oriunda da dívida pública, no caso brasileiro agravada mais e mais a cada novo governo, minando a capacidade de investimento público (Lima, 2006), necessário para o desenvolvimento.

QUADRO 7 - DÍVIDA LÍQUIDA DO GOVERNO GERAL

(Em bilhões R$)					
Mês/Ano	**(%)**	**Mês/Ano**	**(%)**	**Mês/Ano**	**(%)**
dez-1991	66.497	dez-2002	859.712	dez-2013	1.660.187
dez-1992	83.252	dez-2003	901.263	dez-2014	1.915.773
dez-1993	85.719	dez-2004	961.136	dez-2015	2.272.217
dez-1994	106.291	dez-2005	1.010.241	dez-2016	2.994.967
dez-1995	120.688	dez-2006	1.091.255	dez-2017	3.505.361
dez-1996	183.274	dez-2007	1.181.418	dez-2018	3.832.958
dez-1997	226.925	dez-2008	1.175.203	dez-2019	4.231.844
dez-1998	322.166	dez-2009	1.378.129	dez-2020	4 973 115
dez-1999	407.238	dez-2010	1.495.285	dez-2021	5.359.710
dez-2000	506.049	dez-2011	1.536.154	dez-2022	5.691.840
dez-2001	648.685	dez-2012	1.581.281	dez-2023	6.321.378

FONTES: Bacen e Ipeadata (2024). NOTA: Elaborado pelos Autores (2025).

O quadro 7 demonstra a evolução da dívida pública líquida do governo geral, em valor nominal, de 1991 a 2023.

Outro ponto, é que o Estado atua por meio de agentes, e, assim, o modelo de desenvolvimento é afetado por quem está no poder. O presidente "é a encarnação da nação, o principal fiador do interesse nacional, o qual cabe a ele definir" (Costa, 1997, p. 67), e da mesma forma, o governador e o prefeito. Assim, as mudanças no poder trazem pessoas com diferentes ideologias, que tanto defendem o estado mínimo liberal, como o estado intervencionista e expansivo na atividade econômica.

Em que pesem as críticas e as falhas na atuação, fato é que a intervenção direta do Estado como promotor de políticas públicas de desenvolvimento é necessária, principalmente em regiões deprimidas (Lima, 2006, p. 69); afinal, "se as localidades/regiões não precisassem da contribuição de agentes externos para se desenvolverem, já estariam desenvolvidas" (Avila, 2006, p. 139).

Assim a discussão ultrapassa o fator da necessidade de atuação do Estado e das instituições públicas, e adentra para a forma como essa intervenção pode ser realizada da maneira mais eficiente e eficaz, com menor impacto fiscal para o Estado, e com melhores resultados para a sociedade.

Nesse ponto Osborne e Gaebler (1994) indicam um governo catalisador, que promove a atuação conjunta (pública, privada e voluntária); que identifica, ouve e atende os clientes-cidadãos; que atua preventivamente mediante o uso do planejamento; num contexto em que o governo coordena, regula e fomenta, e deixa a execução a cargo dos demais atores.

O desenvolvimento não depende de um Estado grande, mas de um governo ativo, capaz de articular a capacidade administrativa com a visão de futuro, e estabelecer objetivos e caminhos inclusivos para a nação, em parceria com outros níveis de governo e com a iniciativa privada, e com coragem para inovar e desenhar um futuro melhor para o país, para as regiões, e para todos os seus habitantes.

2.6 PLANEJAMENTO PÚBLICO

O planejamento foi descrito por Fayol, na longínqua 1916, como função da administração, juntamente com direção, organização e controle. Assim, planejamento e administração andam lado a lado, e suas origens antecedem os registros conceituais (Granjeiro, 2006).

Planejamento é ato ou efeito de planejar; "é um processo racional para a tomada de decisão, com vistas a selecionar e executar um conjunto de ações, necessárias e suficientes, que possibilitarão partir de uma situação atual existente e alcançar uma situação futura desejada" (Paludo, Prokopiuk, 2014, p. 14).

Tanto em nível federativo como em nível institucional, governo e administração utilizam o planejamento para direcionar-se para o futuro, como um guia apontando caminhos a serem seguidos para o alcance das transformações e dos resultados pretendidos.

No Brasil, vários fatores pressionaram para a formalização da atividade de planejamento público: a complexidade que envolve a administração pública; a escassez de recursos que exige o seu uso racional e eficiente; a missão atribuída ao Estado de solucionar os problemas sociais e promover o bem-estar da população; as crescentes demandas dos cidadãos; a necessidade de promover o desenvolvimento nacional (Paludo, Prokopiuk, 2014).

Foi a partir da década 1930, com a criação do Departamento de Administração Pública-DASP (1936), que o planejamento deixou de ser intuitivo e informal, para constituir estrutura e atividade permanente na administração pública brasileira.

A atividade de planejamento público ganhou impulso a partir de meados do século passado, com o plano de metas de Juscelino Kubutscheck (1951-1956), quando a administração passou a adotar métodos mais consistentes para levar a termo projetos e empreendimentos governamentais. O planejamento alcança seu auge no governo militar (1964-1984), seguido de um período de descrédito com a nova república e a volta da democracia (1995-1990), praticamente foi abandonado no governo Collor de Mello (1991-1992), para se reerguer novamente no governo Fernando Henrique Cardoso (1998).

Nesse período, em 1988, houve a promulgação da Constituição Federal, que, além de instituir o Plano Plurianual-PPA de caráter obrigatório a todos os entes federativos (art. 165), impôs ao Estado a função de realizar o planejamento (art. 174).

Assim, se o Estado brasileiro sempre esteve presente no processo de planejamento para o crescimento e desenvolvimento, a partir de 1988 ele não apenas realizará o planejamento indicativo para induzir as práticas dos demais agentes, mas também elaborará o plano plurianual, no qual será o ator principal, de onde saem os maiores investimentos (Carvalho, 2022).

Com a constituição de 1988, o Plano Plurianual, se tornou o instrumento legal de planejamento de maior importância e maior alcance no estabelecimento das prioridades e no direcionamento das ações do governo, condicionando ao seu conteúdo todos os demais planos e programas nacionais, regionais e setoriais (art. 165, §4.º). Cabe ao PPA declarar as escolhas do governo, indicar os meios para a implementação de políticas públicas, e orientar a ação do Estado para o alcance dos objetivos pretendidos (Ministério do Planejamento, 2009).

A gestão do PPA, em nível nacional ou local, encontra-se vinculada a área administrativa que desempenha as funções de planejamento e gestão, visto que o planejamento se encontra atrelado a administração (Granjeiro, 2006). Essa gestão é compartilhada com os demais ministérios e secretarias, órgãos e entidades, pois numa visão macro, todos estão incluídos nesse plano do respectivo ente federativo. A gestão do PPA tem a missão de garantir as condições materiais e institucionais para a execução do plano, com vistas a ampliar as entregas do governo à sociedade (Ministério do Planejamento, 2009), e consiste na articulação dos meios necessários para viabilizar a consecução dos objetivos e metas.

No modelo federal, o plano plurianual contempla cinco etapas: elaboração, implementação, monitoramento, avaliação e revisão, conforme demonstrado no quadro 8.

QUADRO 8 - ETAPAS DO PLANO PLURIANUAL - PPA

ELABORAÇÃO	Base Estratégica	Compreende a visão de futuro, valores, diretrizes, eixos temáticos e objetivos estratégicos; as orientações estratégicas de Governo (diretrizes, objetivos e metas do Presidente eleito); o diagnóstico estratégico (análise interna e externa); o estudo da dimensão territorial; o cenário fiscal; a estratégia de financiamento, bem como a distribuição dos recursos entre os eixos e programas.
	Dimensão Tatica (Programas)	Compreende a definição dos programas finalísticos, com vistas a atender as demandas, solucionar problemas, ou aproveitar oportunidades (são responsáveis pela entrega de bens/serviços a sociedade) e dos objetivos, metas e indicadores a eles vinculados. Compreende também os programas de gestão, para atender despesas com a manutenção e funcionamento dos órgãos e entidades.
IMPLEMENTAÇÃO		Ocorre, ano a ano, por meio da alocação de dotações nas Leis Orçamentárias Anuais. Após a elaboração do PPA (Diretrizes, Objetivos e Metas), do estabelecimento das Metas e Prioridades pela LDO, e da aprovação da LOA, é que ocorre a implementação do PPA, por meio da execução dos programas e ações contemplados com dotações na Lei Orçamentária Anual.
MONITORAMENTO		Consiste na observação contínua de uma dada realidade nos seus aspectos mais relevantes. É o acompanhamento contínuo da execução físico-financeira dos programas e ações do PPA, permitindo análises para a identificação e superação das restrições.
AVALIAÇÃO		É um processo sistemático, integrado e institucionalizado de análise das políticas públicas, com objetivo de aprimorar os programas e a qualidade do gasto público - fornecendo subsídios para eventuais ajustes em todo o processo do ciclo de gestão.
REVISÃO		Conclui o ciclo de planejamento introduzindo as recomendações e corrigindo as falhas de programação identificadas nos processos de monitoramento e avaliação, no sentido de aprimorar continuamente a atuação do governo.

FONTE: Adaptado de Paludo (2024a).

Mesmo considerado como um dos pilares da gestão pública federal, a elaboração do PPA pela administração pública, se dá mais pela obrigatoriedade de atender à legislação vigente e assegurar recursos para o custeio e funcionamento das instituições públicas, do que para a efetiva solução de problemas e para a conquista do desenvolvimento.

Considerando a multiplicação dos problemas econômicos e sociais, no século XXI, o plano plurianual "já não responde mais à complexidade dos problemas sociais e econômicos, às demandas reprimidas por serviços públicos segmentados e específicos diante da globalização, e as novas expectativas e necessidades do cidadão" (Muller, 2008, p. 50).

Para tentar dar conta dessa complexidade e assegurar melhores resultados econômicos e sociais, surgiu, foi difundido e implementado, em maior ou menor grau, pelos governos e instituições públicas, o planejamento estratégico, como o principal condutor das ações públicas no longo prazo.

O planejamento estratégico teve origem nos Estados Unidos, chegou ao meio público federal brasileiro na década 1980, e ganhou força com a reforma gerencial de 1995, passando a ser utilizado em todos os níveis de governo e nos órgãos e entidades públicas.

O Planejamento Estratégico Participativo Municipal, voltado para o desenvolvimento local, será abordado no referencial aplicado ao Município (item 3.5).

3

REFERENCIAL APLICADO AO MUNICÍPIO

O conteúdo dos capítulos 2 e 3 refere-se à governança pública e municipal, e temas correlacionados, que foram segregados em face da aplicação: (i) como revisão da literatura (capítulo 2) tratando os temas numa visão geral e abstrata, ou (ii) como referencial específico aplicado ao município, para a construção de novos entendimentos e elaboração do guia para aplicação da governança pública municipal (capítulo 3).

Neste capítulo, as teorias aplicáveis ao município são mescladas com aspectos práticos da realidade local, visando facilitar sua compreensão e aplicação pelas instituições públicas municipais.

Assim, neste capítulo apresenta-se a pesquisa bibliográfica e documental específica para o contexto municipal, dividida em duas partes: (i) referencial aplicado ao município, compreendendo governabilidade municipal, governança pública municipal, administração pública municipal, desenvolvimento local e planejamento municipal estratégico; e (ii) principais estudos da pesquisa documental, para entendimento e aplicação da governança pública municipal.

3.1 GOVERNABILIDADE MUNICIPAL

Embora o conteúdo de governabilidade apresentado na revisão da literatura possa ser estendido, também, ao governo estadual e municipal, é claro que existem particularidades no âmbito municipal. Nessa arena local, a pressão popular tem maior impacto, haja vista sua proximidade com o governante, e por ser a população direta e imediatamente afetada pelas decisões do governo municipal.

A governabilidade "não é mais exclusiva de representantes eleitos, mas da sociedade articulada e capacitada para agir junto aos governantes" (Muller, 2008, p. 48). A governabilidade municipal pressupõe uma sociedade que acompanhe a atuação do governo e participe das decisões, bem como um governo que esteja atento as demandas sociais, que seja transparente, que tenha uma liderança catalisadora política, econômica e social, e que tome decisões considerando essas três dimensões (Sena, 2020).

A participação social, quando for efetiva, "é capaz de elevar a governabilidade, pois tende a impactar a máquina administrativa promovendo maior transparência, agilidade e flexibilidade, e garantindo a adaptabilidade de longo prazo das políticas públicas" (Salles, 2014, p. 80).

Assim, o primeiro ponto diferencial é que o apoio popular tem maior peso e o(a) Prefeito(a) deve estar mais atento as demandas e necessidades da população local, monitorando-as constantemente, para assegurar que as principais decisões políticas e/ou administrativas, e os programas sociais, estejam alinhados com os anseios da população local.

A segunda questão é quanto à base parlamentar, que também é mais facilmente alterada, tanto para atuar a favor, como para atuar contra o governo municipal, haja vista ser composta por menor número de membros, e de vereadores que, provavelmente não tenham o montante de capital financeiro comparável a um deputado federal ou um senador. Esse fato torna os vereadores mais propensos a receber benefícios em troca de apoio político e voto para aprovação ou rejeição das pautas indicadas pelo(a) prefeito(a), ou a aceitar benefícios oferecidos pela oposição ou grupos econômicos para atuar contra o governo municipal.

Uma terceira questão quanto à governabilidade municipal, refere-se ao fato de que as médias e grades empresas locais também exercem influência maior (Faulhaber, Siqueira, 2019). Essas empresas, em regra, gozam de benefícios para se instalar no município, face a empregabilidade ser quase sinônimo de desenvolvimento local, e pela arrecadação de tributos proporcionada ao município.

Assim, tanto pela sua relevância como pelo poder econômico, essas empresas são capazes de influenciar os vereadores segundo seus interesses, ou, até mesmo, de influenciar na eleição desses vereadores e/ou do chefe do executivo municipal.

Outro ponto a considerar é que, neste século XXI, no Brasil, ganhou mais força a ideologia religiosa como influenciadora de votos e da governabilidade, também de forma mais acentuada na arena municipal. Embora vivemos num estado laico, é comum constatar grupos religiosos, principalmente evangélicos (Valle, 2018; Cunha, 2023), se unindo para apoiar determinado candidato, e direcionando o voto dos fiéis para um partido ou candidato (Almeida, 2020).

No contexto local, o governo municipal também utiliza artifícios semelhantes aos dos governos federal e estadual, resguardadas as proporções, talvez até com maior ênfase, visto que seus eleitores são exclusivamente municipais, visando assegurar a estabilidade e o bom funcionamento administrativo, que podem influenciar o rumo das eleições, podendo reeleger o prefeito ou alguém por ele indicado, ou dar um voto de desconfiança elegendo candidatos de partidos contrários.

Em face disso, é prática recorrente a distribuição de secretarias municipais para serem comandadas pelos partidos políticos da base aliada, juntamente com outros cargos na arena local, assim como orçamento para emendas aos vereadores, e a participação desses partidos nas decisões da agenda pública levada a termo pelo(a) prefeito(a).

Mesmo não estando sob o controle governo municipal, é comum o(a) Prefeito(a) usar de sua influência para que aliados ocupem outras posições de destaque também na área privada (Lenardão, 1997); que de alguma forma, acabam tendo impacto e influência sobre o eleitorado, como diretor(a) de colégios, presidente de cooperativas, gerente de bancos, presidente de clubes esportivos, presidente de associações diversas. Todas essas ações contribuem para conciliar interesses, obter apoio e assegurar a legitimidade e a governabilidade municipal.

As instituições públicas locais também contribuem para a governabilidade municipal, haja vista que a "governabilidade em nível de Órgão/ Entidade pública é decorrente do poder de governar e da legitimidade democrática do governante" (Paludo, 2024-a, p. 231). Nesse caso, têm-se uma ação recíproca do tipo ganha-ganha: a governabilidade municipal fortalece as instituições, e boas instituições locais fortalecem a governabilidade municipal.

A governabilidade municipal também é/pode ser influenciada por outros atores, que incluem o Presidente da República, Governadores, Senadores, Deputados, Grandes Empresas, Entidades Representativas, Instituições Religiosas e Personalidades Locais; e, neste século, valem-se, ainda, da governança Pública, conforme demonstrado na figura 7.

FIGURA 7 - FONTES DA GOVERNABILIDADE MUNICIPAL

FONTE: Os autores (2025).

Vê-se que, também no âmbito municipal, a governança atua na intermediação de interesses e conciliação de conflitos entre os atores da governabilidade, de forma direta ou intermediando serviços junto a administração para atendimento de demandas desses atores.

Conciliando conflitos, ajudando a construir objetivos comuns e fortalecendo a administração local para que preste melhores serviços, a governança contribui para que, as demandas dos atores da governabilidade, e também dos cidadãos, sejam atendidas: esse fato melhora a imagem e a confiança nas instituições municipais, aumenta o reconhecimento da sociedade e o apoio popular, contribuindo para o fortalecimento da legitimidade do governo municipal.

A sociedade local, os cidadãos e as demais partes interessadas atribuem ao governo municipal o bom desempenho levado a termo pela administração e a gestão. Assim, "uma boa governança auxilia no processo de legitimação do governo municipal e aumenta sua governabilidade" (Paludo, 2024-a, p. 233), contribuindo para a estabilidade econômica, política e social do município.

3.2 GOVERNANÇA PÚBLICA MUNICIPAL

> *"A ausência da governança torna-se o grande desafio da atualidade"* (Furtado, Silva, 2018, p. 6).

A governança municipal é um sistema, que envolve o político, o administrativo, o democrático e o social. A governança local emergiu na literatura nos anos 1980 e ganhou força a partir da década 1990 (Zambanini *et al.*, 2018; Silva, 2022), na perspectiva de melhorar o governo e as instituições públicas, utilizada para reduzir conflitos, alinhar ações e fornecer estabilidade (Brasil, 2014).

Para o Ministério do Planejamento, Desenvolvimento e Gestão (2018) a governança pública compreende tudo o que uma instituição pública faz para assegurar que seus objetivos estejam alinhados com os interesses da sociedade, em todos os níveis: federal, estadual e municipal. A visão conferida pela governança fomenta uma administração municipal focada em atividades que resultem na satisfação das necessidades coletivas da população local (Madeira, 2010).

A governança local "refere-se a um sistema de governo em que a inclusão de novos atores sociais é fundamental, por meio do envolvimento de um conjunto de organizações públicas ou privadas" (Gohn, 2007, p. 40), num contexto em que "os governos locais não detêm mais o poder exclusivo de moldar e implementar políticas públicas e definir resultados, que são compartilhados com uma rede complexa de stakeholders" (Guimarães, Soares, Souza, 2022, p. 6).

A governança institucional pública "inspira-se na ideia de que as organizações são abertas, e como tal, ultrapassam a esfera restrita do seu universo e da sua realidade física" (Madeira, 2010, p. 46). Ela apresenta-se como um caminho para reinvenção ou aperfeiçoamento da administração municipal e das formas de participação dos cidadãos no processo de tomada de decisão.

A governança municipal adentrou a agenda pública, tem fomentado debates, e conquistado "popularidade nos discursos sobre as políticas públicas e as formas de gestão pública, e apresenta-se como uma resposta efetiva à resolução dos problemas locais, através da coligação entre os setores público, privado e a sociedade civil" (Gomes, 2014, p. 11).

A compreensão da governança pública municipal, leva ao contexto democrático, político, administrativo e social, numa articulação que envolve o governo, as instituições públicas, a sociedade civil e outros atores relevantes, para construção de espaços públicos que possibilitem o diálogo e a discussão na tomada de decisões sobre políticas públicas e outros temas de interesse público-social. Nessa arena, as soluções não nascem da racionalidade central dos governos ou de uma vontade única, mas "são frutos de um processo híbrido de construção coletiva" (Paludo, 2024-a, p. 316).

No âmbito municipal, a governança "se preocupa com a gestão do governo, com as instituições políticas e administrativas, e com as relações sociais" (Zambanini *et al.*, 2018, p. 91). Em face disso, governo e administração pública não podem ser avaliados "somente com base na qualidade dos serviços prestados, mas também pela forma que exercem seus compromissos políticos, ambientais e sociais" (Freitas, 2022, p. 15).

Resta claro que o conceito de governança local está atrelado a práticas democráticas e participativas em que os vários atores se encontram envolvidos nas decisões relacionadas as políticas públicas e demais ações significativas do governo local (Correa Neto, 2018). Esse entendimento é reforçado por Assis, Godoy (2013, p. 3), quando afirmam que "não existe governança em locais onde não há democracia, no sentido de participação social". Assim, vê-se que a governança está alicerçada na participação democrática, com ações voltadas para o social (Freitas, 2022).

Nesse contexto, a governança contribui para melhorar a gestão das instituições municipais, organizando e direcionando as práticas administrativas, e "democratizando o processo de decisão por meio da participação da população e da sociedade civil organizada" (Furtado & Silva, 2018, p. 6). A governança tanto conduz a administração para um melhor desempenho em termos de eficiência, eficácia e efetividade, como reforça as práticas democráticas abrindo canais para a construção de soluções coletivas consensuais (Vieira, Barreto, 2019).

Assim, também no âmbito municipal a governança "tornou-se uma ligação entre a atividade política e a função administrativa", trazendo a proposta de "uma gestão pública cada dia mais responsiva". Todavia, registre-se que "a governança tem a função de delimitar a gestão, e não de gerir" (Bergamini, Souza, 2022, p. 50).

A governança não faz (ela é estratégica e não operacional), mas assegura que a administração e a gestão façam acontecer (Paludo, Oliveira, 2024), fomentando uma administração gerencial guiada pela eficiência, transparência e prestação de contas, e assegurando que o interesse da maioria dos interessados seja observado nas decisões dos entes político-governamentais objetivando o bem-estar social (Ribeiro Filho, Valadares, 2017).

Vê-se que a governança pública municipal está diretamente ligada ao melhoramento das práticas governamentais e administrativas, voltadas para o interesse social, e sua contribuição "relaciona-se a novos estilos de governar, vinculados à eficiência e eficácia dos sistemas públicos e na busca constante por uma sociedade mais justa e equitativa" (Furtado, Silva, 2018, p. 25).

A governança não se encontra limitada à condução do governo, mas envolve, também, o interior da administração pública – arena onde ocorre a interação entre os atores locais, e são desempenhadas as práticas de gestão. Existem "vários atores institucionais e sociais envolvidos para realizar as tarefas da governança local, criando relações verticais e horizontais, cada um em sua área" (Zambanini *et al.*, 2018, p. 92).

Assim, a importância da governança pública municipal manifesta-se no seu poder de comando, direcionamento e coordenação nas inter-relações entre atores locais, na sua capacidade de articulação e concertação social acerca das decisões, e na sua influência na resolução de conflitos entre o público, o mercado e os demais interessados (Correa Neto, 2018).

Nesse contexto, a governança pública municipal fortalece a cooperação com os cidadãos, as empresas e as entidades sem fins lucrativos na condução de suas ações, englobando o trabalho conjunto de atores públicos, comunitários e privados (Kissler, Heidemann, 2006).

É, praticamente, consenso que "a participação da sociedade civil organizada contribui para a melhoria das políticas públicas locais" (Garcia, Alves, Portugal Júnior, 2021, p. 91912), visto que "a participação via representação não é suficiente para garantir a legitimidade das decisões públicas, que deve ser ampliada a outros atores da sociedade civil" (Silva, Costa, Martins, 2024, p. 39).

No aspecto prático, a governança não apenas "enfrenta os problemas" visando solucioná-los, mas também "gera oportunidades" (Prokopiuk, 2013, p. 174).

Todavia, a governança municipal sofre forte influência das instituições federais e estaduais (Guimarães, Soares, Souza, 2022), bem como pela capacidade da administração e gestão, pelos políticos, gestores, detentores do capital e pelos demais atores locais. E, ainda, é dependente ou tem limitações como:

a) a questão da vontade política do(a) Prefeito(a) e gestores públicos;
b) falta de conhecimento e de compreensão do que realmente seja a governança pública, pelas autoridades políticas, administrativas e atores locais;
c) a carência de modelos específicos para aplicação da governança municipal (Oliveira, Silva & Emmendoerfer, 2016);
d) o pouco espírito público da alta cúpula municipal, que ainda tenta se desviar dos interesses essenciais para perseguir seus próprios interesses (Silva *et al.* (2019);
e) as limitações da administração municipal, que não atingiu um adequado desenvolvimento organizacional e enfrenta limitações técnicas, financeiras e de pessoal, e não possui a mesma expertise e capacidade técnica da esfera estadual e federal (Silva, 2022);
f) a indicação política de gestores locais não detentores de competências gerenciais, e comprometidos mais com os interesses de partidos ou grupos, do que com o interesse público-local (Lopez, Silva, 2019);
g) o difícil equilíbrio entre os partícipes quanto a cooperação e competição (Oliveira, Silva, Emmendoerfer, 2016);
h) o baixo ou não compartilhamento de poder e delegação de funções, necessárias a uma governança efetiva (Esparcia, Abbasi, 2020);
i) a pouca participação da comunidade local (Correa Neto, 2018);
j) a quase ausência de instrumentos de monitoramento, avaliação, e responsabilização dos agentes com poder de decisão.

Nesse contexto de limitações, entendemos como principal desafio, a questão da vontade política - do prefeito e dos gestores públicos - em implementar uma governança séria, nos moldes apregoados por Brasil (2014), pela Rede de Governança Brasil (2021), ou da forma sugerida por Paludo, Oliveira (2024, p. 58-62- Apêndice I).

De qualquer forma, a efetividade da governança pública municipal somente poderá ser alcançada com a participação dos atores envoltos na municipalidade (Camilo, Yamaguchi & Manenti, 2018), haja vista ser "unanimidade entre os autores que a governança envolve a participação das partes interessadas no governo das instituições" (Paludo, Oliveira, 2024, p. 56).

Assim, sem o fortalecimento e qualificação da administração para promover uma gestão social-participativa não haverá legitimação das instituições públicas municipais, e a própria governança restará comprometida, "correndo o risco de banalização, utilizando os novos conceitos para mascarar as velhas práticas" (Silva, Costa, Martins, 2024, p. 20), e "todo o processo de governança local pode resultar em uma ilusão" (Furtado, Silva, 2018, p. 7).

Por outro lado, a simples participação descomprometida também não basta: nesse contexto o que fará a diferença é a "qualidade da participação", visto que a "ingênua crença de que a participação pode, por si só, trazer soluções" para os problemas locais, precisa ser desfeita. Por isso, a participação no sistema de governança local precisa de bons atores, que "levem em consideração a legitimidade, a institucionalidade e a gestão social" (Furtado, Silva, 2018, p. 6).

Vê-se, então, que a legitimidade da governança municipal, e os resultados da administração local, virão tanto da vontade política do prefeito como da capacidade da administração em seguir os preceitos da governança, e ainda, da conciliação de interesses, do comprometimento dos atores locais com o bem público e com as decisões em que foram partícipes, e dos resultados obtidos para as partes interessadas. A figura 8 expressa essa legitimidade.

FIGURA 8 - LEGITIMIDADE DA GOVERNANÇA MUNICIPAL

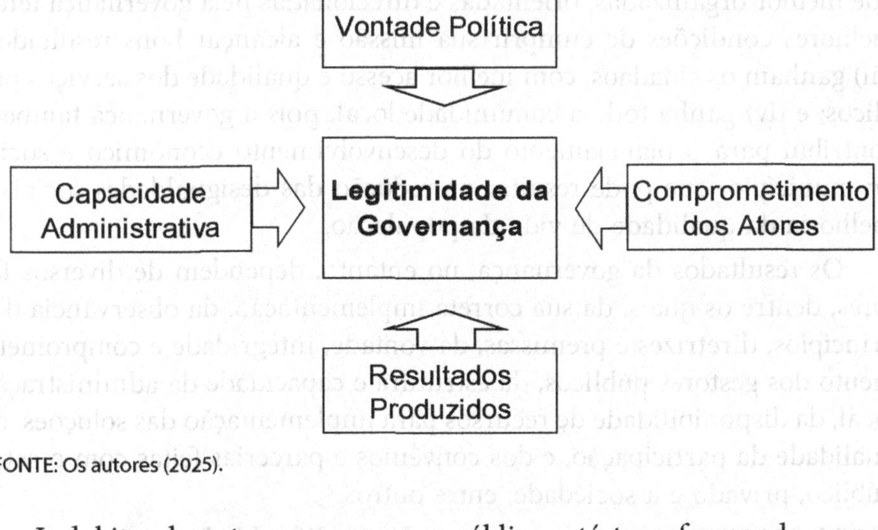

FONTE: Os autores (2025).

Indubitavelmente, a governança pública está transformando e aperfeiçoando o papel do governo e das instituições (Kinzler, 2023, p. 30). É com um novo olhar, uma nova cultura e muito comprometimento, que, no contexto da governança, se apregoa novos papéis aos atores políticos, aos gestores públicos e a sociedade civil: todos unidos e comprometidos com o alcance dos objetivos municipais, que devem concorrer para o bem-estar da população local.

A governança envolve e apoia a participação "da sociedade civil e dos atores públicos, privados e sociais para o alcance de melhores processos de geração de valor público" (Vieira, Barreto, 2019, p. 34).

Assim, é necessária, e não pode ser protelada, a implementação ou o fortalecimento da governança pública municipal, mediante determinação do(a) Prefeito(a), e o estabelecimento de critérios "capazes de incentivar práticas descentralizadoras, engajamento e participação dos atores públicos e privados e da sociedade civil" (Oliveira, Silva, Emmendoerfer, 2016, p. 81), aliados com incentivos para o gestor que promove as melhores práticas municipais, bem como meios que assegurem a participação dos interessados e instrumentos de transparência administrativa e punibilidade dos agentes públicos em casos de má utilização dos recursos, desvios de finalidade, ou corrupção.

Com a implementação e funcionamento da governança pública municipal (i) ganha o(a) prefeito(a), visto que uma boa governança melhora a prestação de serviços e os resultados da administração, fortalecendo a legitimidade do governo municipal; (ii) ganham as instituições públicas, que melhor organizadas, orientadas e direcionadas pela governança terão melhores condições de cumprir sua missão e alcançar bons resultados; (iii) ganham os cidadãos, com melhor acesso e qualidade dos serviços públicos; e (iv) ganha toda a comunidade local, pois a governança também contribui para o planejamento do desenvolvimento econômico e social do município, que pode resultar na redução das desigualdades sociais e melhoria da qualidade de vida da população.

Os resultados da governança, no entanto, dependem de diversos fatores, dentre os quais: da sua correta implementação, da observância dos princípios, diretrizes e premissas, da vontade, integridade e comprometimento dos gestores públicos, da estrutura e capacidade da administração local, da disponibilidade de recursos para implementação das soluções, da qualidade da participação, e dos convênios e parcerias feitas com o setor público, privado e a sociedade, entre outros.

Mesmo assim, e em que pesem todas as dificuldades e eventuais críticas, e sabendo que a simples implementação da governança, por si, não será capaz de produzir os melhores resultados possíveis – em parte face as limitações mencionadas – afirma-se que a governança é um grande avanço para os municípios, e que sem ela os resultados municipais serão bem mais limitados.

E os grandes protagonistas responsáveis pelos resultados da governança são o(a) prefeito(a), os gestores, as partes, a administração e a gestão municipal: é mediante a vontade política desses agentes e comprometimento dos atores, que, por meio da administração e gestão a governança atua e direciona os resultados para o bem-estar da população local.

3.3 ADMINISTRAÇÃO E GESTÃO PÚBLICA MUNICIPAL

Tratar da administração pública mundial ou nacional, em que pese existirem aspectos comuns, não é o mesmo que tratar da sua aplicabilidade no âmbito local. Exceto pelo disposto nas normas impositivas vigentes, cada município tem sua própria realidade e suas particularidades, e dentro dele, cada instituição pública tem uma missão, distinta das demais instituições, e para cumpri-la terá estrutura própria, tecnologia e recursos, ideologias e cultura, e utilizará estratégias próprias.

O Brasil tem 5.568 municípios (IBGE, 2023), "com muitas diferenças regionais, o que dificulta a disseminação de modelos de gestão em realidades tão distintas (Ribeiro, 2019, p. 112). O Brasil é um país com "inúmeras realidades, e não existe somente um modelo, ou uma caixa de soluções, que se enquadre e resolva os problemas de todas as regiões e Municípios por igual" (CMN, 2024, p. 33).

Diante disso, nenhum modelo de gestão pública é o ideal para todos os municípios; "não existe um modelo único para administrar, cabendo ao gestor adotar o que melhor se adequa aos interesses da organização e da sociedade" (Figueiredo, Rodrigues, 2022, p. 1). Assim, as teorias, modelos, processos e técnicas podem e devem ser adaptados à realidade local de cada município, com espaço para novas definições e interpretações que podem surgir, até porque, segundo Iain Gow (1993) *apud* Candler, 2014, p. 1.085), "a ciência administrativa é uma ciência empírica por excelência", em que sempre é possível pensar em soluções mais eficazes.

Considerando a inexistência de um modelo universal, ou mesmo nacional, aplicável à administração pública de todos os municípios, procurou-se menos as grandes teorias e mais a construção de entendimentos úteis, que possam ser lidos, compreendidos, e utilizados pelo gestor público municipal.

Com a constituição federal de 1988, o município passou a ser ente da federação, com personalidade jurídica de direito público interno nos termos do código civil. Os municípios têm autonomia que lhes confere a capacidade de auto-organização, autogoverno, autoadministração e auto legislação (Paulo, Alexandrino, 2016), e competência para aprovar suas próprias leis orgânicas, as quais, configuram a constituição municipal.

A carta constitucional de 1988 repartiu as competências, descentralizando para os municípios a responsabilidade pela execução de serviços locais, visto que sua maior proximidade com os interessados resulta em maior potencial de atuação no atendimento das demandas da população (Santos, 2022). Portanto, a gestão pública municipal, ou prestará bons serviços e apresentará bons resultados à população, ou seus mandatários sofrerão as consequências de uma má gestão, diretamente manifestadas pelo cidadão local ou como voto de repúdio nas próximas eleições.

Assim, a administração municipal passou a ter predominância de atuação quanto aos interesses locais, porém não com exclusividade, pois não pode afastar a atuação do governo estadual e federal, quanto se tratar de segurança, educação, saúde e outros temas que impactam diretamente na vida das pessoas. A administração local "é o lugar de expressão máxima da gestão, a mais próxima da população diretamente interessada, e onde se pode observar o seu resultado" (Borges *et al.*, 2023, p. 4.959).

A administração municipal pode ser entendida como a gestão da prefeitura e de seus órgãos, institutos, autarquias, secretarias e fundações, incluindo o conjunto de instrumentos e recursos que são utilizados pelos agentes públicos municipais (Rezende, Castor, 2006). No aspecto político a administração é comandada pelo(a) prefeito(a), no aspecto técnico pelos secretários e gestores, no aspecto instrumental é composta pela estrutura administrativa, pelo quadro de servidores, e, em todos os aspectos, devem ser observadas as normas destinadas a assegurar a predominância do interesse público e as garantias dos indivíduos.

A administração pública municipal tem como autoridade máxima o chefe do poder executivo, que é o(a) Prefeito(a), e que "deve comandar, supervisionar e coordenar os serviços de interesse local, sendo apoiado por secretários municipais, coordenadores ou diretores de departamento, conforme a estruturação da prefeitura e as incumbências atribuídas" (Santos, 2022, p. 12). Assim, "dentro do modelo administrativo municipal, o prefeito constitui fator chave para o sucesso da gestão" (Dias Junior, 2018, p. 41).

QUADRO 9 - EXEMPLO DE ESTRUTURA PÚBLICA MUNICIPAL

<table>
<tr><th colspan="6">PREFEITO</th></tr>
<tr><td colspan="2">Controladoria Geral do Município</td><td colspan="2">Assessoria Jurídica</td><td colspan="2">Secretaria de Assuntos Governamentais</td></tr>
<tr><td>Secretaria de Finanças</td><td>Secretaria de Administração</td><td>Secretaria de Comunicação Social</td><td>Secretaria de Educação e Cultura</td><td>Secretaria de Esportes e lazer</td><td>Secretaria da Saúde</td></tr>
<tr><td>Secretaria de Ação social</td><td>Secretaria de Desenvolvimento Econômico</td><td>Secretaria de Obras e Urbanismo</td><td>Secretaria de Viação e Serviços Públicos</td><td colspan="2">Secretaria de Agricultura e Meio Ambiente</td></tr>
</table>

FONTE: Página-web da Prefeitura de Andirá-PR (Nov-2024 - 19.878 habitantes).

Conforme quadro 9, cabe a(ao) prefeita(ao) o principal papel no comando da administração pública municipal. Seguido do(a) Prefeito(a) há os Secretários, e toda uma estrutura organizacional dentro de cada secretaria, que varia de município para município, e inclui diretores, gerentes, chefes e quadro de servidores municipais.

Mesmo dentro de cada município essas estruturas não são estanques, pois existe "margem para alterar a estrutura organizacional da prefeitura, criando ou fazendo a fusão de secretarias, permitindo uma margem de adaptação e prioridade da agenda política do prefeito e seus instrumentos de gestão" (Nascimento, Grin, 2021, p. 7).

No Brasil é notório o "descontentamento da sociedade com a gestão pública, de forma geral originado pelo descontrole das políticas públicas e pelo aumento das desigualdades sociais e econômicas" (Cichoski, Sehn & Mello, 2019, p. 2), sem falar dos constantes casos de desvios de recursos e corrupção. Em situações de insatisfação no âmbito local, a população atribui à administração o "mau funcionamento dos municípios" (Madeira, 2010, p. 35).

Não bastassem os muitos problemas a resolver, estudos tornam evidente "a baixa capacidade de administração e gestão que as autoridades municipais têm demonstrado" (Miranda, 2023, p. 15), em boa parte decorrente da falta de competência e qualificação dos agentes públicos locais, que não tem a mesma habilidade e capacidade de gestão que os da União e dos Estados (IPEA, 2018).

Mesmo depois da reforma gerencial na administração pública, iniciada em 1995, as administrações municipais "não demonstraram atingir um adequado desenvolvimento organizacional, pois ainda enfrentam limitações técnicas, financeiras e de pessoal na prestação de serviços públicos e, quando comparadas às esferas de governo estadual e federal, não revelam possuir a mesma expertise e capacidade técnica" (Silva, 2022, p. 801).

Verifica-se, assim, nos pequenos e médios municípios, uma administração pública amadora, empreendida por gestores com pouco conhecimento e sem a preparação exigida para o cargo que ocupam, em parte face a predominância do recrutamento e indicação por critérios essencialmente político-partidários (Marin Filho *et al.*, 2008; Lopez, Silva, 2019).

A administração pública gerencia setores e organizações públicas, sempre com foco no interesse coletivo (Rissi, 2023). Organizações públicas bem administradas podem resultar em melhoria da qualidade de vida das pessoas como indivíduos e da sociedade como um todo (Roma *et al.*, 2023). Assim, a capacidade de gestão deve ser objeto de comprometimento dos gestores públicos, pois desta capacidade resulta a articulação para a promoção do bem-estar social (Borges *et al.*, 2023).

Não obstante as dificuldades locais, de cultura, de estrutura, de ética ou de competência de seus agentes, fato é que a administração, o gestor e demais agentes públicos, não podem afastar-se de sua missão de prestar bons serviços à população. A administração pública "trata da gestão de interesses públicos, por isso o gestor tem o dever de atuar na defesa e promoção da população" (Santos, 2022, p. 8).

Assim como o(a) prefeito(a), a administração pública "está condicionada a agir em prol da sociedade, para maximizar o bem-estar da população" (Costa Neto, Lima e Diniz, 2023, p. 46), da mesma forma o gestor público "tem o dever de trabalhar e buscar melhorias para o município, prestando serviços de qualidade e auxiliando no crescimento do local, não podendo colocar seu interesse particular acima do interesse coletivo, e ainda, deve tratar todos de forma igualitária" (Santos, 2022, p. 8).

A administração pública municipal "tem como objetivo a maximização do bem-estar da sociedade, otimizando o uso dos recursos públicos" (Borges *et al.*, 2023, p. 4.954); e sua atuação deve contribuir "para reduzir a pobreza, melhorar a educação, aumentar a competitividade da economia, elevar a conservação de recursos naturais, para preservar, estender e expandir a cultura etc." (Roma *et al.*, 2023, p. 5).

Vê-se, portanto, que a gestão e o gestor municipal "tem obrigações frente à população, a qual demanda por serviços públicos de qualidade, que deverão ser prestados pelas secretarias municipais, que lidam diretamente com os problemas locais que afetam cotidianamente a vida da população" (Ribeiro, 2019, p. 26).

Os governos locais, diga-se, os(as) prefeitos(as), são os "responsáveis pela prestação de cuidados básicos de saúde, educação pré-escolar e fundamental, assistência social, além de funções como transporte e desenvolvimento local" (Nascimento, Grin, 2021, p. 10).

Assim, a administração municipal "deve ser capaz de proporcionar uma melhoria perceptível do padrão de vida de sua população" (Ribeiro, 2019, p. 37), e os resultados das ações municipais, voltadas ao bem-estar da população, devem ser demonstrados "por meio de produtos e serviços de boa qualidade em termos de alimentação, habitação, saúde, educação, transporte, cultura e lazer" (Borges *et al.*, 2023, p. 4.957).

Todavia, a administração pública, além dos problemas históricos, tem enfrentado situações como "crise financeira, econômica e política, reformas, participação da sociedade civil, inovações institucionais, tecnologias gerenciais, e novas relações de trabalho" (Valadares *et al.*, 2023, p. 3). A realidade municipal não é diferente, visto que além das grandes questões (dadas as proporcionalidades) tem constantes problemas menores, relacionados ao dia a dia da municipalidade.

A administração pública local têm várias dificuldades, como a de implantação de instrumentos de gestão da nova administração pública, para elaborar planejamentos obrigatórios, poucos recursos para investimentos e para implantação de estrutura de TI, dificuldades em arrecadar tributos, insuficiente publicidade dos atos administrativos e das contas, defasagem na participação social, deficiências na atualização de documentos internos, e dependência de consultores externos em vários serviços (Andrade, 2018, p. 15).

Esses desafios são tanto externos como internos. A "gestão pública municipal possui complexo desafio relativo à baixa capacidade de gestão dos agentes municipais, tanto para atender as expectativas crescentes da população, quanto em atuar como promotor do desenvolvimento local" (Miranda, 2023, p. 13); e, também quanto a inovações e mudanças, cuja "resistência é observada mais fortemente nos servidores que trabalham na prefeitura há mais tempo" (Bonfiglio, 2022, p. 19).

Também ocorre no âmbito municipal, o pujante nepotismo direto, em que a autoridade local "nomeia seus próprios parentes para cargos em comissão ou de confiança, dando a eles o privilégio de exercer tal função pelo simples fato de ser familiar"; bem como o nepotismo cruzado, no qual as autoridades "empregam familiares, um do outro, como troca de favores" (Santos, 2022, p. 7).

E, talvez, com mais força na municipalidade, persiste a cultura do patrimonialismo (Sales, 2010), oriunda "da herança histórica de uma formação socioeconômica conservadora, colonial, patrimonialista e patriarcal" (Miranda, 2023, p. 14), que no momento de ameaça aos setores dominantes, ressurge com vigor (Amorim, 2000), e que leva as autoridades locais a tratar do aparato municipal como propriedade pessoal (Araujo, 2016), sem diferenciar "o privado e o público, o nepotismo e o clientelismo" (Andrade, 2018, p. 13).

Também continua presente na administração municipal o modelo burocrático, que mesmo depois da reforma gerencial, resta comprovado "pela onipresença marcante de rotinas e padrões de procedimentos operacionais formalmente institucionalizados, que restringe ou afasta o envolvimento da população nas decisões públicas, restringindo-os a espectadores" (Silva, *et al.*, 2012, p. 36). A burocracia "muitas vezes atrapalha o bom andamento dos setores, a realização e a qualidade de determinados serviços" (Fernandes, 2013, p. 70).

Registre-se, ainda, que nunca deixaram de existir os conflitos de interesses entre gestor público, cidadãos e demais partes interessadas, fato que demonstra a fragilidade da gestão pública municipal em tratar dessa questão (Costa Neto, Lima e Diniz, 2023); assim como continua a existir, em maior ou menor grau, a corrupção e o desvio de recursos ou de finalidade, de forma direta ou disfarçada.

E deve-se ter em mente os já bem conhecidos problemas históricos relacionados a educação, saúde e segurança, que em alguns municípios até foram amenizados, todavia, ainda há muito a melhorar. A gestão municipal "deve se preocupar com a evasão escolar, com a carência dos serviços de saúde, com a segurança, com a mobilidade e com a questão ambiental" (Ribeiro, 2019, p. 20-21).

E o que falar do desenvolvimento local do território, que se tornou a grande preocupação dos governos nacionais e locais, desde as décadas de 1960 e 1970? (Borges *et al.*, 2023, p. 4.957), em atenção ao qual "o setor público municipal tem importante papel a desempenhar com relação a todos os ingredientes do desenvolvimento?" (Roma *et al.*, 2023, p. 5).

Agora fica mais fácil entender por que a administração pública municipal não consegue resolver a maioria dos seus problemas: são diversificados, de natureza complexa, e repletos de interesses antagônicos, que mesmo com a maior boa vontade dos gestores, extrapolam sua capacidade de resolução.

Ou seja, na administração pública municipal "as demandas são muitas e os recursos são poucos" (Andrade, 2018, p. 16), "os problemas administrativos são cada vez mais plurais" (Madeira, 2010, p. 37), "há um abismo separando a realidade dos municípios menores, quanto a qualificação das burocracias" (Salles, 2014, p. 70), e há gestores perseguindo fins próprios em detrimento do fim público, o que tem levado a "práticas de má gestão ou até mesmo de fraudes" (Costa Neto, Lima, Diniz, 2023, p. 44).

Numa resposta audaciosa a esses e outros desafios, os agentes públicos ousaram inovar no processo de gestão administrativa e de políticas públicas, mediante um papel mais ativo, tornando mais dinâmicas as adaptações e relações dentro e fora do sistema governamental, ampliando as parcerias e adotando novas ferramentas e tecnologias (Valadares *et al.*, 2023, p. 3).

A utilização das tecnologias, que levaram as cidades a serem chamadas de "inteligente", embora positiva, trouxe novos desafios como o encarecimento do custo de vida, a segregação socioespacial, a liquidificação da cidade, e a reduzida sociabilidade (Covas, Covas, 2020), e uma nova forma de desigualdade: a desigualdade digital (Powell, 2022). Portanto, a cidade inteligente falhou no que se refere a desigualdade social (João *et al.*, 2019), porque "esquecer do social é andar na contramão, porque tudo que é feito nas cidades, e ao seu redor, é para as pessoas e uma cidade jamais será inteligente para as pessoas que se encontram excluídas" (Paludo, Silva, Guimarães, 2024, p. 17-18). Ainda, o município vai além das cidades, e inclui, também, as periferias e a zona rural.

Assim, percebe-se que, mais que tecnologias, os municípios precisam de gestores éticos, íntegros e competentes, que ouçam os cidadãos locais, e que persigam sempre o melhor para a população do município: e que usem as tecnologias para melhorar os serviços e resultados e não para promover mais uma forma de exclusão das classes menos favorecidas.

Temos em mente que os "gestores máximos das instituições públicas tentarão fazer o melhor possível para colocar seu nome na história" (Paludo, Prokopiuk, 2014, p. 9); e que não medirão esforços para resolver problemas e atender aos anseios da população. É com esse espírito que Demers, Gow (2002 *apud* Candler, 2014, p. 1.076) afirmam que "é possível aceitar a ideia do Estado como instrumento de promoção coletiva, e a burocracia como modo de organização dos serviços públicos".

Um possível caminho para a construção de uma gestão local efetiva passa pela vontade política do(a) prefeito(a) e pelo comprometimento de cada gestor com "o público", pela sua melhor capacitação, pela utilização de modernas técnicas, ferramentas e tecnologias. Passa também pela revisão da estrutura organizacional, por um quadro de servidores capacitados, pelo estabelecimento de critérios para nomeação de gestores, pela abertura de canais participativos para a população, por um bom planejamento, e pela incorporação dos interesses da municipalidade nas decisões.

Todavia, nada é simples como parece e até pequenos problemas podem ser de difícil resolução, quando existem dificuldades internas, problemas externos e diversas partes interessadas com objetivos diferentes. O "desafio dos gestores públicos é criar e recriar mecanismos para assegurar o equilíbrio mínimo entre as forças internas, externas e divergentes, de forma a maximizar o bem-estar coletivo" (Ribeiro, 2019, p. 22).

Esses desafios afetam, a administração, os gestores e a comunidade: a administração local, principalmente pela insuficiência de estrutura, recursos e tecnologia; os gestores pela falta de competência pessoal ou de suas equipes, e pela falta de apoio do(a) prefeito(a) aos projetos de inovação e melhoria; e a comunidade pelo pouco espaço e poder de decisão nas decisões públicas destinadas a resolver os problemas locais.

É nesse contexto de problemáticas diversas e complexas, enfrentadas pela administração e pelos gestores municipais, que a busca por soluções trouxe para o meio público, como auxílio para o bom gestor, a governança pública, nascida, em parte, de laços democráticos e sociais. A governança "visa, em primeiro lugar, melhorar a administração" (Pitseys, 2010, p. 215). Tornou-se salutar a importância de mecanismos de governança para auxiliar o governante e os gestores municipais a balizar suas decisões, direcionando os atos de gestão para o atendimento das necessidades da população (Costa Neto, Lima, Diniz, 2023).

Registre-se, no entanto, que mesmo com a boa vontade do gestor e com o auxílio da governança, a questão não é simples; é difícil encontrar solução que seja possível economicamente, viável de ser implementada, passível de ser utilizada por todos os cidadãos, que cause pouco impacto ambiental, que seja sustentável, e que atenda a maioria das partes interessadas.

Assim, a começar pela vontade política do(a) prefeito(a) e pelo espírito público e comprometimento do gestor e de sua equipe, é com a contribuição da governança pública, e com o planejamento estratégico participativo, que as soluções municipais devem ser pensadas, discutidas, construídas, planejadas e implementadas. A governança pública chega para afastar a má gestão (e o mau gestor), melhorar a gestão, e estreitar o relacionamento com a sociedade (Costa Neto, Lima, Diniz, 2023). Chega, também, para ajudar a administração e a gestão municipal a melhorar a eficiência interna, bem como os serviços e resultados para a comunidade local.

Registre-se, ainda, que administrar/gerir não é atividade para iniciantes, principalmente quando se trata da coisa pública, visto que a capacidade de gestão em uma organização pública é componente dos mais indispensáveis para que ela possa efetivamente fazer a diferença na resolução de problemas e entregar serviços públicos de qualidade (Gespública, 2016). Não é questão de supervalorizar esse profissional, mas afirmar que sem ele a chance de a administração municipal fracassar é enorme (Paludo, Prokopiuk, 2014, p. 184).

Assim, os bacharéis em administração, com especialização, mestrado ou doutorado, que saibam ouvir a população e as partes interessadas, são os mais bem preparados para administrar e gerir as organizações públicas municipais no contexto da governança, e, com apoio do(a) Prefeito(a) e com estrutura administrativa razoável, entregar melhores serviços e resultados à população do município.

3.4 DESENVOLVIMENTO LOCAL

O desenvolvimento local ocorre a partir de cada município, com reflexos também no desenvolvimento regional e nacional. O termo local refere-se a um "território socialmente constituído, podendo remeter tanto a uma cidade quanto a um grupo de cidades ou uma região" (Bellingieri, 2017, p. 3); "pode ser delimitado como bairros, municípios ou regiões, dependendo do autor" (Barbosa, 2018, p. 21). Para esse estudo, considera-se local a área de cada município.

O desenvolvimento local tornou-se a grande preocupação dos governos, desde as décadas de 1960-1970, na luta pelo "avanço em termos qualitativos, na redução da pobreza, do desemprego, das desigualdades, e por melhores condições de educação e moradia" (Borges *et al.*, 2023, p. 4.956). Uma vez alcançado o desenvolvimento, há impactos no nível de emprego, renda, educação e serviços de saúde. Indicadores associados e essas questões são usados para classificar os municípios em mais ou menos desenvolvidos (Souza, 2019).

Na construção do caminho para o desenvolvimento, está claro que o mercado liberal não será o solucionador dos problemas sociais e da preservação ambiental. Deixar ao mercado a tarefa de desenvolvimento "parece pouco realista em termos de eficácia", o que torna o papel do Estado "crucial e indelegável" (Carvalho, 2022, p. 47-49), visto nenhum outro ator dispõe de poder e meios, semelhantes aos do Estado para alcançar esse objetivo, e porque sem o Estado a preocupação com o social e o ambiental será, praticamente, nula.

Da mesma forma, e pelas mesmas razões, diga-se que o desenvolvimento local, visando avanços sociais, preservação ambiental e sustentabilidade, não ocorrerá sem o envolvimento e protagonismo do poder público municipal.

Assim, que o mercado, por si, não resolverá o problema do desenvolvimento social já sabemos; todavia, Estado e Planejamento também não demonstraram um caminho ideal para o desenvolvimento econômico, social e sustentável. Noutra vertente, o meio científico, apesar da "constante discussão acadêmica sobre qual seria um modelo ideal de desenvolvimento" (Garcia, 2021, p. 11), também não chegou a um consenso, capaz de expressar um caminho válido para o desenvolvimento local, aplicável a maioria dos municípios.

Considerando que o caminho ideal para o desenvolvimento não existe, e que pesquisadores e demais estudiosos desse tema avançam na tentativa de indicar um projeto possível e viável, mas "aparentam não estar nem perto de um consenso" (Garcia, 2021, p. 12), têm-se que o caminho continua incerto, e seguindo a lógica do poeta espanhol Antonio Machado, "caminho que se faz ao caminhar".

Talvez pelos resultados insatisfatórios do setor público, e pelo aumento da desigualdade e da pobreza, a atual democracia participativa e deliberativa evidencia uma crescente desilusão, tanto com o potencial dos governos em promover o desenvolvimento sustentável, como com a própria sociedade como ator participante (Frey, 2001), tornando necessária à construção de nova abordagem para a interpretação da realidade e para guiar o processo de desenvolvimento.

Todavia, entende-se que, em qualquer abordagem, "o setor público municipal tem importante papel a ocupar com relação a todos os ingredientes do desenvolvimento" (Roma *et al.*, 2023, p. 5). A necessidade de um "desenvolvimento local integrado ao global" reforça a importância da "administração pública e da capacidade de gestão, como vínculo importante e estratégico com o processo de desenvolvimento" (Borges *et al.*, 2023, p. 4.954), até porque o desenvolvimento também "é o resultado a ser alcançado pela gestão pública municipal" (Miranda, 2023, p. 21).

O desenvolvimento local não ocorre automaticamente, com o simples passar dos anos, ele "não é um processo natural possível para todos os municípios, mas deve ser encarado como uma meta pela política local" (Barbosa, 2018, p. 37): ele deve ser fomentado pelo(a) Prefeito(a) e demais atores locais.

Segundo a história, a maioria dos governos (nacional e local) utilizaram o planejamento para desenhar e implementar as políticas públicas de desenvolvimento, reduzindo o grau de incerteza inerente ao futuro, e indicando um caminho a ser seguido. A intervenção estatal, via planejamento, "é considerada indispensável para reduzir ou evitar os efeitos nocivos dos processos de crescimento econômico, ou ainda, para poder eliminar ou reparar distúrbios e danos já existentes" (Frey, 2001, p. 7).

Para cumprir adequadamente essa missão, é preciso instituições públicas municipais fortes para elaboração e implementação dos planos. Instituições fortes clareiam a previsibilidade, minimizam incertezas, diferenciam o possível do impossível, melhoram a gestão e a coordenação, e tem importante papel na transição de governos (Pini, 2022). É preciso, ainda, de gestores municipais competentes, íntegros e comprometidos com o bem-estar da população local.

A vasta literatura sobre instituições e o crescimento econômico "mostrou que a qualidade institucional é importante para obter bons resultados relacionados com o desenvolvimento" (Cust *et al.*, 2023, p. 2), qualidade essa, demonstrada mediante decisões políticas e administrativas que privilegiem o bem público, complementadas por boas práticas e resultados consistentes da administração e da gestão municipal.

O desenvolvimento local precisa de "uma administração eficiente, estável, e com alta competência técnica e de planejamento" (Frey, 2001), capaz de conciliar os recursos com os investimentos, e elaborar e negociar política e socialmente planos inteligentes e viáveis, que contribuam tanto para o crescimento como para a solução de problemas sociais, e que não comprometem o equilíbrio fiscal do município.

Assim, nos municípios, prefeitos(as) e instituições públicas exercem grande influência no desenvolvimento local. O(a) Prefeito(a) privilegiando o interesse público e governando para o bem comum, zelando pelo equilíbrio fiscal, e atraindo novas empresas para gerar mais empregos e maior arrecadação de receitas (Fernandes, 2013); e a administração pública prestando bons serviços e demonstrando capacidade técnica para realizar o planejamento e implementar os planos.

Nesse contexto, a governança pública chegou para ajudar, e muito, o(a) Prefeito(a), a administração e a gestão municipal. A governança dá suporte para que o(a) Prefeito(a) tome decisões visando o bem público, ao mesmo tempo em que organiza e amplia o conceito tradicional de instituição pública, para incluir espaços participativos aos atores locais, visando a promoção do desenvolvimento (Oliveira, Silva, Emmendoerfer, 2016).

A governança empodera e dá suporte as decisões políticas voltadas para o desenvolvimento e o bem-estar da municipalidade, porque tem origem nos anseios democráticos e sociais, e exige espaço para as partes interessadas, visto que "a participação da sociedade civil organizada contribui para a melhoria das políticas públicas locais" (Garcia, Alves, Portugal Júnior, 2021, p. 91912), e, como consequência, "contribui para a melhoria da qualidade de vida da população" (Garcia, 2021, p. 64).

Num Brasil democrático, talvez mais relevante do que o próprio voto, é o cidadão exercendo diretamente escolhas públicas que impactarão na sua vida e no desenvolvimento da comunidade local. Na governança, a participação dos cidadãos e atores locais nas discussões voltadas ao desenvolvimento "alterou o processo de debate, tornando-o mais público" (Garcia, 2021, p. 40) e promissor.

Todavia, nesse contexto participativo, é preciso considerar, também, as dificuldades na construção coletiva de soluções: o poder entre as partes interessadas é desigual; o conhecimento e a argumentação é assimétrico; a resistência e falta de cooperação dos partícipes quando sua proposta é recusada em detrimento de outra; a existência de conflitos, internos e externos, provocados por interesses individuais ou de grupos, ou movidos por ideologias políticas ou religiosas; os detentores do capital, que raramente negociam seus objetivos; e, ainda, a pouca qualificação do gestor local para atuar de forma coletiva.

Mesmo encontrando dificuldades, a participação, o debate e os caminhos para o desenvolvimento consensuados são positivos, pois quem participa sente-se comprometido com o sucesso do projeto; e essas participações devem ser legitimadas pelas instituições públicas (Garcia, 2021), mediante o acatamento e implementação dos projetos indicados pelos cidadãos e demais atores locais, após análise da viabilidade.

Dessa forma, a governança implementada e em funcionamento atua na mediação de conflitos, harmonizando interesses, primando pela ética, e atenta ao fim público-social, e contribui para que o processo de construção de planos de desenvolvimento seja mais promissor, tendo em vista o envolvimento e cooperação da comunidade civil, bem como as parceiras públicas e privadas (Emmendoerfer *et al.*, 2023).

A governança "efetua a ligação entre os agentes, instrumentos e ambiente", num contexto que "o governo atua como mais um ator no processo, e onde as estratégias de desenvolvimento estão condicionadas às decisões de planejamento negociadas de forma compartilhada por todos os agentes locais" (Correa Neto, 2018, p. 47).

Assim, entende-se que – embora a vontade do(a) prefeito(a) possa fazer a diferença – a solução para o desenvolvimento não virá de um único agente "salvador da pátria", nem de uma única instituição, e nem será trivial, mas terá que ser construída com a participação e comprometimento de todos os atores locais. O motor para o crescimento e desenvolvimento pode estar "na capacidade dos atores locais coordenarem seus recursos" (Barbosa, 2018, p. 32), utilizarem suas potencialidades, e realizarem convênios e parcerias com outras esferas públicas e com a iniciativa privada.

Reitera-se, que às parcerias com a iniciativa privada têm importante papel no desenvolvimento municipal, visto que a "taxa de investimento" também é considerada questão-chave para o sucesso dos planos de desenvolvimento (Cardoso Jr., 2014, p. 23); e essa lógica é muito simples: com mais recursos são feitos maiores investimentos que geram mais empregos e renda, maior movimento no comércio, maior arrecadação de impostos, e ainda, reduzem a criminalidade e resultam em melhoria da qualidade de vida da população.

Quando existe vontade política, convênios e boas parcerias, e "uma boa gestão pública, boa articulação institucional e a participação da sociedade civil, existem mais chances de atingimento de alto índice de desenvolvimento local" (Garcia, Alves, Portugal Júnior, 2021, p. 91913).

É importante, também, que a estratégia e o plano de desenvolvimento elaborados tenham sido construídos por atores imbuídos do melhor espírito público, comprometidos com as questões sociais, o equilíbrio das contas públicas e a sustentabilidade, e contenha características de "inovação, empreendedorismo e flexibilidade" (Barbosa, 2018, p. 23), visto que é preciso inovar, para não repetir os planos tradicionais que fracassaram no passado.

Nesse caminho de construção de um projeto "possível e viável", mesmo sendo alvos de críticas, a estrutura pública municipal (Prefeito e Administração) estarão presentes, e continuarão "desempenhando um papel fundamental em quaisquer estratégias de desenvolvimento sustentável, mas este papel tem que ser revisto e redefinido" para incorporar aspectos inovadores, visto que "a perseguição do desenvolvimento sustentável dentro de uma perspectiva democrática exige, pelo menos por enquanto, um Estado ativo e facilitador" (Frey, 2001, p. 26-28).

Corroborando com esse pensamento, Demers, Gow (2002) apud Candler (2014, p. 1.076) entendem que ainda "é possível aceitar a ideia do Estado como instrumento de promoção coletiva e a burocracia como modo de organização dos serviços públicos"; e a governança como guardiã do interesse público-social.

Assim, resta claro que a atuação do(a) prefeito(a), das instituições, dos gestores e servidores são essenciais; da mesma forma que a governança, como meio para organizar e melhorar a administração e a gestão e fortalecer o planejamento estratégico participativo, assegurando a participação, a equidade, e a mediação de conflitos e interesses; e que o planejamento deve ser o guia organizador e direcionador para a promoção do crescimento e desenvolvimento; visto que sem o planejamento as chances de desenvolvimento com conquistas sociais estão fadadas ao fracasso (Paludo, Prokopiuk, 2014).

Todavia, por maior que seja o empenho e a confiança em dias melhores, é preciso ter em mente que dificilmente todos os municípios alcançarão o desenvolvimento que assegure melhores condições de vida a sua população. Seria, "no mínimo, ingênuo considerar que os governos municipais estejam produzindo interferências que mudem completamente as condições locais, fazendo desaparecer os problemas da vida dos cidadãos" (Salgado, 1996, p. 51).

Por outro lado, muitos municípios conseguirão vencer as dificuldades e avançar no rumo do desenvolvimento. Assim, é preciso manter uma visão positiva, e acreditar que prefeito, instituições públicas, setor privado e comunidade - se atuarem em harmonia e cooperação - podem fazer a diferença: podem encontrar um caminho para o desenvolvimento local sustentável alinhado com os objetivos de desenvolvimento sustentável da ONU, e mudar, para melhor, a realidade da população municipal.

A construção do desenvolvimento, alinhado com os ODS, gera um "impacto expressivo e capaz de produzir efeito extraordinário, funcionando como indutor eficiente e saudável, provedor do presente e garantidor do futuro", melhorando os resultados "econômicos, sociais, ambientais e relacionais, entre outros" (Nardone, 2018, p. 37).

Ainda, mesmo nos casos de sucesso, é preciso deixar claro que não haverá um crescimento e desenvolvimento contínuo, que se estenda por décadas; mas períodos de crescimento alternados com períodos de estagnação e até mesmo períodos de recessão (Vaz-Curado, 2019); haja vista a existência de muitos fatores internos e externos que podem impactar no desenvolvimento municipal, como, por exemplo, a recente pandemia de Covid, as inovações tecnológicas ou uma guerra.

Assim, vê-se que o desenvolvimento sustentável local, depende de muitos atores e fatores, dentre os quais:

1. da vontade política do(a) prefeito(a);
2. de estabilidade política, econômica e social do município;
3. da organização das ações num planejamento de longo prazo;
4. de instituições públicas locais bem estruturadas;
5. de gestores éticos e comprometidos com o interesse público e com o bem-estar da população local;
6. do envolvimento das partes interessadas locais no processo de construção e implementação dos planos e projetos;
7. da existência de recursos para implementação dos planos e projetos;
8. da realização de convênios e de parcerias públicas e privadas, e da qualidade dessas parcerias; e
9. de uma administração e gestão capaz de organizar um planejamento estratégico participativo e de "articular estratégias que elevem a qualidade de vida e o bem-estar da população" (Pereira, Wesz Júnior, 2021, p. 32).

Desconsiderar esses fatores, assim como desconsiderar essas dimensões políticas-administrativas-participativas-sociais-ambientais, e insistir em iniciativas de curto prazo ou que privilegiem o aspecto econômico, relegando a segundo plano o bem-estar da população, obtido pela melhora da educação, saúde, trabalho, assistência social e sustentabilidade ambiental; "seria como persistir no erro e nadar contra a maré da história", pois o desenvolvimento "deve modificar para melhor, o político, o institucional e o social, ou não haverá desenvolvimento" (Pereira, Wez Jr., 2021, p. 32).

Registre-se que o desenvolvimento econômico e social do município é um processo lento, "porque as comunidades e as instituições precisam de tempo para ampliar e aprofundar o debate sobre o desenvolvimento, que deverá ser feito num contexto multidisciplinar" (Oliveira, 2020, p. 1.710), bem como leva-se tempo para implementar os planos.

Assim, reitera-se que o desenvolvimento deve ser pensado estrategicamente e planejado para o longo prazo, pois não existe ação mágica capaz de mudar uma realidade municipal no curto prazo.

3.5 PLANEJAMENTO MUNICIPAL ESTRATÉGICO

> "Um planejamento estratégico municipal eficiente transcende as barreiras temporais de mandatos e governos, fornecendo um horizonte claro de objetivos compartilhados, metas definidas e ações alinhadas aos anseios da população. Mais do que um mero plano burocrático, ele se torna uma visão de futuro, uma bússola para orientar todas as ações da administração pública e da sociedade civil na busca por um bem comum" (CFA, 2023, p. 4).

O planejamento sofreu "duras críticas acerca de sua utilidade depois dos anos 1970, em face da sua inabilidade de fazer frente aos problemas macroeconômicos, e diante da crise do *welfare state* e da ascensão da ideologia neoliberal" (Carvalho, 2022, p. 27). As críticas concentram-se no fato de que o planejamento, na maioria das nações, não resolveu os problemas sociais ligados ao desenvolvimento.

Avaliando essas críticas ao planejamento, foram reconhecidas "como procedentes diversas deficiências apontadas pelos autores, mas o desafio consiste em fazer bom uso das potencialidades do planejamento, e não esperar da ferramenta o que esta não pode oferecer" (Carvalho, 2022, p. 27).

O desenvolvimento utiliza-se do planejamento, estratégias e processo (Carvalho, 2022); o planejamento tem como finalidade o crescimento e o desenvolvimento (Costa, 2014). Em sentido oposto, o mau planejamento está entre as causas do subdesenvolvimento e da pobreza (Santos, 2007, p. 13). Assim, se o planejamento não é garantia de sucesso, sem ele o desenvolvimento e a melhora social estão fadados ao fracasso (Paludo, Prokopiuk, 2014).

Em que pesem as críticas, é fato que o planejamento público continua sendo utilizado como instrumento de promoção do desenvolvimento econômico e social, no qual desempenha o relevante papel de condutor das transformações pretendidas, visto que o desenvolvimento deve ser pensado estrategicamente e organizado para o longo prazo, pois ações de curto prazo são insuficientes para mudar uma realidade.

O planejamento municipal de longo prazo "é uma ferramenta-base, importante em qualquer situação que envolva o termo administração pública na busca por resultados positivos", nos mais diversos aspectos como, "garantir serviços e investimentos nas áreas de saúde, educação, infraestrutura, segurança e habitação, além de buscar o desenvolvimento do município atraindo novos investidores, buscando o bem comum da população" (Fernandes, 2013, p. 65).

Fomentado pela reforma gerencial (1995), pelos Tribunais de Contas, e por inúmeros conteúdos científicos, como um meio moderno de enfrentar as mudanças, resolver problemas e avançar em melhorias nas mais diversas áreas, o planejamento estratégico no século XXI "passou a ser determinante para a gestão pública municipal" (Souza *et al.*, 2022, p. 85), sendo definido como "a peça central da gestão que dá a diretriz para o alcance dos objetivos, proporcionando segurança na tomada de decisões" (Cruz, Benavente, Rivera, 2023, p. 5).

O planejamento estratégico é "fundamental a todos os trabalhos realizados pela prefeitura da cidade em diferentes áreas, como educação, saúde, transportes, meio ambiente etc." (Souza *et al.*, 2022, p. 98). É um método "que articula o presente para obter a resposta desejada no futuro, tem foco preciso, e pode ser efetivo para a resolução de problemas pontuais, complexos, desde que se tenha um diagnóstico real" (Muller, 2008, p. 54), muito utilizado como instrumento para avançar rumo ao desenvolvimento econômico e social dos municípios.

Mais do que pensar o futuro no longo prazo, o planejamento estratégico municipal "é um processo de gestão que visa definir uma visão de futuro para o município e estabelecer as ações e diretrizes necessárias para alcançar essa visão". Envolve a elaboração de "planos, metas e estratégias de longo prazo, com o objetivo de promover o desenvolvimento sustentável, melhorar a qualidade de vida da população e potencializar o progresso econômico, social e ambiental da cidade, alinhados aos anseios da população" (CFA, 2023, p. 8).

Esse planejamento não se confunde com o tradicional planejamento de longo prazo, que, basicamente, projeta para o futuro as mesmas situações tidas no passado (Paludo, 2024a), pois trata-se do planejamento mais amplo e abrangente do município, e pode ser visto como um processo dinâmico, sistêmico, coletivo, participativo e contínuo para determinação de objetivos, estratégias e ações (Rezende, 2009), e dos meios para alcançá-los.

Todavia, da mesma forma que o planejamento orçamentário (plano plurianual) não é suficiente para avançar no crescimento e desenvolvimento municipal, o planejamento estratégico deve ser articulado e elaborado em harmonia com outros instrumentos de planejamento e gestão dos municípios, como o plano plurianual e o plano diretor (Jesus, 2019), na busca de maior efetividade (Muller, 2008).

FIGURA 9 - INTEGRAÇÃO DO PLANEJAMENTO MUNICIPAL

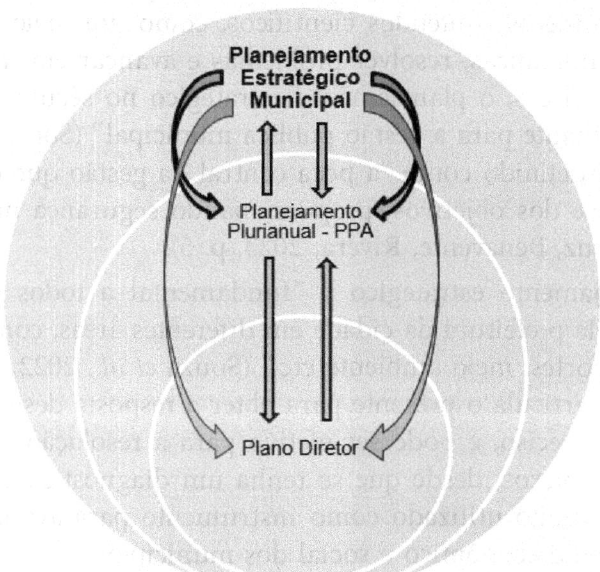

FONTE: Os autores (2025).

A integração do planejamento municipal, conforme figura 9, pode ser entendida desse modo: o planejamento estratégico participativo como o plano para indicar um futuro e conduzir as ações rumo ao desenvolvimento, o plano plurianual como instrumento de equilíbrio fiscal a indicar o quanto se dispõem de recursos para implementação do plano, e o plano diretor como o orientador da cidade. Com essa integração vê-se melhores e maiores condições de solucionar os problemas, atender as demandas da coletividade e avançar rumo ao desenvolvimento local.

É por meio do planejamento que são definidos os objetivos, organizados os planos e construídas as estratégias racionais para se alcançar o desenvolvimento moderno e sustentável. Para planejar o desenvolvimento é preciso, primeiro, compreender o que se define como desenvolvimento.

O termo desenvolvimento ganhou maior destaque neste século, e compreende todas as atividades e todas as decisões públicas que vêm sendo tomadas nos sistemas social, econômico, político e administrativo (Frey, 2001, p. 2), incluindo, também, o debate das liberdades e da sustentabilidade (Vogt, Botelho, Wentroba, 2023). Assim, a consecução do desenvolvimento sustentável passa pelo equilíbrio entre o político, o econômico, o ambiental e o social.

O desenvolvimento sustentável no âmbito municipal é entendido como o "progresso harmônico entre bem-estar da população e o uso do território, da conservação e proteção dos recursos naturais e das atividades produtivas, com o fim de melhorar a qualidade de vida da população num enfoque de sustentabilidade" (Eyerkaufer, *et al.*, 2020, p. 402).

Nesse ponto, de fomentar o desenvolvimento, o planejamento público desempenha um "papel fundamental na transição para a sustentabilidade, de forma que o envolvimento do Estado é não apenas importante, mas crucial na determinação de caminhos que, ainda assim, devem ser discutidos e tanto quanto possível consensualizados" (Carvalho, 2022, p. 199).

O planejamento estratégico municipal é um processo interativo e dinâmico para determinar os objetivos municipais, articular políticas e produzir resultados, que gerem qualidade de vida adequada a seus cidadãos (Dias Junior, 2018). Ele fornece instrumentos organizacionais e metodologias para aproveitar as oportunidades e desenhar o crescimento, e a partir de um diagnóstico interno e externo, ajuda a identificar as vantagens e desvantagens, e indica as oportunidades de crescimento e desenvolvimento mais compatíveis com cada município.

O processo de planejamento estratégico apresenta as seguintes características: a) é uma forma de adaptação a um ambiente mutável; b) é compreensivo e envolve todas as áreas e ações; c) congrega forças, mobiliza colaboradores, e constrói o consenso em relação aos principais objetivos; d) é orientado para o futuro e seu horizonte de tempo é o longo prazo; e) identifica e organiza os potenciais internos e evita circunstâncias negativas externas; f) é proativo, mediante análise de cenários antecipa e faz acontecer; g) contribui para melhorar a eficiência, eficácia, efetividade e sustentabilidade (Kaplan, Norton, 2004; Chiavenato, 2007; Paludo, Prokopiuk, 2014).

Quanto ao processo, "existem inúmeras representações mentais do planejamento estratégico, que permitem analisar sua conceituação sob diversas perspectivas" (Cruz, Benavente, Rivera, 2023, p. 4); porém, todos concordam com a elaboração de um diagnóstico, e que ele estabelece "a missão, visão, valores, objetivos e metas da organização" (Eyerkaufer, *et al.*, 2020, p. 406). O quadro 10 demonstra as etapas do planejamento estratégico participativo.

QUADRO 10 - ETAPAS DO PLANEJAMENTO ESTRATÉGICO PARTICIPATIVO

Conscientização	Antes de iniciar o processo de planejamento estratégico deve haver o momento da conscientização, para sensibilizar todos os colaboradores sobre a importância desse planejamento, bem como da importância da participação de toda a municipalidade na construção do plano, e posteriormente na sua implementação.
Participação	A participação pode ocorrer: (i) pela internet, mediante disponibilização de canal específico para que todos possam apresentar demandas, sugestões e projetos; (ii) mediante reuniões públicas presenciais para apresentação das diretrizes e perspectivas pela administração, e, a partir daí, coletar as sugestões dos cidadãos ou representantes de conselhos, associações, sindicatos, ONGs, comércio, etc.; (iii) outra forma específica definida por cada município.
Missão, Visão e Valores	Essa etapa consiste no estabelecimento da missão (razão de ser), da visão (ideal desejado) e dos valores desejados para o município. São os enunciados pilares de todo o desenvolvimento do planejamento, e ignorá-los significa não ter a mínima ideia de onde se espera chegar.
Diagnóstico Estratégico	O diagnóstico define a realidade existente no município, identificando os pontos fortes e fracos internos, e analisando o ambiente externo com suas ameaças e oportunidades. O resultado serve de base para a definição dos objetivos e para a escolha das estratégias que deverão ser seguidas para o alcance dos resultados pretendidos.

Questões, Objetivos e Estratégias	As questões representam os principais temas que podem abalar o cumprimento da missão e o alcance da visão, e por isso devem ser constantemente monitoradas. Elas irão delinear as políticas e influenciar a definição de objetivos e a escolha das estratégias.
	Objetivos definem o resultado que se pretende alcançar; a transformação da situação atual que se pretende modificar. Devem ser expressos de forma clara, concisa e determinante, tanto os objetivos estratégicos válidos para toda a organização, como os objetivos intermediários setoriais que contribuem para o alcance dos objetivos estratégicos.
	Estratégia é o caminho escolhido para alcançar os objetivos ou superar algum desafio, que deve ser condizente com as competências e recursos do município. A estratégia, alinhada com a missão e a visão, deve balizar um comportamento global, compreensivo e sinérgico de todos os seus atores.
Desmembramento dos Planos	O plano estratégico é genérico e não especifica os meios para sua execução, por isso deve ser desmembrado em planos táticos ou setoriais menos genéricos, e constituídos para cada área; que por sua vez devem ser desmembrados em planos operacionais detalhados, para guiar a sua execução.
Implementação	A implementação traduz o momento mais crítico do planejamento, o momento de colocar o plano em prática; corresponde à execução dos planos operacionais (que podem ser projetos individuais) e dos programas (conjunto de projetos e ações), ambos compreendendo um conjunto de atividades.
Monitoramento	Consiste no acompanhamento da implementação do plano, em tempo real, visando solucionar problemas e assegurar a continuidade de sua execução.
Avaliação do Processo e dos Resultados	A avaliação indica se o plano foi bem-sucedido ou não: é a comparação do que foi pretendido com o que foi alcançado, permitindo julgar os resultados obtidos quanto a eficiência, eficácia, efetividade, economicidade, legalidade, sustentabilidade etc.
Divulgação dos Resultados e Análise do *Feedback*	Os resultados devem ser divulgados para toda a comunidade tomar conhecimento do desempenho da gestão e do alcance dos objetivos. Junto com a divulgação deve existir um canal que permita a avaliação pela comunidade local, e o *feedback* obtido da população deve ser utilizado pela administração para aperfeiçoar a gestão pública e os próximos planos.

FONTE: Adaptado de Paludo (2024a).

O planejamento não é independente, ele encontra-se atrelado a administração (Granjeiro, 2006). Sua elaboração é uma das funções atribuída a instituição pública responsável pela área de administração e planejamento do município. O planejamento "é elaborado e materializado pela Administração Pública" (Oliveira, 2018, p. 62).

O planejamento é obrigação do município, mas quem elabora são as instituições públicas locais; assim, o planejamento para o desenvolvimento "é um processo sistêmico que exige a presença ativa de instituições públicas" (Barquero, 2001), que possuem grande importância nesse processo de desenvolvimento (Souza, 2019), desempenhando um papel fundamental (Carvalho, 2022).

Para cumprir essa missão a administração e o gestor municipal usam da racionalidade, e deve ter consciência dos problemas a serem enfrentados, pois seria ilusão pensar que basta elaborar o planejamento estratégico participativo que tudo irá se realizar da forma que fora planejado, que os problemas serão resolvidos e que o desenvolvimento está assegurado.

No século atual, os problemas públicos têm se agravado, e a administração pública tem que conviver com problemas antigos "que passaram a ser ainda mais complexos que antes" (Lima, 2006, p. 70), bem como se depara com novos problemas.

Nos escritos acadêmicos predomina o entendimento que no ambiente local "a gestão pública municipal tem dificuldades em realizar o planejamento" (Ribeiro, 2019, p. 111). As limitações da administração pública municipal acabam refletidas num planejamento "marcado pelo improviso e pela atuação imediata do gestor público" (Fraga *et al.*, 2021, p. 194), sendo incapaz de avançar para além dos instrumentos oficiais de planejamento e orçamento: PPA, LDO, LOA.

O planejamento em nível municipal "se mostra como um processo complexo, que enfrenta problemas, como a carência de profissionais qualificados, a pouca participação popular, e pressões dos grupos políticos dominantes" (Souza *et al.*, 2022, p. 86). Os representastes do governo tem dificuldades de pensar o futuro (Fraga *et al.*, 2021) e muitos acreditam que terminaram a missão com a elaboração do plano, quando, ao contrário, ela está apenas começando.

Outro ponto problemático, é que a participação popular tem sido restrita e limitada; em parte porque políticos e detentores do capital relutam em conceder maior poder de decisão à sociedade (Frey, 2001), em parte pelo desinteresse da população local em participar. Esse fato é agravado pela "assimetria de informação entre os atores envolvidos, que influencia na mobilização social para a construção de um planejamento coletivo de ações para a sustentabilidade local" (Fraga *et al.*, 2021, p. 202).

Apesar da modernidade, ainda vigora em muitos municípios o planejamento centralizado e controlado por poucos atores (Souza *et al.*, 2022), basicamente pelo prefeito, políticos regionais, grupos econômicos e administração; e continua a existir a interferência política (prefeito, vereadores) que "abre brechas para a atuação mal-intencionada" (Oliveira, 2023, p. 82) e para o desvio de finalidade.

Ainda nesse ponto têm-se a "priorização de projetos de curto prazo, que possam ser concluídos em um mesmo mandato" (Oliveira, 2023, p. 26), em detrimento do planejamento de longo prazo que poderia apresentar melhores resultados, juntamente com o predomínio da influência dos detentores do poder, político e econômico, sobre os critérios técnicos, quando na tomada de decisão.

Por fim, e não menos importante, outro ponto de dificuldade é a pouca ou ausência de integração entre o planejamento estratégico e o plano plurianual, o que leva a planos inexequíveis orçamentariamente. Todavia, embora seja problema mais político do que da administração, a insuficiência de recursos também dificulta a boa prestação dos serviços públicos locais, contudo, a escassez de recursos pode ser amenizada mediante realização de convênios ou de parcerias com a iniciativa privada (Cardoso Jr., 2014).

Portanto, têm-se a falta de vontade política, a estrutura institucional insuficiente, a baixa capacidade do gestor, a falta de recursos orçamentários, as deficiências na articulação, os interesses de grupos específicos, o boicote de partidos opositores, dentre outros.

Ignorar a diversidade e complexidade desses problemas enfrentados pela administração municipal na elaboração do planejamento estratégico, ou interpretá-los superficialmente, trará ainda maiores problemas (Martins, Vaz, Caldas, 2010), na tomada de decisão, formulação e implementação de políticas públicas; tanto no que se refere a prestação de serviços básicos e solução de problemas e demandas de pequeno porte, como na elaboração do plano e no avanço em projetos relevantes voltados para o desenvolvimento local.

Neste século XXI, a administração municipal (Prefeito(a) e gestores públicos), tem suas perspectivas de atuação influenciada pela governança pública. A governança organizacional pública trouxe evolução para a administração e a gestão, contribuindo para que se torne mais capaz de desempenhar suas atribuições e superar os desafios; assim como acrescentou princípios a serem observados por todos os agentes envolvidos.

Com a governança pública, configura-se uma melhor organização e governo das instituições municipais, de forma mais abrangente e participativa, e com um olhar organizacional mais ampliado que inclui as partes interessadas no processo de decisão, ao mesmo tempo em que orienta a elaboração do planejamento estratégico, direcionando os planos e as soluções para o interesse público-social, em busca de bons resultados para a instituição e para a sociedade local.

A governança pública municipal pode "melhorar a capacidade da gestão, resultando em maior qualidade dos serviços municipais (Jesus, 2019), bem como contribui para a "definição das práticas de planejamento e das estratégias para o desenvolvimento" (Furtado, Silva, 2018, p. 6).

Nesse contexto, governança e planejamento atuam numa via de mão dupla: tanto a governança contribui para o bom planejamento, como o planejamento estratégico contribui para a disseminação da orientação, das práticas e das mudanças que a governança propõe (Paludo, Oliveira, 2024). Assim, "a governança e o planejamento atuam para superar os desafios institucionais voltados para o desenvolvimento" (D'almeida, Franco (2018, p. 34).

FIGURA 10 - GOVERNANÇA NO PLANEJAMENTO PARA O DESENVOLVIMENTO

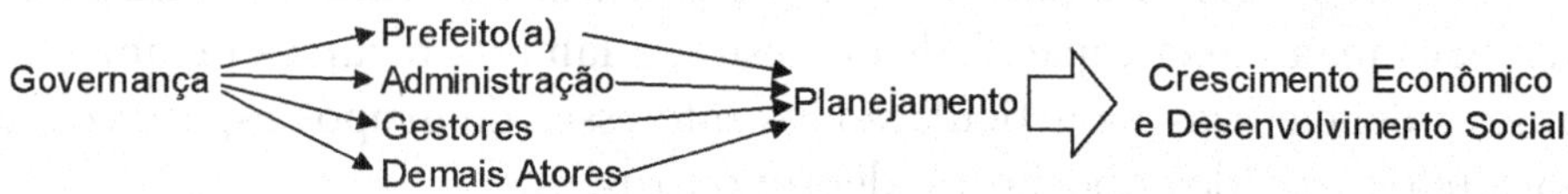

FONTE: Os autores (2025).

A figura 10 mostra a governança atuando nas instituições e envolvendo atores no planejamento estratégico, visando o crescimento e o desenvolvimento.

O planejamento estratégico no contexto da governança alarga o horizonte municipal e institucional, e passa a ser construído com a participação da sociedade (cidadãos, associações, Ongs) e da iniciativa privada, com grandes empresas atuando em parcerias com os governos locais para realização de investimentos relevantes.

O setor público passou a adotar "o planejamento com o conceito colaborativo" (Fraga *et al.*, 2021, p. 193), em que a participação "tem sido apontada como fundamental para o êxito do planejamento" (Carvalho, 2022, p. 204). O "planejamento estratégico passou a ter características de processo participativo, que interage com o ambiente, a cultura, os atores" (Jesus, 2019, p. 31).

Essa participação une movimentos de resistência e de legitimação, e abre espaço para a iniciativa privada, num ambiente em que todos contribuem para a "criação de planos para o desenvolvimento local sustentável, juntando esforços a objetivos comuns em nome da qualidade de vida para o cidadão" (Muller, 2008, p. 61). O planejamento estratégico participativo é "mais ético e igualitário para com a população, que deve ser a parte beneficiada desse processo como um todo" (Souza *et al.*, 2022, p. 90).

No processo de planejamento sustentável local, "a organização e a mobilização dos atores sociais são elementos cruciais, visto que o desenvolvimento necessita da mobilização dos recursos e competências locais em espírito de solidariedade e adesão" (Paludo, 2024-a, p. 315). A participação efetiva da comunidade no planejamento "deve ser condição *sine qua non* na construção do desenvolvimento local para promoção do bem-estar e melhor qualidade de vida dos moradores locais" (Oliveira, 2020, p. 1.709).

Estudo realizado na Itália, no contexto da governança, indica experiências alicerçadas em parcerias, participação e envolvimento de diversos atores locais no processo de negociação e implantação de políticas públicas, de forma tão intensa que acabam assumindo o papel de planejamento no lugar do governo centralizador (Correa Neto, 2018).

No planejamento estratégico participativo municipal, a governança, ao mesmo tempo em que direciona e orienta a sua elaboração pela administração, está imersa no processo, "influenciando com seus princípios, fomentando valores, facilitando o envolvimento participativo e democrático da comunidade, e contribuindo para as decisões estratégicas" (Eyerkaufer, *et al.*, 2020, p. 406).

A governança melhora a habilidade e a capacidade da administração municipal na promoção de mecanismos que possibilitem a participação da sociedade no planejamento, decisão e controle das ações, destinadas a atingir o bem comum (Kinzler, 2023, p. 30). Ainda, contribui para o aperfeiçoamento político-institucional-profissional da gestão para que possa melhor gerir o processo de planejamento, construir planos e definir estratégias de desenvolvimento sustentável (Jesus, 2019).

Nesse ambiente municipal, a boa governança pública facilita o "envolvimento da comunidade no processo de elaboração, implementação e acompanhamento do processo de planejamento" (Furtado, Silva, 2018, p. 25). Essas articulações entre governança, planejamento e participação apontam para uma maior efetividade nos resultados, visto que "o planejamento, instrumentalizado pela governança pública local, pode levar a aspectos positivos" (Emmendoerfer *et al.*, 2023, p. 2.541).

Como o planejamento estratégico e participativo municipal, voltado para o desenvolvimento, envolve diversos outros atores públicos, privados e do terceiro setor, a atuação da governança é clara: ela determina que a administração convoque as partes/atores interessados para o centro da discussão e da tomada de decisão, com vistas à solução de problemas público-sociais (Reis, 2018), monitora para que os objetivos visem ao bem-estar da coletividade, e ajuda a administração a direcionar o planejamento para a promoção de resultados capazes de promover o crescimento e o desenvolvimento econômico e social.

Assim, as estruturas de governança "emergem como prática apropriada para cenários caracterizados pela existência de conflitos de interesses que impõem obstáculos ou limitam o planejamento do desenvolvimento local" (Oliveira, Silva, Emmendoerfer, 2016, p. 64), atuando na conciliação de interesses dos atores, minimizando conflitos, e buscando o consenso quanto aos principais objetivos a serem perseguidos.

Vê-se que a boa governança pública municipal atua como força motriz positiva para o planejamento do desenvolvimento local (Oliveira, 2018); que "quando a população participa do processo de planejamento, gera interesse, colabora para seu sucesso, e pode significar ganhos de eficiência" (Salles, 2014, p. 79); e vê-se, também, que até os mais críticos acerca do planejamento "parecem reconhecer sua relevância como instrumento útil à promoção do desenvolvimento sustentável" (Carvalho, 2022, p. 209).

Todavia, para o sucesso do planejamento e a conquista do desenvolvimento, só o planejamento técnico não basta; é preciso determinação e vontade política do(a) prefeito(a) (Santos, 1993; Costa, 2018, p. 523; Vasconcelos, 2020, p. 327), e comprometimento dos gestores municipais. Assim, tanto a vontade e boa atuação política do(a) Prefeito(a), como a boa atuação dos gestores locais, são essenciais para o sucesso do planejamento estratégico participativo municipal.

Se o prefeito e sua equipe de gestores estiverem abertos a ouvir as necessidades da população, e se tiverem uma visão holística e empreendedora para identificar as potencialidades locais e as parcerias com atores públicos e privados, o processo de planejamento estratégico participativo poderá revelar iniciativas capazes de ampliar os investimentos e melhorar os resultados municipais, com equilíbrio fiscal, inclusão social e uso racional e sustentável dos recursos ambientais.

Todavia, não se apregoa o planejamento ideológico, mas o planejamento racional, estratégico, participativo e de longo prazo; nem se apregoa o crescimento e desenvolvimento a qualquer custo, comprometendo a questão ambiental e a sustentabilidade, ou financiado com grandes endividamentos públicos; mas um planejamento voltado a promoção do desenvolvimento, que congregue a maioria dos interesses dos atores envolvidos (Prefeito, Câmara Municipal, Administração Municipal, Empresários e Sociedade Civil), com os investimentos possíveis, complementado por convênios e parcerias com a iniciativa privada, fomentando as potencialidades locais e focado na missão maior de promover o bem-estar da sociedade municipal.

No contexto da governança, é nessa toada que o planejamento municipal estratégico participativo terá as maiores chances de sucesso; de alcançar a maioria dos resultados desejados, que tragam benefícios a maioria das partes interessadas, e contribuam para melhorar os serviços de segurança, educação e saúde, aumentar o número de empregos e o nível de renda e, assim, reduzir a desigualdade e a pobreza e melhorar a qualidade de vida da população do município.

3.6 PRINCIPAIS ESTUDOS DA PESQUISA DOCUMENTAL PARA ENTENDIMENTO E APLICAÇÃO DA GOVERNANÇA PÚBLICA MUNICIPAL

Considerando que na pesquisa bibliográfica não foram encontrados escritos acadêmicos que abordam diretamente a governança pública aplicada ao governo e a administração e gestão municipal, mediante pesquisa documental direcionada para instituições brasileiras (Públicas e IBGC) que tratam da governança, foram localizados os conteúdos que, juntamente com o referencial aplicado ao município, atendem ao objetivo principal desta pesquisa, e fundamentam os novos constructos e o guia para aplicação da governança pública municipal.

Haja vista tratar-se de governança pública, esses documentos também asseguram que o conteúdo a ser produzido esteja em harmonia com as regras, entendimentos e particularidades do meio público municipal.

À pesquisa documental foi acrescentado o livro "Governança Organizacional Pública e Planejamento Estratégico para Órgãos e Entidades Públicas" 3F[1], cujo capítulo de governança foi construído na dissertação de mestrado, nesse mesmo programa de pós-graduação, na UTFPR.

3.6.1 Decreto Federal n.º 9.203/2017

Esse decreto dispõe sobre a política de governança da administração pública federal direta, autárquica e fundacional. No artigo 3º são relacionados os princípios aplicáveis à governança pública: capacidade de resposta, integridade, confiabilidade, melhoria regulatória, prestação de contas e responsabilidade, e transparência.

O referido decreto estabelece um leque de diretrizes-guias para orientar a implementação, ou a melhoria, da governança pública, que se encontram sintetizadas e demonstradas no quadro 11.

QUADRO 11 - DIRETRIZES DE GOVERNANÇA DO DECRETO N.º 9023/2017

Direcionar ações e resultados para a sociedade, com soluções tempestivas e inovadoras, otimizando o uso dos recursos para as prioridades.
Simplificar a administração e modernizar a gestão pública e a integração dos serviços públicos, especialmente aqueles em meio eletrônico.
Monitorar o desempenho e avaliar a concepção, implementação e resultados das políticas e ações prioritárias.
Articular instituições e coordenar processos e integrar os diferentes níveis e esferas do setor público, para gerar, preservar e entregar valor público.
Incorporar padrões elevados de conduta na Alta Administração e demais agentes públicos, em consonância com suas funções e as atribuições.
Implementar controles internos fundamentados na gestão de risco, privilegiando ações de prevenção antes de processos sancionadores.

1 Referência para os processos de seleção de Mestrado e Doutorado, nesse programa, na UTFPR-Curitiba (2021, 2022 e 2024); eleito em quatro oportunidades, no ano de 2023, o melhor livro da área pública no Brasil; e lançado na Espanha pela Editora Bosch, em setembro de 2024.

Avaliar as propostas de criação, expansão ou aperfeiçoamento de políticas públicas e a concessão de incentivos fiscais, aferindo seu custo-benefício.
Manter processo decisório embasado em evidências, conformidade legal, qualidade regulatória, desburocratização e apoio à participação social.
Editar e revisar atos normativos apoiado na legitimidade, estabilidade e coerência jurídica e realizando consultas públicas, se necessário.
Definir formalmente as funções, as competências e as responsabilidades das estruturas e dos arranjos institucionais.
Promover a comunicação aberta, voluntária e transparente das ações e resultados da organização, fortalecendo o acesso público à informação.

FONTE: Decreto n.º 9023/2017.

Os mecanismos de governança contidos no decreto são a liderança, a estratégia e o controle. De acordo com o artigo 6.º, compete a alta administração dos órgãos e das entidades implementar e manter mecanismos, instâncias e práticas de governança, que devem incluir: formas de acompanhamento de resultados, soluções para melhoria do desempenho das organizações, e instrumentos de promoção do processo decisório fundamentado em evidências.

Em termos de estrutura, a governança no poder executivo federal é composta pelo Comitê Interministerial de Governança (CIG), integrado pelo ministro de estado chefe da casa civil da presidência da república, que o coordenará, pelo ministro de estado da economia, e pelo ministro de estado da controladoria-geral da união (artigo 8º). Os órgãos e entidades da administração pública federal direta, autárquica e fundacional, por sua vez, deverão instituir comitês internos de governança (artigo 15-A).

A secretaria-executiva do CIG é exercida pela secretaria especial de relações governamentais da casa civil da presidência da república, a qual compete: receber, instruir e encaminhar aos membros do CIG as propostas dos grupos de trabalhos e dos órgãos, entidades e fundações federais; comunicar data e hora das reuniões e encaminhar a pauta, a documentação, os materiais de discussão, e os registros das reuniões aos membros do CIG (artigo 11-A), e dar publicidade as atas e resoluções.

Compete ao CIG: propor medidas, mecanismos e práticas organizacionais para o atendimento aos princípios e às diretrizes de governança pública; aprovar manuais e guias com medidas, mecanismos e práticas organizacionais que contribuam para a implementação dos princípios e das diretrizes de governança; aprovar recomendações aos colegiados temáticos para garantir a coerência e a coordenação dos programas e das políticas de governança específicos; incentivar e monitorar a aplicação das melhores práticas de governança no âmbito da administração pública federal direta, autárquica e fundacional; e editar as resoluções necessárias ao exercício de suas competências (artigo 9º-A).

As competências dos Comitês Internos de Governança dos órgãos e entidades públicas, são: auxiliar a alta administração na implementação e na manutenção de processos, estruturas e mecanismos adequados à incorporação dos princípios e das diretrizes da governança; incentivar e promover iniciativas para acompanhamento dos resultados no órgão ou na entidade, que promovam soluções para melhoria do desempenho institucional ou que adotem instrumentos para o aprimoramento do processo decisório; promover e acompanhar a implementação das medidas, dos mecanismos e das práticas organizacionais de governança definidos pelo CIG; e elaborar manifestação técnica relativa aos temas de sua competência (artigo 15-A).

O Decreto n.º 9.203/2017 registra que a alta administração das organizações da administração pública federal deve estabelecer, manter, monitorar e aprimorar sistema de gestão de riscos e de controles internos, visando identificar, avaliar e dar adequado tratamento aos riscos que possam impactar na implementação da estratégia, na consecução dos objetivos da organização, e no cumprimento da sua missão institucional.

Ainda segundo esse decreto, a auditoria interna governamental é importante para a governança pública e sua atividade deve adicionar valor e melhorar as operações das organizações, contribuindo para o alcance de seus objetivos, por meio de abordagem sistemática e disciplinada para avaliar e melhorar a eficácia dos processos de gerenciamento de riscos, dos controles e da própria governança.

3.6.2 Guia da Política de Governança Pública do Governo Federal

O Guia da Política de Governança Pública-GPGP (2018) propõe uma estrutura de governança composta por um colegiado interministerial central, com poder para as decisões estratégicas, e comitês internos nos órgãos e entidades, com poder limitado.

As competências do colegiado e dos comitês internos, bem como os princípios e as diretrizes para a governança, são os mesmos estabelecidas pelo Decreto nº 9.023/2017: juntos, princípios e diretrizes servem como arcabouço normativo-prescritivo para o desenvolvimento da governança, auxiliando na delimitação das competências dos atores e estruturas envolvidos (Brasil, 2018).

Esse guia atribui as seguintes responsabilidades aos principais atores e estruturas de governança: a) o Presidente da República é o responsável maior pela condução da política de governança; b) o Conselho de Governança assessora o presidente da República na condução da política de governança; c) os Órgãos e entidades da administração pública federal executam a política de governança; d) a Alta Administração é a responsável pela implementação da política de governança na respectiva instituição; e) o Comitê Interno de Governança é o responsável por promover e monitorar a política de governança em seus respectivos órgãos e entidades (Brasil, 2018).

O objetivo do Guia "é que as instituições públicas federais, por meio de suas ações, construam um modelo mais adequado de governança pública", compatível com sua estrutura e função, com vistas a aprimorar sua própria instituição, de forma que possa melhor atender ao interesse público, "criando um ambiente institucional capaz de gerar e entregar resultados satisfatórios para a sociedade" (GPGP, 2018, p. 17).

Para entregar esses resultados, as instituições públicas precisam: estrutura, competências e recursos adequados; identificar as necessidades prioritárias da sociedade; estabelecer objetivos institucionais alinhados com essas necessidades; escolher estratégias compatíveis; e definir as metas para monitorar o alcance dos objetivos.

O papel da auditoria interna é valorizado, cuja finalidade é avaliar e melhorar a eficácia dos processos de governança, de gerenciamento de riscos e de controles internos da gestão. Também é enfatizada a elaboração e gestão de plano de integridade, composto por um "conjunto de medidas e ações institucionais voltadas para a prevenção, detecção, punição e remediação de fraudes e atos de corrupção" (Brasil, 2018, p. 75).

O guia reconhece que "não é possível estabelecer um modelo único ou definitivo de governança, porque os órgãos e entidades têm objetivos, características e níveis de maturidade institucional distintos". Assim, optou-se por construir patamares mínimos de governança e um arranjo institucional flexível que possa ser adaptado às particularidades de cada instituição (Brasil, 2018, p. 23).

A partir da constatação dessas diferenças institucionais, o guia apoia-se no Decreto n.º 9.203/2017 para propor um conjunto de medidas visando reduzir fragilidades de governança e permitir a entrega de serviços mais uniformes, que contenham formas de acompanhamento de resultados, soluções para melhoria do desempenho das organizações, e instrumentos de promoção do processo decisório fundamentado em evidências.

Entre as principais medidas para melhorar a atuação das instituições e promover uma boa governança, consta a nomeação qualificada de gestores para cargos em comissão e funções de confiança. Apoiado em escritos da OCDE, o guia reforça que é preciso critérios para nomeação de gestores, que não podem ser o "patronato ou o partidarismo" (Brasil, 2018, p. 25). Outro ponto importante para as organizações e aliados da administração pública profissional, é a prática efetiva da transparência e da *accountability*.

No aspecto operacional destaca-se que "os muitos controles, regras e procedimentos rígidos têm demonstrado eficácia limitada, gerando mais burocracia do que bons resultados". Para melhorar o desempenho, o conjunto de regras a serem estabelecidas deve ser equilibrado de acordo com o nível de maturidade institucional da organização, de forma a permitir à superação de gargalos e ineficiências (Brasil, 2018, p. 25, 28).

O paradigma da governança, em harmonia com a gestão, pressupõe uma constante busca da melhoria institucional, com diminuição da assimetria de poder e informações ao cidadão, de forma a proporcionar maior espaço para sua colaboração no processo decisório, fortalecendo, assim, a legitimidade da atuação pública e fortalecendo a confiança entre os cidadãos e as instituições.

A avaliação do avanço não deve ficar restrito as iniciativas da burocracia, mas "deve ser medido pelo grau de reconhecimento da sociedade quanto às ações e resultados da instituição", visto que "o sucesso da governança pública não é dito pelo Governo nem por organizações internacionais, mas pelos próprios cidadãos" (OCDE, *apud* Brasil, 2018, p. 30).

O guia afirma que a governança é diferente da gestão, pois ela não supera todas as características da administração, que podem ser atribuídas a outros entendimentos, demonstrações ou modelos. Afirma, também, que aprimorar o planejamento estratégico e utilizá-lo para melhorar as práticas de gestão e os resultados, é essencial para melhorar a própria governança institucional.

3.6.3 Referencial Básico de Governança Organizacional para Organizações Públicas

Esse referencial do Brasil (2020) não foi limitado pelos normativos em vigor, e sua elaboração está em harmonia com as boas práticas internacionalmente aceitas na literatura acerca da governança.

O TCU registra que o conteúdo do referencial é indicativo e não deve ser tomado como fórmula prescritiva, visto que as práticas de governança são levadas a termo de diferentes maneiras e níveis de complexidade, de acordo com as necessidades e capacidade de cada organização, e a "natureza do seu negócio, o contexto no qual se encontra inserida, seus objetivos mais relevantes e os riscos a eles associados", e, somente então implemente a governança e as práticas decorrentes, de acordo com a sua realidade e em nível de complexidade adequada (Brasil, 2020, p. 22).

Segundo o referencial: 1) o Estado existe para cumprir a função de realizar o bem comum; 2) o papel da administração pública, como aparelho de Estado, é executar serviços visando à satisfação das necessidades da população, bem como pôr em prática os objetivos do governo; 3) a governança pública organizacional é a "aplicação de práticas de liderança, de estratégia e de controle, que permitem aos mandatários de uma organização pública, e às partes nela interessadas, avaliar sua situação, direcionar a sua atuação e monitorar o seu funcionamento, de modo a aumentar as chances de entrega de bons resultados aos cidadãos, em termos de serviços e de políticas públicas" (Brasil, 2020, p. 14-15).

No setor público, o gradativo esgotamento do modelo de administração pública burocrática ao longo do século XX, associado à crise fiscal mundial dos anos 1980, favoreceu o desenvolvimento do modelo de administração pública gerencial e o surgimento da governança pública.

Dentre os documentos de apoio a explicação da governança pública, o referencial destaca: (i) governança pública na perspectiva do corpo governante, com ênfase nos princípios da transparência, integridade e prestação de contas (IFAC, 2001); (ii) guia de melhores práticas para a governança no setor público, incluindo os princípios da liderança, compromisso e integração (ANAO, 2003); (iii) padrão de boa governança em serviços públicos, com ênfase em eficiência e eficácia (CIPFA, 2004).

Apoiado no IFAC (2013), o TCU indica que a melhoria da governança pública depende de: garantir o comportamento ético, íntegro, responsável, comprometido e transparente da liderança; controlar a corrupção; implementar efetivamente um código de conduta e de valores éticos; observar e garantir a aderência das organizações às regulamentações, códigos, normas e padrões; garantir a transparência e a efetividade das comunicações; balancear interesses e envolver efetivamente os stakeholders: cidadãos, usuários de serviços, acionistas, e iniciativa privada (Brasil, 2020, p. 29).

Como resultado da compilação dos estudos, o TCU (2020, p. 29-30), indica uma relação de benefícios de uma boa governança pública, demonstrados no quadro 12.

QUADRO 12 - BENEFÍCIOS DA BOA GOVERNANÇA

Garantir a entrega de benefícios econômicos, sociais e ambientais para os cidadãos.
Garantir que a organização seja, e pareça, responsável para com os cidadãos.
Ter clareza acerca de quais são os produtos e serviços efetivamente prestados para cidadãos e usuários, e manter o foco nesse propósito.
Ser transparente, mantendo a sociedade informada acerca das decisões tomadas e dos riscos envolvidos.
Possuir e utilizar informações de qualidade e mecanismos robustos de apoio à tomada de decisão.
Dialogar com a sociedade e a ela prestar contas.
Garantir a qualidade e a efetividade dos serviços prestados aos cidadãos.
Promover o desenvolvimento contínuo da liderança e dos colaboradores.
Definir claramente processos, papéis, responsabilidades e limites de poder e de autoridade.
Institucionalizar estruturas adequadas de governança.
Selecionar a liderança tendo por base aspectos como conhecimento, habilidades e atitudes (competências individuais).
Avaliar o desempenho e a conformidade da organização e da liderança, mantendo um balanceamento adequado entre eles.
Garantir a existência de um sistema efetivo de gestão de riscos.
Utilizar-se de controles internos para manter os riscos em níveis adequados e aceitáveis.
Controlar as finanças de forma atenta, robusta e responsável.
Prover aos cidadãos dados e informações de qualidade: confiáveis, tempestivas, relevantes e compreensíveis.

FONTE: Brasil (2020).

Ao tratar da relação agente-principal, que fundamenta a governança organizacional privada, e que também se aplica ao meio público, o referencial afirma que os agentes públicos devem estar a serviço do povo. Essa relação está demonstrada na figura 11.

FIGURA 11 - RELAÇÃO AGENTE-PRINCIPAL NO SETOR PÚBLICO

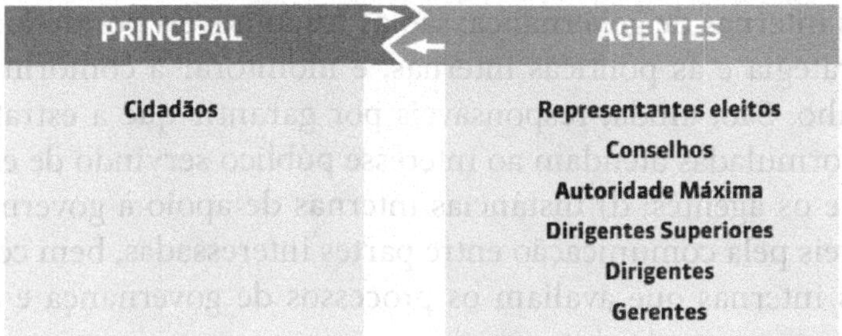

FONTE: Brasil (2020).

O TCU considera a governança organizacional pública como um sistema, e apoiado no IBGC e em outros documentos e orientações, apresenta o desenho simplificado do sistema de governança organizacional pública, conforme figura 12.

FIGURA 12 - ESTRUTURA DA GOVERNANÇA E DA GESTÃO

FONTE: Brasil (2020).

No referencial estão contidas explicações sobre a figura 12, descrevendo os papéis das instâncias de governança: a) instâncias externas de governança: são independentes e não vinculadas a organização, e são responsáveis pela fiscalização, pelo controle e pela regulação; b) instâncias externas de apoio à governança: também não estão vinculadas a organização, e são responsáveis pela avaliação, auditoria e monitoramento independente; c) instâncias internas de governança: são as responsáveis por definir ou avaliar a estratégia e as políticas internas, e monitorar a conformidade e o desempenho. São, ainda, responsáveis por garantir que a estratégia e as políticas formuladas atendam ao interesse público servindo de elo entre o principal e os agentes; d) instâncias internas de apoio à governança, são responsáveis pela comunicação entre partes interessadas, bem como pelas auditorias internas que avaliam os processos de governança e de gestão de riscos, e os controles internos.

Como instância interna têm-se a alta administração, que é responsável por avaliar, direcionar e monitorar, internamente, a organização: é composta pela autoridade máxima (principal responsável pela direção da organização), e pelos dirigentes superiores (alta administração), responsáveis por auxiliar no estabelecimento de políticas e objetivos e no provimento de direcionamento para a organização.

Têm-se, ainda, as instâncias de gestão: a gestão tática é responsável por coordenar a gestão operacional em áreas específicas; e a gestão operacional é responsável pela execução de processos produtivos finalísticos e de apoio.

Organizando o conteúdo dos principais documentos nacionais e internacionais acerca da governança pública, o TCU indica os seguintes princípios que deverão ser observados na governança organizacional pública:

a) capacidade de resposta, para responder de forma eficiente e eficaz às necessidades das partes interessadas, alcançado mediante colaboração entre entes estatais, não estatais e sociedade civil, visando maior entendimento e priorização do atendimento das demandas da sociedade;

b) integridade, nas ações organizacionais e no comportamento do agente público, mediante adesão e alinhamento com os valores, princípios e normas éticas comuns que sustentam e priorizam o interesse público sobre os interesses privados;

c) transparência, para permitir que a sociedade obtenha informações atualizadas sobre operações, estruturas, processos decisórios, resultados e desempenho do setor público;

d) equidade e participação, para a promoção de tratamento justo a todas as partes interessadas, considerando seus direitos, deveres, necessidades, interesses e expectativas;

e) *accountability* (prestação de contas e responsabilidade), consiste na obrigação, de pessoas ou entidades que utilizem recursos públicos, de assumir as responsabilidades de ordem fiscal, gerencial e programática, e informar seu cumprimento ao órgão responsável;

f) confiabilidade, representa a capacidade das instituições de minimizar as incertezas para os cidadãos nos ambientes econômico, social e político.

Ainda, amparado nas orientações de diversas instituições, o referencial do TCU indica as seguintes diretrizes aplicáveis a governança organizacional pública, sintetizadas no quadro 13.

QUADRO 13 - DIRETRIZES PARA A GOVERNANÇA PROPOSTAS PELO TCU

Definir e comunicar os papéis e responsabilidades das instâncias de apoio à governança, assegurando que sejam desempenhados de forma efetiva.
Estabelecer processos decisórios transparentes, baseados em evidências, motivados pela equidade e pelo compromisso de atender ao interesse público.
Promover valores de integridade e implementar elevados padrões de comportamento, começando pela conduta exemplar das lideranças.
Aprimorar a capacidade da liderança da organização, garantindo que seus membros tenham habilidade, conhecimentos e experiências necessários ao desempenho de suas funções, assegurando continuidade e renovação.
Desenvolver continuamente a capacidade da organização, assegurando a eficácia e eficiência da gestão dos recursos com a gestão e a sustentabilidade do orçamento, pessoas, contratações e tecnologia e segurança da informação.
Apoiar e viabilizar a inovação para agregar valor público e lidar com as limitações de recursos e com novas ameaças e oportunidades.
Estabelecer um sistema eficaz de gestão de riscos e controles internos.
Estabelecer objetivos organizacionais alinhados ao interesse público, e comunicá-los de modo que o planejamento e a execução reflitam o propósito da organização e contribuam para alcançar os resultados pretendidos.

Monitorar o desempenho da organização e utilizar os resultados para promover melhorias e avaliar as estratégias organizacionais estabelecidas.
Considerar os interesses, direitos e expectativas das partes interessadas nos processos de tomada de decisão.
Implementar boas práticas de transparência.
Prestar contas às partes interessadas e implementar mecanismos eficazes de responsabilização dos agentes.
Apoiar o uso das ferramentas digitais para aumentar e facilitar a participação das partes interessadas nas decisões públicas e aprimorar a prestação de serviços públicos.
Promover a simplificação administrativa, a modernização da gestão pública e a integração dos serviços públicos, especialmente os eletrônicos.
Editar e revisar atos normativos, pautando-se pelas boas práticas regulatórias e pela legitimidade, estabilidade e coerência do ordenamento jurídico, realizando consultas públicas, sempre que conveniente.

FONTE: Brasil (2020).

O referencial esclarece que governança não é o mesmo que gestão, e que a função da governança é mais direcionadora enquanto a da gestão é executora. A figura 13 ajuda a compreender essa segregação.

FIGURA 13 - RELACIONAMENTO ENTRE GOVERNANÇA E GESTÃO

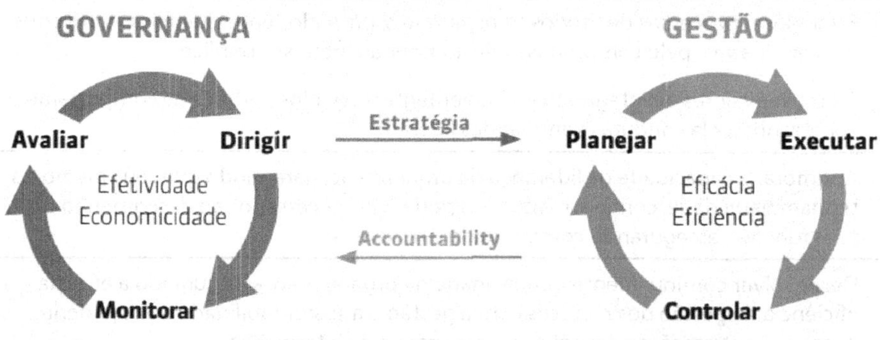

FONTE: Brasil (2020).

A governança se preocupa com a qualidade do processo decisório e sua efetividade; em como obter o maior valor possível para o(s) proprietário(s) e para as partes interessadas; com a resolução dos problemas priorizados; como e porque as decisões são tomadas; e com os resultados alcançados. A gestão, por sua vez, a partir do direcionamento superior, se preocupa com a qualidade da implementação dos serviços e demais atribuições, e com a eficiência e a eficácia (Brasil, 2020, p. 17).

O funcionamento da governança pública organizacional é descrito a partir de três atividades básicas: a) avaliar o ambiente, os cenários, as alternativas, o desempenho e os resultados atuais e os almejados; b) priorizar, orientar e direcionar a elaboração, a articulação e a coordenação de políticas e de planos, alinhado com às necessidades das partes interessadas (usuários dos serviços, cidadãos e sociedade em geral), e assegurar o alcance dos objetivos estabelecidos; e c) monitorar o desempenho e os resultados, bem como o cumprimento de políticas e planos, comparando com as metas estabelecidas e as expectativas das partes interessadas (Brasil, 2020, p. 17-19).

Ao mesmo tempo em que o TCU enfatiza a distinção entre governança e gestão, ele admite a existência de uma região em que as duas funções atuam ao mesmo tempo. As diretrizes para o planejamento organizacional vêm da governança, todavia o planejamento é elaborado pela gestão. O controle é desempenhado por órgão interno, mas a sua finalidade é levar informações fidedignas à governança. E, dependendo da organização, as funções poderão estar mais ou menos concentradas, bem como outras atividades serão organizadas conforme a estrutura e a finalidade organizacional (Brasil, 2020, p. 21).

3.6.4 Governança Pública Municipal: transformando sua administração

esse conteúdo da Rede de Governança Brasil – RGB (2021), apóia-se, em grande parte, nos conteúdos do TCU (2014 e 2020) acerca da governança pública.

Para a RGB governança e gestão são funções complementares; enquanto esta faz o manejo dos recursos colocados à disposição da organização e busca o alcance dos objetivos estabelecidos, aquela provê direcionamento, monitora e avalia a atuação da gestão, com vistas ao atendimento das necessidades dos cidadãos e demais partes interessadas.

A complexidade e a diversidade de problemas enfrentados pela gestão municipal "são os principais desafios e também motivos para a implantação da governança municipal", visto que ela não cuida apenas da qualidade do processo decisório, mas "está inserida em todo esse processo de gestão e de governar o Município" (RGB, 2021, p. 10).

Frequentemente, ocorre que os resultados das organizações esperados pela população são frustrados por agentes, que detendo poder e/ou informações privilegiadas, priorizam interesses próprios, ou de terceiros, em detrimento dos objetivos públicos. Há, ainda, o risco dos administradores se distanciarem do fim público e dos objetivos institucionais, por incompetência, por desvio de finalidade, por influência de grupos, por corrupção (RGB, 2021, p. 10).

A RGB entende que o afastamento de boa parte desses riscos pode ser conquistado mediante a implementação da governança pública municipal, que induz a melhores e mais responsáveis práticas de gestão, respeitando as normas vigentes e focando nos objetivos institucionais e das partes interessadas.

A atuação da governança pública no governo municipal é dinâmica, visando dar maior capacidade de resposta à sociedade e à gestão, e envolvendo-se no ciclo de políticas públicas, que é a base de sustentação de uma sociedade desenvolvida (RGB, 2021). No contexto das políticas públicas, a governança municipal vê o cidadão de maneira inovadora: "mais do que um cliente ele agora é um parceiro" (RGB, 2021, p. 12), ou seja, além de cliente ele se tornou um parceiro.

Assim, deve-se assegurar canais robustos de relacionamento com os cidadãos, que "garanta uma comunicação aberta e fácil, com feedbacks, opiniões, sugestões e críticas, que levam ao gestor uma mensagem fidedigna do anseio social" (RGB, 2021, p. 12). Nessa parceria, as instituições municipais devem unir esforços para melhor atender à sociedade e melhorar a vida dos cidadãos.

Devido sua importância, em políticas públicas locais, não somente os cidadãos, mas também o terceiro setor e o mercado são chamados a colaborar – contexto em que a governança observa atentamente como esses relacionamentos são conduzidos, para assegurar equilíbrio entre as partes e seus interesses, e que as boas práticas de gestão estejam presentes em todas as etapas.

A governança direciona, orienta e monitora o andamento das políticas públicas para assegurar que os problemas sociais tenham alta prioridade, evitando que interesses individuais se sobreponham as demandas da sociedade civil, monitorando a efetividade e sua entrega à sociedade. Por meio do ciclo de políticas públicas a governança está "a serviço para uma sociedade mais próspera e justa, atuante e construída junto com todos" (RGB, 2021, p. 13).

Implantar a governança pública na prefeitura é um desafio, porém ela trará diversos benefícios ao município, como: "melhorar a imagem pessoal e institucional, reduzir o distanciamento da sociedade, estimular uma liderança ética e profissional, melhorar a transparência, direcionar para resultados sociais, e contribuir para ganhos de eficiência, eficácia e efetividade" (RGP, 2021, p. 17).

Nesse ponto, o referencial destaca que o modelo descentralizado de governança pública do governo federal "não é obrigatório aos municípios", e que a administração local é que deve definir como a governança será implantada, atendendo às potencialidades e necessidades da gestão.

A RGP sugere como iniciativas relacionadas a governança que podem ser promovidas no âmbito de cada município: atuação com vistas à inovação, à criatividade, à modernização e à utilização de tecnologias; aprimoramento do diálogo do governo com os governados e demais formas de participação social; busca pela redução de custos e qualidade nos investimentos; diminuição dos tempos de compra, produção e entrega nas contratações; redução da burocracia e aumento da produtividade; inovação nos instrumentos de fiscalização e controle; atuação com planejamento estratégico, de modo que a gestão esteja voltada aos resultados; incentivos à gestão de riscos e compliance; formação de grupo de planejamento de projetos e planos de longo prazo; incremento de receita e redução de despesas; orçamento participativo digital; facilitação da comunicação e do fluxo de documentos; redesenho de processos para a adoção de rotinas decisórias padronizadas (RGP, 2021, p. 18).

O referencial reforça que para a transformação local acontecer, deverá partir do município, na pessoa do(a) prefeito(a), a iniciativa de "estruturar seu próprio modelo de governança adequado à sua realidade, ao seu contexto, à sua estrutura, à sua rede, ao seu formato de articulação e aos seus potenciais" (RGP, 2021, p. 25).

Na tentativa de orientar os municípios "como" implementar a governança, a RGB sugere: 1) segregar as atribuições e práticas da governança e da gestão; 2) definir o modelo de governança para o município; 3) elaborar a legislação local estabelecendo os princípios e as diretrizes básicas, e prever mecanismos de liderança, estratégia e controle, bem como as competências e responsabilidades; 4) criar uma estrutura organizacional adequada, envolvendo a alta administração, instituindo o conselho de governança, comitês internos de governança e plano de integridade; 5) promover a sensibilização dos atores envolvidos; 6) seguir os 10 passos do TCU para a boa governança municipal (RGB, 2021, p. 23).

Indicando uma espécie de roteiro para a implementação da governança municipal, a RGB (2021, p. 25-32) apresenta as seguintes orientações:

1. Ambiente interno e externo, mapeamento e análise: o ambiente interno compreende as forças e fraquezas da administração local, tudo que a gestão tem de forte para atingir os objetivos e tudo o que a gestão tem de fraco que possa impedir o sucesso da gestão. O ambiente externo compreende as necessidades da população, as oportunidades de crescimento e as ameaças aos resultados positivos.
2. Norma legal. Para aplicar a governança e desenvolver no Município as iniciativas dela decorrentes, também é preciso obter a segurança jurídica. Assim, deverá ser elaborara uma legislação que dê condições dessa nova organização acontecer. As normas não precisam ser exaustivas, "mas devem contemplar as características próprias do Município, e atender às demandas da gestão e aos anseios do cidadão por serviços públicos acessíveis e eficientes".

   Como suporte a elaboração das normas, a RGB sugere: o decreto n.º 9.203/2017, as diversas orientações do TCU (https://portal.tcu.gov.br/ governanca/governanca-no-tcu/), e a Portaria n.º 1.163/2019 da Controladoria-Geral da União-CGU.
3. Princípios. São os valores gerais que representam a essência da política e guiam a sua estruturação. Considerando que a escolha dos princípios deve ser feita pelo município, o RGB, além dos princípios constitucionais do artigo 37, sugere os princípios contidos no decreto 9203/2017: capacidade de resposta; integridade; confiabilidade; melhoria regulatória; prestação de contas e responsabilidade; e, transparência.
4. Diretrizes. Atreladas aos princípios, detalham as linhas norteadoras que a gestão deverá adotar para atingir a governança. Deve considerar os pontos fortes e minimizar as fragilidades. Exemplo: para o princípio da transparência, a diretriz pode ser estimular, nos âmbitos interno e externo da gestão, a comunicação e a difusão das atividades e de seus resultados.

   A RGB sugere a adoção das diretrizes contidas no artigo 4.º do decreto n.º 9.203/2017, apresentadas no item 3.6.1 (quadro 11).
5. Mecanismos. Referem-se às práticas que devem ser adotadas internamente na organização do Município durante o processo de formulação, execução, monitoramento e avaliação das políticas,

dos programas e das ações públicas, com vistas ao cumprimento da governança. A RGB indica os mesmos mecanismos propostos pelo Brasil (2014 e 2020) e contidos no decreto n.º 9.203/2017: liderança estratégia e controle. Os principais componentes de cada um desses mecanismos encontram-se demonstrados no quadro 14.

QUADRO 14 - PRINCIPAIS COMPONENTES DOS MECANISMOS DE GOVERNANÇA

LIDERANÇA	ESTRATÉGIA	CONTROLE
Pessoas e Competências	Relacionamento com partes interessadas	Gestão de riscos e controle interno
Princípios e Comportamentos	Estratégia organizacional	Auditoria interna
Liderança Organizacional	Alinhamento transorganizacional	*Accountability* e transparência
Sistema de Governança		

FONTE: RGB (2021).

6. Competências e responsabilidades. Verificação e identificação na estrutura da administração pública municipal, quem ficará com a responsabilidade por planejar, implementar, acompanhar e direcionar estratégias, iniciativas e ações práticas; e quem deverá tomar medidas corretivas, quando necessário, para o pleno atendimento aos princípios, aos mecanismos de estratégia e controle, e, diretrizes da governança local.

   Nesse ponto, a RGB reforça que "não há necessidade de se criar mais uma estrutura administrativa, ampliando o quadro de pessoal e gerando mais despesa" (RGP, 2021, p. 30). Não há necessidade porque a governança utiliza a estrutura da administração e da gestão.

7. Estrutura organizacional. É preciso organizar as estruturas de pessoas e administrativas, para que o ato normativo saia do papel. Todavia, não é indicada uma proposta de estrutura para os municípios, a RGB apenas faz uma segregação do nível estratégico e do tático-operacional, com seus agentes (figura 14), registrando que a compreensão sobre governança deve estar ao alcance de todos, inclusive da sociedade civil.

FIGURA 14 - NÍVEIS E AGENTES DA ESTRUTURA DE GOVERNANÇA E GESTÃO

Nível	Agentes da Governança	Passos sob sua responsabilidade
Estratégico (estabelecem as diretrizes e direcionam)	Prefeito Municipal	Responsável maior pelo lançamento da política de Governança, por meio de um Decreto ou Projeto de Lei, e por sua implementação. É o(a) Prefeito(a) quem presta contas de tudo isso à sociedade e aos órgãos de controle.
	Alta administração – secretários, controladores, contadores e outros	Responsáveis pela implementação da normativa de governança e demais práticas de Governança, incluídos o sistema de gestão de riscos e o plano de integridade, além de prestar contas dos resultados de sua pasta.
	Conselho de Governança – CGOV	Assessorar o prefeito, planejando e coordenando a implementação da Governança e reportando ao prefeito o resultado dessa e das demais políticas do município.
Tático e Operacional (realizam as rotinas)	Comitês Internos de Governança - CIG	Garantem o desenvolvimento e a apropriação das melhores práticas de Governança de forma contínua e progressiva, nos termos estabelecidos pelo CGOV, e são apoiados, quando necessário, pelas Unidades de Integridade. Responsáveis pela execução das ações deliberadas.

FONTE: RGB (2021).

O referencial da rede de governança Brasil (2021, p. 32-35) também externaliza entendimentos acerca das atribuições dos atores descritos na estrutura organizacional:

a) O(a) prefeito(a) é quem deverá disponibilizar a estrutura necessária com os respectivos recursos para que os servidores coloquem o normativo de governança em prática;

b) A alta administração apoia a implantação da política de governança, sensibiliza as partes interessada, promove a comunicação e monitora as entregas, e exerce o papel de liderança para a promoção de: (i) soluções para a melhoria do desempenho do órgão ou da entidade; (ii) mecanismos institucionais para o mapeamento de processos; (iii) instrumentos de promoção do processo decisório com base em evidências; (iv) elaboração e implementação de planejamento estratégico do órgão;

c) O conselho de governança, tem por finalidade o assessoramento do(a) prefeito(a) na condução da política de governança pública e compliance do município: reúne-se periodicamente para tratar de assuntos relevantes envolvendo ações estratégicas e projetos de alta complexidade, que necessitam de decisão e direcionamento do(a) prefeito(a);

d) Os comitês internos de governança, visam assegurar as melhores práticas de governança segundo orientações recebidas do Conselho de governança: recebem as demandas do conselho, elaboram e executam ações, implementam projetos e executam a política de governança nos níveis tático e operacional.

O referencial reforça que governança e gestão "são diferentes, porém, caminham juntas". A governança dá o "alinhamento e o suporte para a gestão", baseada em dados, informações, evidências, e o gestor "toma suas decisões com maior assertividade, envolvendo todas as partes interessadas". Ainda, afirma que "uma boa governança precisa de constante gestão", como princípio básico para as boas práticas (RGB, 2021, p. 35-36).

São, ainda, externalizados pelo referencial da RGB os seguintes entendimentos: a) a governança bem sucedida exige o efetivo funcionamento do controle interno na administração, para informá-la das constatações relevantes que exigem providências urgentes para a sua correção, oferecendo sugestões e caminhos para corrigir os rumos; b) o plano de integridade visa minimizar os riscos de desconformidade com normas e princípios, e evitar práticas de fraudes, desvios e corrupção; c) que a governança pública somente no papel não promove os resultados esperados: é preciso pôr em prática; d) para disseminar a política de governança é preciso sensibilizar às partes interessadas; e) o bom líder influencia positivamente os colaboradores e extrai o que eles tem têm de melhor; f) a publicidade e comunicação implicam dialogar com as principais lideranças, unidades e partes interessadas, e motivar os servidores e demais colaboradores.

3.6.5 Código das Melhores Práticas de Governança Corporativa

Para o Instituto Brasileiro de Governança Corporativa – IBGC (2023), a ética é o fundamento da governança corporativa, entendida como o conjunto de valores e princípios que orienta a conduta e viabiliza o convívio e a evolução do ser humano em sociedades cada vez mais complexas. É a ética que embasa os princípios de governança corporativa e as melhores práticas para alcançá-los (IBGC, 2023).

A governança corporativa evoluiu e reconhece a interdependência entre a organização e as perspectivas econômica, social e ambiental, bem como expandiu seu foco da otimização de valor para os sócios, para a geração de valor que inclua os sócios e as demais partes interessadas. A figura 15 demonstra esse inter-relacionamento.

FIGURA 15 - INTER RELACIONAMENTOS DA ORGANIZAÇÃO COM O AMBIENTE

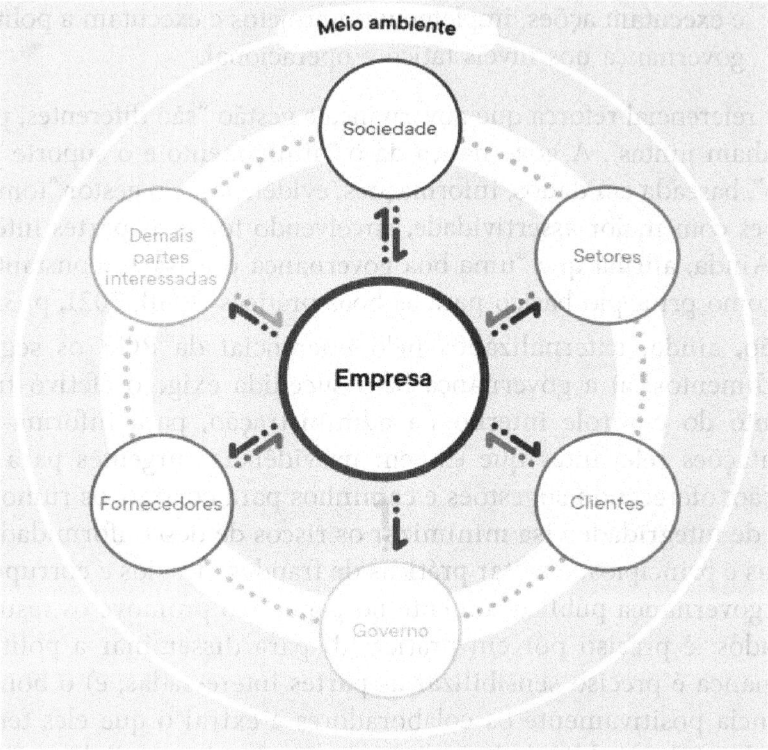

FONTE: IBGC (2023).

A governança corporativa é definida como "um sistema formado por princípios, regras, estruturas e processos pelo qual as organizações são dirigidas e monitoradas, com vistas à geração de valor sustentável para a organização, para seus sócios e para a sociedade em geral" (IBGC, 2023, p. 5).

Para o IBGC, os princípios permeiam a governança e auxiliam na interpretação e aplicação das práticas sugeridas pelo código, suprindo lacunas para situações em que as características das organizações recomendem a sua aplicação parcial. Os princípios são aplicáveis a todas as organizações, independente do porte, natureza jurídica ou estrutura de capital, formando o alicerce sobre o qual se desenvolve a boa governança.

O código do IBGC adota os seguintes princípios: integridade, transparência, equidade, responsabilização (*accountability*) e sustentabilidade, cujos conceitos demonstra-se no quadro 15.

QUADRO 15 - PRINCÍPIOS DA GOVERNANÇA PROPOSTOS PELO IBGC

Integridade	Praticar e promover o contínuo aprimoramento da cultura ética na organização, evitando decisões sob a influência de conflitos de interesses, mantendo a coerência entre discurso e ação e preservando a lealdade à organização e o cuidado com suas partes interessadas, com a sociedade em geral e com o meio ambiente.
Transparência	Disponibilizar às partes interessadas, informações verdadeiras, tempestivas, coerentes, claras e relevantes, sejam elas positivas ou negativas, e não apenas aquelas exigidas por leis ou regulamentos. Essas informações não devem restringir-se ao desempenho econômico-financeiro, contemplando também os fatores ambiental, social e de governança.
Equidade	Tratar os sócios e demais partes interessadas de maneira justa, levando em consideração seus direitos, deveres, necessidades, interesses e expectativas, como indivíduos ou coletivamente. A equidade pressupõe uma abordagem diferenciada conforme as relações e demandas de cada parte interessada, motivada pelo senso de justiça, respeito, diversidade, inclusão, pluralismo e igualdade de direitos e oportunidades.
Responsabilização (*Accountability*)	Desempenhar as funções com diligência, independência e visando à geração de valor sustentável no longo prazo, assumindo a responsabilidade pelas consequências de seus atos e omissões; prestando contas da atuação de modo claro, conciso, compreensível e tempestivo, cientes de que as decisões podem não apenas responsabilizá-lo individualmente, como impactar a organização, as partes interessadas e o meio ambiente.
Sustentabilidade	Zelar pela viabilidade econômico-financeira da organização, reduzir as externalidades negativas de seus negócios e operações, e aumentar as positivas, levando em consideração, no seu modelo de negócios, os diversos capitais (financeiro, manufaturado, intelectual, humano, social, natural) no curto, médio e longo prazos. As organizações atuam em uma relação de interdependência com os ecossistemas social, econômico e ambiental, fortalecendo seu protagonismo e suas responsabilidades perante a sociedade.

FONTE: IBGC (2023).

Os agentes que compõem o sistema de governança são os sócios, conselheiros de administração, conselheiros fiscais, auditores, diretores, *governance officers*, membros de comitês de assessoramento ao conselho. O Conselho de Administração e esses agentes são os guardiões dos princípios de governança corporativa, bem como os protagonistas no incentivo as melhores práticas, em harmonia com os princípios e o propósito da organização (IBGC, 2023).

A estrutura de governança é composta pelos agentes, órgãos e relações existentes, que compõe o sistema de governança corporativa. Todavia a estrutura de ser adaptada e flexibilidade de acordo com as peculiaridades de cada organização; e nem todas as organizações terão a estrutura completa de governança, em face do seu estágio de maturidade, porte, natureza de atuação ou arcabouço regulatório, ou pelos investimentos necessários para sua implantação (IBGC, 2023).

Por envolver diversos atores, é comum ocorrer conflitos, em decisões colegiadas, em assembleias de sócios, reuniões de conselho ou da diretoria, e também no dia a dia das organizações, quando gestores tomam decisão individual. Cabe aos agentes de governança assegurarem políticas e processos para identificar e tratar esses conflitos, fundamentado nos princípios da governança, para que as decisões sejam imparciais, equânimes e transparentes, e isentas de interesses pessoais, comerciais ou de outra natureza (IBGC, 2023).

Segundo o IBGC, situações de conflitos de interesses nem sempre são objetos de questionamento sob o ponto de vista jurídico. Assim, a governança faz-se ainda mais necessária para a sua mitigação e tratamento, e para proteção do interesse da organização, cujas decisões e ações devem estar fundamentadas no propósito organizacional e nos princípios de governança.

O conselho de administração "exerce o papel de guardião do propósito, dos valores, do objeto social da organização e de seu sistema de governança" (IBGC, 2023, p. 31). Esse colegiado define a estratégia corporativa e acompanha seu cumprimento pela diretoria, bem como cuida da conexão entre a gestão executiva e os sócios em defesa dos propósitos e interesses da organização.

Compete ao conselho de administração: a) criar canais de relacionamento e de engajamento com os sócios e demais partes interessadas; b) identificar, discutir e garantir a disseminação e promoção de uma cultura ética e centrada em propósito, princípios e valores organizacionais;

c) estabelecer formas de monitorar, permanentemente, se as decisões e ações da organização, bem como seus resultados e impactos diretos e indiretos, estão alinhadas ao seu propósito; d) zelar para que cada parte interessada receba benefício apropriado e proporcional ao vínculo que possui com a organização e ao risco a que está exposta; e) zelar para que o interesse da organização sempre prevaleça, prevenindo, identificando e tratando situações de conflitos de interesses, administrar divergências de opiniões e prestar contas aos sócios; f) cumprir o propósito da organização (IBGC, 2023).

O conselho de administração tem como apoio os comitês de assessoramento, que o auxiliam no exercício de suas atribuições. Os comitês estudam os assuntos de sua competência e elaboram recomendações ao conselho, todavia, como não há delegação de autoridade e nem poder, essas recomendações não vinculam as deliberações do conselho. Para questões pontuais e menos complexas também podem ser criados grupos de trabalho ou comissões para auxiliar o conselho de administração (IBGC, 2023, p. 39).

A diretoria é a responsável pela gestão e pela condução da organização, e sua responsabilidade é de execução, em sintonia com os princípios da governança e a estratégia aprovada pelo conselho de administração ou por outro órgão/agente incumbido dessa atribuição (IBGC, 2023). Sem descartar as responsabilidades de cada diretor, a diretoria deve atuar de maneira colegiada, beneficiando-se da diversidade da formação dos seus integrantes. Caso não haja previsão no estatuto da organização para atuação em colegiado, os diretores atuarão de forma individual, em suas áreas de competências.

É responsabilidade da diretoria executar a estratégia, buscando caminhos que permitam o alcance de seus objetivos financeiros e não financeiros. A diretoria tem a responsabilidade de implementar todos os processos operacionais e financeiros, assegurando sua conformidade com o propósito da organização, os princípios da governança, os dispositivos legais aplicáveis e as demais políticas internas aos quais ela está submetida (IBGC, 2023).

As responsabilidades, alçadas e atribuições da diretoria, devem ser definidas no estatuto ou norma. Compete a diretoria: a) planejar, organizar e controlar os recursos organizacionais para gerar valor de modo responsável para organização, seus sócios e partes interessadas; b) zelar e dar efetividade ao cumprimento do código de conduta da organização, divulgando e treinando periodicamente todas as partes interessadas submetidas a ele: administradores, colaboradores e, também, fornecedores e prestadores de serviços; c) garantir que sejam prestadas a suas partes interessadas, além das informações que são obrigatórias por lei ou regulamento, esclarecimentos e orientações devidas, tanto as financeiras quanto as não financeiras, positivas ou negativas, tão logo estejam disponíveis (IBGC, 2023).

O código do IBGC ainda destaca que, o conselho e a diretoria utilizam a administração e a gestão como instrumentos para a concretização dos planos e projetos organizacionais.

3.6.6 Governança Organizacional Pública e Planejamento Estratégico para Órgãos e Entidades Públicas

O conteúdo de governança organizacional pública, que o livro (2024) apresenta, é oriundo da dissertação de mestrado em planejamento e governança pública, na Universidade Federal Tecnológica do Paraná - UTFPR (2020), intitulada "Governança Aplicada ao Setor Público Como Instrumento de Planejamento e Desenvolvimento: Proposta de Modelo Para Implementação".

A governança pública, em nível de governo, contribui para que o país esteja mais bem organizado, "com instituições mais sólidas, mais participativo e mais justo do ponto de vista social, mais estável financeiramente e com um projeto de futuro que motive a todos", todavia isso "somente será concretizado se a governança também for efetiva em todos os órgãos e entidades que compõem a administração pública" (Paludo, Oliveira, 2024, p. 2-3).

A governança aplicada aos Órgãos e Entidades públicas é "o sistema que, em harmonia com as normas e princípios vigentes, e preservando o interesse público-social, assegura às partes interessadas o governo e o direcionamento estratégico da sua instituição, o monitoramento e controle do desempenho da administração, o gerenciamento dos riscos, a busca e avaliação dos resultados, a garantia de transparência e *accountability*, e a responsabilização dos agentes com poder de decisão" (Paludo, Oliveira, 2024, p. 12).

Para os autores, a governança assegura o governo estratégico dos órgãos e entidades públicas, e não apenas estabelece requisitos para o seu controle e funcionamento. Posicionada estrategicamente, a governança também assegura "que as partes interessadas tenham voz e vez, que a estrutura, recursos e competências sejam adequados e suficientes, que os serviços atendam às necessidades dos cidadãos, e que os resultados sejam satisfatórios para a maioria das partes interessadas e contribuam para o bem-estar dos cidadãos" (Paludo, Oliveira, 2024, p. 30).

O governo das instituições públicas, no contexto da governança, não cabe a um único agente principal, mas deve ser compartilhado com as principais partes interessadas. Os autores citam Souza & Faria (2017, p. 287) para afirmar que governança, "significa dizer que o governo não governa sozinho, mas traz outros atores interessados para participar do processo decisório".

Para que a governança consiga desempenhar todos os papéis a ela atribuídos, precisa estar em nível de governo estratégico, que lhe confere poder para direcionar, orientar e controlar os órgãos e entidades públicas. A governança tem ligação com o primeiro escalão da gestão tática a fim de assegurar o alinhamento das ações.

Todavia, os autores alertam que o fracionamento e utilização excessiva do termo governança é temerário e de difícil aceitação, e questionam: "como é possível dizer 'governança de compras', 'governança de RH', 'governança de TI', entre outras, se a governança vem de governo e 'compras, RH, entre outros' são típicos da gestão e/ou gerenciamento específicos?" (Paludo, Oliveira, 2024, p. 30-31).

A governança organizacional pública é vista como um sistema, e do tipo complexo, haja vista a diversidade de agentes interdependentes e porque não é possível reunir e realizar todas as possibilidades de inter-relacionamento entre os elementos. Assim, conforme a figura 16, o sistema define limites que estão ao seu alcance, de acordo com as competências de cada instituição.

FIGURA 16 - ELEMENTOS DO SISTEMA DE GOVERNANÇA ORGANIZACIONAL PÚBLICA

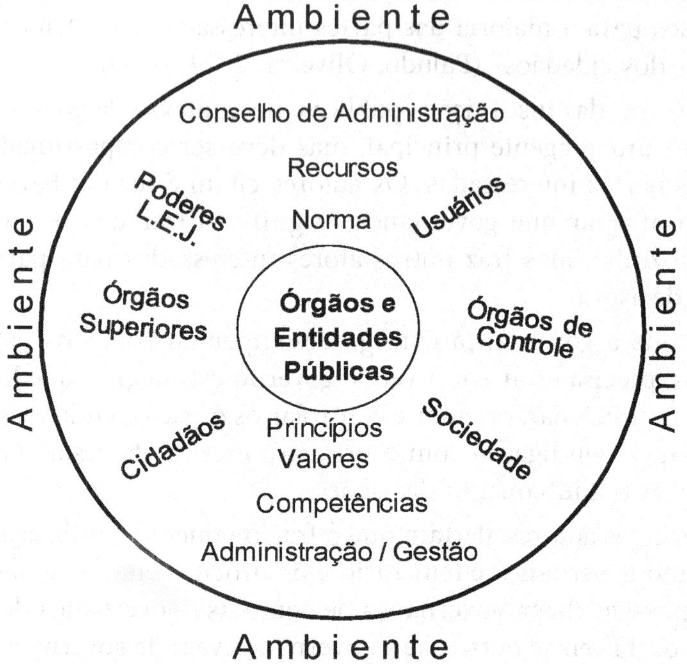

FONTE: Paludo & Oliveira (2024).

São apresentadas dez premissas para fundamentar o sistema de governança organizacional pública: governar e administrar visando o bem comum; adotar critérios para nomeação de gestores; valorizar os recursos humanos; conhecer e compreender a governança; planejar antes de implementar; instituir processo para tomada de decisão estratégica; indissociabilidade entre governança, planejamento estratégico e gestão; sem participação efetiva não há governança; combater a corrupção em todas as suas formas; e, menos burocracia e mais ação e resultados (Paludo, Oliveira, p. 52-58).

Para os autores, governança não é o mesmo que gestão, ela está "acima da gestão; ela interfere, "manda" nos aspectos principais da gestão, direcionando, orientando, monitorando, controlando e avaliando a gestão e os gestores". Para demonstrar essa diferença, a explicação é simples: "se retirar a administração, a governança não se sustenta, enquanto a gestão continua, porque a governança não é operacional: ela é estratégica e social-democrática, e faz o imbricamento entre a administração e a gestão" (Paludo, Oliveira, 2024, p. 31).

QUADRO 16 - FUNÇÕES DA GOVERNANÇA ORGANIZACIONAL PÚBLICA

Funções da Governança: • avaliar o ambiente, os cenários, o desempenho e os resultados; • alinhar as funções organizacionais às necessidades das partes interessadas; • assegurar às partes interessadas o governo estratégico da organização; • assegurar o alcance dos objetivos estabelecidos; • auditar e avaliar o sistema de gestão e controle; • confrontar os resultados com as metas estabelecidas e as expectativas das partes interessadas; • definir o direcionamento estratégico; • determinar o gerenciamento de riscos estratégicos; • direcionar e orientar a preparação, a articulação e a coordenação de políticas e planos; • envolver as partes interessadas nas decisões; • garantir que as ações estejam alinhadas com o interesse público; • instituir mecanismos de gestão para melhorar o desempenho; • monitorar o desempenho, os resultados e o cumprimento de políticas e planos; • orientar aspectos essenciais da gestão; • promover a coordenação entre agências (públicas, sociais ou privadas); • promover a transparência e a *accountability*; • resolver conflitos internos; • responsabilizar os agentes com poder de decisão; • supervisionar a gestão.
Funções da Secretaria/Seção de Governança: • apoiar os membros do conselho de administração no desempenho de suas funções e assisti-los em sua integração na organização; • auxiliar o presidente do conselho na definição dos temas relevantes a serem incluídos na agenda das reuniões; • apoiar os processos de Governança; • administrar o portal de Governança da organização, zelando pela sua atualização, segurança e fluxo de informações; • assegurar equidade e acesso permanente dos usuários às informações; • elaborar, registrar e publicar as atas de reunião do conselho de acordo com a legislação aplicável; • encaminhar a agenda e o material de apoio às reuniões do conselho; • interagir com os membros da diretoria para assegurar a qualidade e a tempestividade das informações; • manter os membros do conselho de administração atualizados quanto às melhores práticas, propondo o seu aprimoramento.

FONTES: Adaptado de Brasil, TCU (2014), IFAC (2014), IBGC (2015), Vieira & Barreto (2019).

O quadro 16 relaciona de forma segregada as atribuições da governança e as atribuições exercidas pela secretaria ou seção de apoio a governança, de forma não exaustiva. De forma semelhante, o quadro 17 demonstra as funções atribuídas a administração/gestão, segregadas as estratégicas das tática-operacionais, também não exaustivas.

QUADRO 17 - FUNÇÕES DA ADMINISTRAÇÃO/GESTÃO

Funções Estratégicas (Conselho e Alta Administração): • aperfeiçoar e inovar a gestão; • assegurar o equilíbrio entre as expectativas das partes; • assegurar que as partes recebam benefício proporcional ao vínculo e ao risco a que estão expostas; • assegurar que as partes possam expressar pensamentos dissonantes e discutir questões éticas; • assegurar que a organização cumpra a sua missão institucional e sua função social; • avaliar, direcionar e monitorar o seu órgão ou entidade; • decidir sobre medidas corretivas e punitivas para desvios de conduta; • decidir acerca de questões estratégicas; • definir objetivos estratégicos e táticos; • definir estratégias e tomar decisões que protejam e valorizem a organização no longo prazo; • direcionar estrategicamente a organização; • estabelecer os valores e princípios da organização; • estabelecer políticas e estratégias de coordenação; • estabelecer formas de monitorar se as decisões, ações e impactos estão em harmonia com os princípios e valores da instituição; • formular políticas e diretrizes para a gestão; • implantar e manter estrutura e práticas de Governança; • monitorar a atuação da diretoria; • organizar a estrutura organizacional; • organizar cargos e funções; • organizar o funcionamento da gestão; • promover a cultura centrada em valores e princípios; • servir de elo entre os cidadãos e a organização; • zelar pelos princípios, valores, objeto social e sistema de Governança.
Funções Táticas e Operacionais: • administrar os ativos; • assegurar o bom funcionamento da organização; • assegurar o cumprimento das normas e diretrizes internas; • assegurar o cumprimento das normas inerentes a organização; • avaliar o desempenho, e aprender; • conduzir os negócios da organização; • coordenar a execução dos processos, projetos e ações; • definir, executar e melhorar os processos organizacionais; • disseminar os propósitos, princípios e valores da organização; • divulgar as informações da organização; • executar a estratégia e as diretrizes superiores aprovadas; • executar os processos gerenciais, de apoio e finalísticos; • executar projetos e ações visando o alcance dos objetivos; • focar nos resultados estabelecidos;

- garantir que as normas sejam observadas pelas demais atores;
- garantir a eficiência administrativa;
- gerir a organização;
- instituir gerenciamento de controle de riscos organizacionais;
- implementar os programas previamente aprovados;
- manter a comunicação com as partes interessadas;
- planejar, organizar, dirigir, coordenar e controlar;
- revisar e reportar o progresso de ações;
- traduzir as estratégias e políticas em diretrizes;
- utilizar os recursos e poderes recebidos.

FONTES: Adaptado de Chiavenato (2007), CGPA (2009), Brasil, TCU (2014), CJF (2015). IBGC (2015), GPGP (2018), Paludo (2019), Vieira e Barreto (2019).

Os autores apresentam uma estrutura organizacional envolvendo a governança, a administração e a gestão, todavia alertam que essa estrutura é flexível e deve ser adaptada a realidade de cada instituição pública.

FIGURA 17 - ESTRUTURA E POSICIONAMENTO DA GOVERNANÇA ORGANIZACIONAL E DA GESTÃO EM ÓRGÃOS E ENTIDADES PÚBLICAS

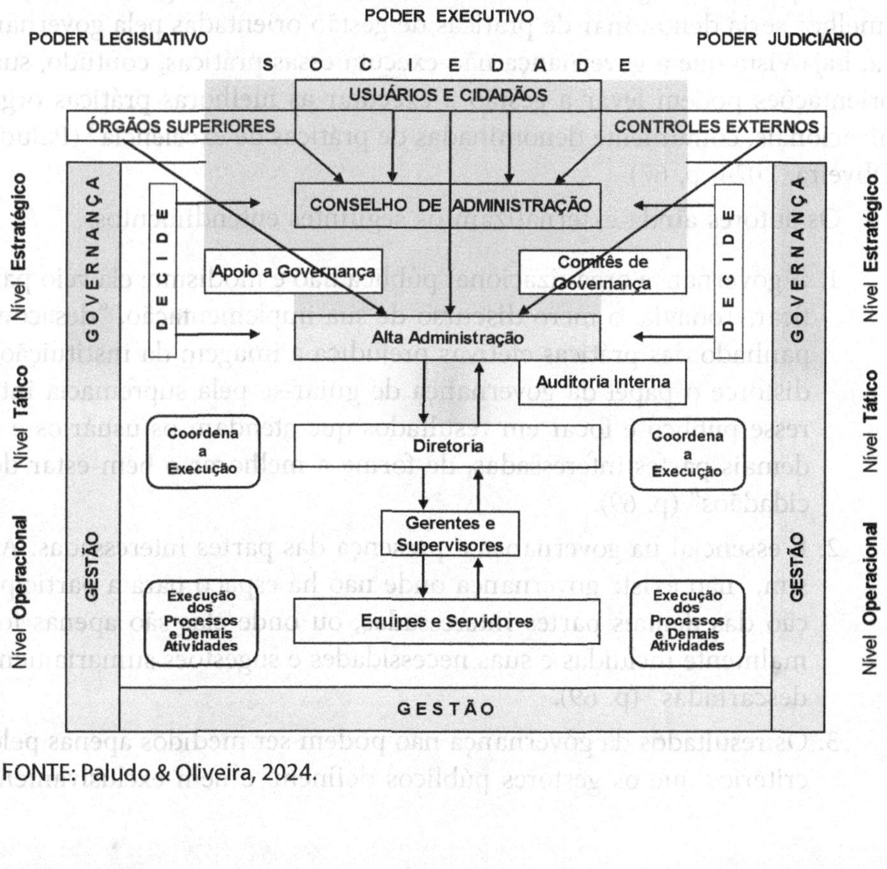

FONTE: Paludo & Oliveira, 2024.

A figura 17 complementa a diferenciação entre a governança e a gestão, demonstrando uma estrutura organizacional, na qual a governança e a alta administração são estratégicas e a gestão é tática e operacional.

Segundo os autores, a governança, embora importante, não é obrigatória: assim, se a autoridade máxima (conselho de administração ou dirigente máximo) optar pela não implementação da governança, caberá ao dirigente máximo assegurar que os princípios, premissas e diretrizes da governança sejam observados pela administração e a gestão.

São, ainda, explicações acerca da figura 17: o quadro da administração não é fechado, pois no contexto da governança, a instituição pública interage e é influenciada por elementos e partes externas; o conselho de administração ou dirigente máximo é quem decide, inclusive as questões de governança; os comitês são estruturas de apoio à governança; a auditoria interna é considerada essencial e deve estar vinculada ao conselho ou autoridade máxima; e que, mesmo estratégica, a governança tem ligação direta com o primeiro escalão da administração/gestão.

As práticas de governança são desempenhadas pela gestão. Por isso "melhor seria denominar de práticas de gestão orientadas pela governança, haja vista que a governança não executa essas práticas, contudo, suas orientações podem levar a gestão a executar as melhoras práticas organizacionais, comumente denominadas de práticas de excelência" (Paludo, Oliveira, 2024, p. 67).

Os autores ainda externalizam os seguintes entendimentos:

1. A governança organizacional pública não é modismo: ela veio para ficar. Todavia, o mero discurso de sua implementação, "desacompanhado das práticas efetivas prejudica a imagem da instituição e distorce o papel da governança de guiar-se pela supremacia interesse público e focar em resultados que atendam os usuários e as demais partes interessadas, de forma a melhorar o bem-estar dos cidadãos" (p. 69).
2. É essencial na governança a presença das partes interessadas. Assim, "não existe governança onde não há espaço para a participação das demais partes interessadas, ou onde elas são apenas formalmente incluídas e suas necessidades e sugestões sumariamente descartadas" (p. 69).
3. Os resultados da governança não podem ser medidos apenas pelos critérios que os gestores públicos definem, e nem exclusivamente

pelos critérios de controle; "mas em conjunto com o grau de reconhecimento da sociedade quanto aos serviços, ações e resultados da organização". Assim, os indicadores de governança "devem estar centrados nos usuários e cidadãos; naquilo que estes consideram importante, e não apenas nos critérios definidos pela burocracia administrativa e pelos órgãos de controle. Esse fato reforça a necessidade de decidir, monitorar e medir ouvindo as pessoas e as partes interessadas" (p. 70).

4. Os resultados efetivos da governança dependem menos de leis, normas, técnicas e tecnologias e mais do comprometimento dos agentes públicos e da utilização de competências e recursos norteados por princípios e valores corretos. Assim, para alcançar os melhores resultados possíveis, depende de mudança de postura dos gestores e agentes públicos (Ferreira, 2016); pois enquanto gestores e demais agentes utilizarem as Instituições públicas para atender suas necessidades e a de seus aliados – os resultados serão ruins para a Instituição pública, para os usuários e para toda a sociedade (p. 71).
5. A governança organizacional pública não é garantia de que todos os problemas serão resolvidos, mas uma vez implementada e em funcionamento, governa "direciona, orienta e estabelece um conjunto de regras compostas por premissas, princípios e diretrizes que orientarão as decisões e as práticas de gestão, e se forem seguidos fortalecerão a administração pública e contribuirão para evitar desvios de conduta, melhorar os serviços e obter bons resultados: para a instituição, para os usuários, para a sociedade e para o Estado" (p. 71).

4

ESCLARECENDO ASPECTOS IMPORTANTES DA GOVERNANÇA PÚBLICA E GOVERNANÇA PÚBLICA MUNICIPAL

4.1 FUNDAMENTOS E ESSÊNCIA DA GOVERNANÇA

O entendimento da governança pública é obtido a partir do estudo das principais teorias ligadas ao tema, da revisão da literatura, do referencial aplicado ao município e da pesquisa documental. Esses conteúdos ajudam a compreender o contexto e os fundamentos no qual ela tem sua origem, e, a partir daí, orientam sua aplicação.

Enquanto na iniciativa privada a teoria da agência fundamenta a governança corporativa, no meio público são necessárias, também, a teoria institucional, a teoria da escolha pública e a teoria dos *stakeholders*. Essas teorias, analisadas em conjunto, fornecem uma compreensão mais ampla da essência, papéis e aplicação da governança pública, no âmbito dos municípios ou em órgãos e entidades de todas as esferas públicas.

FIGURA 18 - FUNDAMENTOS E ESSÊNCIA DA GOVERNANÇA

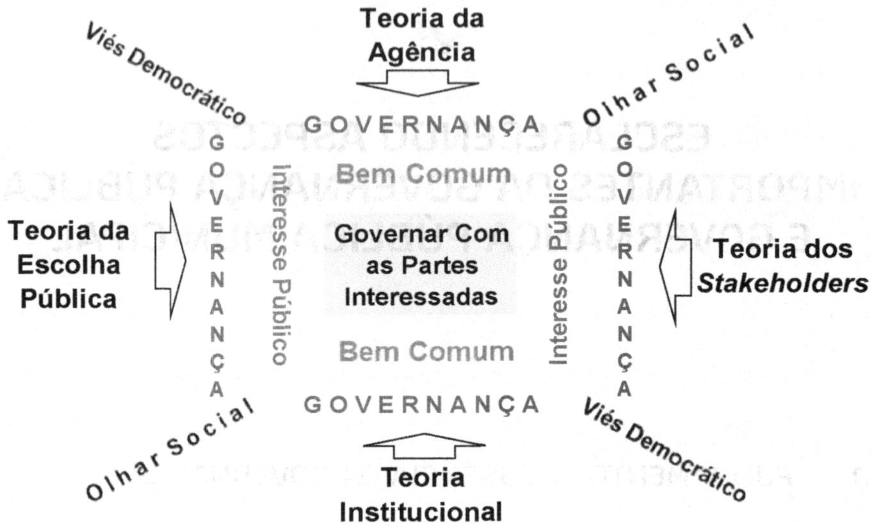

FONTE: Os autores (2025).

Entenda-se a figura 18 assim: os fundamentos da governança são as teorias, sua origem é democrática e social, e a essência da governança é o governo com as partes interessadas, que preserva o interesse público e visa o bem comum. Vê-se, também, que a governança não tem contornos rigidamente delimitados, porque está sempre aberta para receber sugestões e dar sua contribuição.

A figura 18 demonstra que governança significa governar com as partes interessadas. É unânime entre os autores, que a governança exige a participação das partes interessadas (Kissler, Heidemann, 2006; Matias-Pereira, 2010; Ronconi, 2011; Prokopiuk, 2013; Kah, 2014; Brasil, 2014; Ivan, 2017; Santos, 2017; Martins *et al.*, 2017; Souza, Faria, 2017; BM, 2017; Lacruz, 2017; Bryant, 2018; Camilo, Yamaguchi, Manenti, 2018; Correa Neto, 2018; CNM, 2018; Correio, Correio, 2019; Vieira, Barreto, 2019; Paludo, 2020; Brasil, 2020; Garcia, Alves, Portugal Júnior, 2021; RGB, 2021; Freitas, 2022; IBGC, 2023; Kinzler, 2023; Emmendoerfer *et al.*, 2023; Paludo, Oliveira, 2024a).

Dessa forma, no governo federal, estadual ou municipal, ou no governo das instituições públicas, a tomada de decisão estratégica não deve ser feita por um único agente principal, mas compartilhada com as principais partes interessadas. Nesse sentido, Souza, Faria (2017, p. 287) afirmam que governança, "significa dizer que o governo não governa sozinho, mas traz outros atores interessados para participar do processo decisório".

Esse entendimento permite afirmar que "não existe governança em locais onde não há participação social" (Assis, Godoy, 2013, p. 3), e que "sem participação não há governança efetiva, tampouco satisfação social" (Souza, Faria, 2017, p. 2); ou seja, "não existe governança onde não há espaço para a participação das partes interessadas, ou onde elas são apenas formalmente incluídas e suas necessidades e sugestões sumariamente descartadas" (Paludo, Oliveira, 2024, p. 69).

As partes interessadas na governança pública municipal são os atores locais: são os agentes políticos, agentes administrativos, usuários dos serviços, cidadãos em geral, organizações da sociedade civil, membros da academia, da mídia, e do setor privado. Elas devem ter espaço para participar das decisões estratégicas e "sua opinião deve ser levada em conta na formulação de estratégias" (Brasil, 2020, p. 225).

Assim, governança é um governo com as partes interessadas, e não apenas formalmente, mas na prática, com equidade, equilíbrio e redução da assimetria de poder entre as partes (Bresser-Pereira, 1998; Pitseys, 2010; Brasil, 2014; BM, 2017; GPGP, 2018; OCDE, 2018; Brasil, 2020; RGB, 2021; Paludo, OIiveira, 2024). Ou seja, a governança pública "só funciona efetivamente onde a tomada de decisões é compartilhada entre os atores envolvidos" (Terra, 2023, p. 245).

Para que essa participação seja efetiva as partes devem ter voz e vez: devem existir canais que possibilitem essa participação nas decisões estratégicas, na fiscalização da execução, e na avaliação dos resultados. A administração deve estabelecer canais robustos de relacionamento com os cidadãos, que "garantam uma comunicação aberta e fácil, e levam a mensagem fidedigna do anseio social: suas opiniões, críticas e sugestões" (RGB, 2021, p. 12), aos agentes da governança: Prefeito(a) e alta administração.

A figura 18 também demonstra que o interesse público e o bem comum estão no bojo da governança pública. Esses aspectos devem estar presentes na tomada de decisão, no direcionamento e orientação da administração, no estabelecimento de objetivos e no alcance dos resultados: ou seja, no contexto da governança pública, todas as decisões, ações e resultados da administração devem, direta ou indiretamente, estar voltadas para o atendimento das demandas públicas, das necessidades da sociedade, e do bem-estar da população (Brasil, 2014, p. 14;

IFAC, 2014, p. 6; BM, 2017, p. 168; Franz 2018, p. 21; CNM, 2018, p. 12; OCDE, 2018, p. 7; GPGP, 2018, p. 82; Paludo 2024-a, p. 75; Paludo, Oliveira, 2024, p. 52).

Na figura 18 estão destacadas duas características que remontam a origem da governança: o viés democrático e o olhar social (Pitseys, 2010; Assis, Godoy, 2013; Santos, 2017; Zambanini *et al.*, 2018; Correa Neto, 2018; Furtado, Silva, 2018; Vieira, Barreto, 2019; Garcia, 2021; Bergamini, Souza, 2022; Freitas, 2022; RGB, 2021; Paludo, Oliveira, 2024).

O olhar democrático é o que exige a participação das partes interessadas no meio público, reduzindo a discricionariedade da autoridade máxima e contribuindo para o direcionamento das ações para o atendimento do interesse público; e o olhar social é o que assegura que as decisões e resultados sejam voltados para o atendimento das partes interessadas, para a redução das desigualdades sociais e para a promoção do bem-estar de todos.

Ainda observando a figura 18, a teoria da agência visa a amenizar conflitos entre os principais e os agentes (entre cidadãos e sociedade, e governos, políticos e gestores), arena em que a governança faz essa conciliação; a teoria institucional mostra que as instituições são importantes e moldam a atuação de organizações e pessoas, e por isso a governança assegura o bom e equilibrado funcionamento das instituições públicas, sem extrapolação de poder e sem desviar do bem comum; a teoria da escolha pública demonstra que as decisões públicas afetam a todos, e a governança assegura a participação dos cidadãos nessas decisões, com equidade; e a teoria dos *stakeholders* trata dos diversos grupos de interessados, em que a governança contribui para que sejam ouvidos e para a construção de objetivos comuns, a serem perseguidos por todos.

O interesse público e o bem comum estão no bojo da governança pública, e encontram-se previstos em normas legais, as quais governos, instituições e agentes públicos encontram-se subordinados. Todavia, a história mostra que esses agentes públicos, não raro, afastaram-se do objetivo de promover o bem-estar da coletividade, em parte face a impunidade de corruptos e corruptores: grandes operações de combate a corrupção, como a tempestade de areia e a lava-jato, acabaram sendo anuladas por tribunais superiores do judiciário, com absolvição das pessoas envolvidas.

Assim, no Brasil, a corrupção continua de forma generalizada (Bochenek, 2018), e os agentes que detêm o poder nos governos e instituições públicas utilizam esse poder em benefício próprio e de seus aliados, deixando em segundo plano o interesse público, o olhar social e a busca pelo bem comum; perpetuando, ou até agravando, as condições de desigualdade social e de pobreza da população.

É por isso a governança pública não quer a autoridade máxima governando sozinha. A recomendação é para "evitar a concentração de poder, autoridade e responsabilidade nas mãos de um ou de poucos indivíduos. Como regra, decisões e atividades críticas devem ser tomadas ou executadas por colegiado constituído por membros competentes e mutuamente independentes" (Brasil, 2020, p. 215).

Assim, têm-se que boas regras de governança, somadas a participação social, tem potencial para restringir a discricionariedade e arbitrariedade dos governantes, dirigentes máximos e altas autoridades, afastar ideologias que desprezam a racionalidade e a impessoalidade, minimizar desvios de finalidade e corrupção, e assegurar que os interesses dos cidadãos e a promoção do bem comum sejam o objetivo maior a ser perseguido, e permeiem todas as decisões, ações e resultados públicos.

4.2 HIERARQUIA NO CONTEXTO DA GOVERNANÇA PÚBLICA

Sob a perspectiva da hierarquia, acima de tudo têm-se a sociedade como soberana (art. 1.º, parágrafo único da CF/88), depois vem a governabilidade que controla o poder político, a seguir vem a governança, e sujeita ao direcionamento e orientação da governança encontra-se a administração e a gestão, conforme demonstrado na figura 19.

FIGURA 19 - POSICIONAMENTO HIERÁRQUICO DA GOVERNANÇA

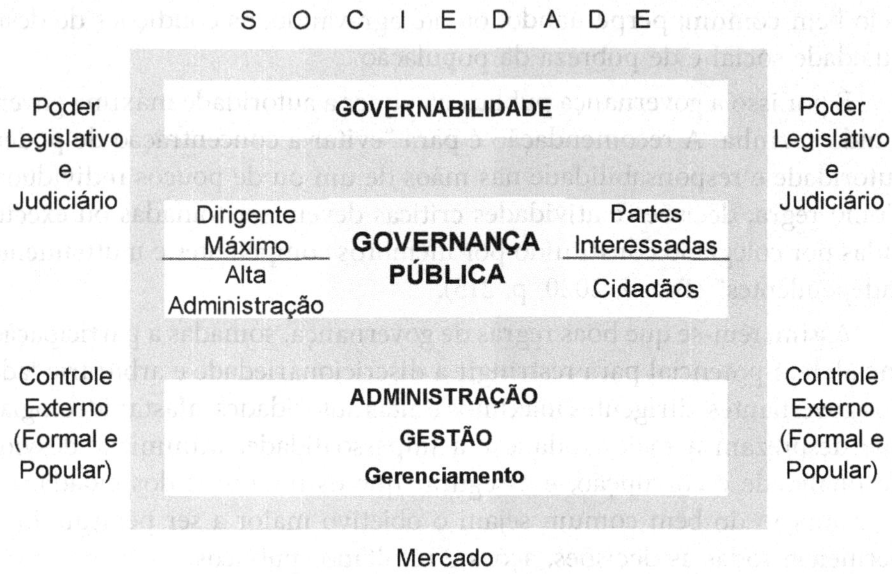

FONTE: Os autores (2025).

Em nível de governo as decisões máximas pertencem a governabilidade, visto que sua fonte de poder emana diretamente da população. É com esse poder que o governo do ente federativo, ouvindo e considerando os interesses da base parlamentar e da população, bem como seus objetivos políticos, toma as principais decisões. Nesse ambiente, a governança é o instrumento operacional utilizado para amenizar conflitos e atender demandas que contribuam para fortalecer a governabilidade (PDRAE, 1995; Araújo, 2002).

Por ser um "instrumento da governabilidade para a realização dos fins do Estado, a governança pressupõe condições mínimas de governabilidade, ou seja, em situações de crise grave ou de ruptura institucional, que afetem a governabilidade, a governança restará comprometida, haja vista o seu caráter instrumental" (Paludo, 2024a, p. 231).

Nessa posição, a governança obedece às ordens emanadas da governabilidade, bem como deve obedecer às normas emanadas do poder Legislativo e as decisões do poder Judiciário, que também estão acima da governança.

No seu bojo, a governança congrega o dirigente máximo e a alta administração, juntamente com as partes interessadas e os cidadãos. Ou seja, existem diversos atores atuando – dentro da arena administrativa – e a governança harmonizando essas relações e decisões, que devem preservar o interesse público, contemplar os interesses das partes, e estar voltados para a promoção do bem comum de toda a sociedade.

Sujeitas as diretrizes, premissas e princípios da governança encontra-se a administração e a gestão, que atuam na parte tática e operacional; ou seja, implementam as decisões e orientações da governança oriundas do governante, conselho de administração, ou dirigente máximo, após ouvir e analisar as demandas e sugestões das partes interessadas.

A administração e a gestão, também devem obedecer às normas legislativas e decisões do judiciário, e observar as orientações da auditoria interna e às recomendações ou determinações dos órgãos de controle externo, e, ainda, analisar as manifestações do controle popular.

O gerenciamento é estritamente operacional, e por isso está menos sujeito a interferências externas e mais ligado a parte técnica e capacidade operacional para implementar as decisões superiores, traduzidas em projetos e ações, ou levadas a termo diretamente mediante a prestação de serviços públicos aos cidadãos.

O mercado tem pouca interferência na governança, mas está sempre atento a boa atuação do governo e dos órgãos e entidades públicas, analisando a eficiência, os serviços, a regulação, e a possibilidade de realização de parcerias ou de vender bens e serviços para as instituições públicas.

Assim, vê-se que a sociedade, a governabilidade, os poderes, os órgãos de controle, as partes interessadas, o mercado e os cidadãos, delimitam ou influenciam a governança; e que a governança é quem dá os principais direcionamentos e orientações para a administração e a gestão.

4.3 GOVERNANÇA PÚBLICA

A governança pública compreende a governança em nível de governo federal, estadual, municipal, e a governança organizacional das instituições públicas em todas as esferas de governo.

Não se trata da governança multinível, que "compreende a interação entre os níveis de governo" (Brasil, 2021, p. 12), e que "trata das relações de autoridade interativa no contexto de multiatores de diferentes níveis e esferas" (Prokopiuk, 2013, p. 182); mas da governança como ela surgiu e foi aplicada em nível de governo (como braço da governabilidade ou voltada para questões administrativas), e nas organizações públicas (na administração e na gestão), nas esferas federal, estadual e municipal (figura 20).

FIGURA 20 - GOVERNANÇA PÚBLICA

FONTE: Os autores (2025).

Em nível de governo de ente federativo a governança pública é compreendida como a capacidade de governar, de decidir e implementar políticas públicas que atendam às necessidades da população, preservando o equilíbrio de poder e interesses entre governo, administração pública, mercado, sociedade, e demais partes interessadas (Bresser-Pereira, 1998; Lynn Jr., Heinrich, Hill, 2000; Pitseys, 2010; Brasil, 2014; BM, 2015; GPGP, 2018; Paludo, 2024a).

Nesse nível, a governança é instrumental; é o braço operacional da governabilidade (PDRAE, 1995), é uma espécie de "ponte" entre os interesses do mercado e da sociedade civil e a governabilidade, que inclui mecanismos de agregação de interesses, de decisões políticas, de redes informacionais e de definições estratégicas (Araujo, Gomes, 2006).

Se houver vontade política do governante, voltada para o desenvolvimento e o bem-estar da população, essa governança contribui para um governo melhor organizado, com instituições mais fortes e atuantes, e uma sociedade mais participativa, resultando num país mais estável e melhor administrado financeiramente, com maior justiça social, e com um projeto público capaz de agregar múltiplos interesses e motivar todos os seus habitantes.

Todavia, isso somente será concretizado se a governança organizacional pública também for efetiva em todos os órgãos e entidades que compõem a administração pública, visto que os resultados do governo, em qualquer nível, correspondem a somatória dos resultados alcançados por todos os órgãos e entidades públicas da sua esfera. A "perspectiva de governo tem conexão com a perspectiva organizacional, uma vez que as organizações direcionam seus esforços de acordo com as prioridades estabelecidas pelo governo" (Brasil, 2020, p. 118).

A governança organizacional pública não é a mesma que a governança corporativa privada, visto que "a área pública demanda formas especiais de administração, porque sua missão é diferente" (Paludo, 2024-a, p. 117). Ou seja, existem muitas peculiaridades que envolvem o meio público e exigem que a governança privada seja adaptada para a realidade pública.

Considerando a maior complexidade que envolve o meio público, a governança organizacional é um sistema complexo, que envolve muitos elementos e atores, e, portanto, não pode ser vista como algo simples, mas deve ser compreendida a partir de um conjunto de explicações, que começam com os fundamentos e a essência (item 5.1-a), e a sua adequada conceituação. Para essa governança, adotamos o conceito de Paludo, Oliveira (2024, p. 12).

> A Governança Organizacional Pública é o sistema que, em harmonia com as normas e princípios vigentes e preservando o interesse público-social, assegura às partes interessadas o governo e o direcionamento estratégico da sua instituição, o monitoramento e controle do desempenho da administração, o gerenciamento dos riscos, a busca e avaliação dos resultados, a garantia de transparência e *accountability*, e a responsabilização dos agentes com poder de decisão.

Os autores explicam esse conceito em três pontos:

(i) governança é um sistema e não um modelo, embora a implementação possa ser modelada, porque o sistema é mais complexo que o modelo, e enquanto o modelo é algo "quase perfeito" que pode ser imitado ou copiado, o sistema, por compreender um conjunto de atores e elementos inter-relacionados e interdependentes, deve ser adaptado de acordo com as particularidades de cada instituição;

(ii) governança refere-se ao governo da instituição, o que vai além de "estabelecer uma direção", criando condições para governar juntamente com outros atores, zelando pelo interesse público, pela inclusão e participação, e para que os resultados sejam satisfatórios para a maioria das partes interessadas;

(iii) a governança é estratégica; ela assegura, todavia quem faz é a administração e a gestão: a governança impõe que a administração e a gestão encontrem meios de concretizar as pretensões expressadas no conceito.

No entanto, quase a totalidade dos estudos abordam o termo "governança" com as mais diversas denominações, compreendendo fracionamentos que não existem por si só, visto que não constituem um governo ou instituição independente.

Tanto no âmbito municipal, como em órgãos e entidades públicas, a falta de clareza e compreensão da governança organizacional tem gerado entendimentos equivocados, definições incompletas ou incorretas, e uma implementação, em muitos casos, inadequada; "a governança no meio público tornou-se um conceito-chave, que todos utilizam sem saber exatamente o que é" (Kissler, Heidemann, 2006, p. 481).

Assim, em face do pouco entendimento dos fundamentos, essência, papéis e aplicação da governança pública, por profissionais do meio público e até mesmo acadêmicos, a maioria trata a governança como um "termo da moda", uma palavra que pode ser utilizada em qualquer situação, atribuindo a governança atividades que não são estratégicas e não se coadunam com o governo das instituições.

Governança refere-se ao ato de governar: está inserida no "processo de governar o Município" (RGB, 2021, p. 10). Assim, considerando que a governança vem de governo e é estratégica, e que a administração e a gestão atuam concretamente na parte tática e operacional – soa estranho e inadequado utilizar os termos "governança de compras", "governança de rh", "governança de projetos", 'governança de processos" – haja vista tratar-se de atribuições exclusivas da administração, gestão ou gerenciamento.

FIGURA 21 - POSICIONAMENTO DA GOVERNANÇA, ADMINISTRAÇÃO E ATIVIDADES

FONTE: Os autores (2025).

Conforme a figura 21, rh, compras, processos e projetos são atividades de gestão: não são atividades "governadas", mas geridas e gerenciadas. Nesse contexto, entende-se incorreta a utilização do termo "governança" quando não está relacionada ao governo do ente federativo ou de instituições públicas, como se constata na maioria dos conteúdos (públicos e científicos) e no interior das organizações.

O que é possível admitir, para a utilização do termo governança relacionado a essas atividades, é que a governança organizacional pública exerça alguma influência superior, no sentido de assegurar que a administração ou gestão, ao exercer essas atividades, mantenha-se alinhada com as diretrizes e objetivos estratégicos da governança.

Portanto, é necessário compreender a governança pública (Brasil, 2014) para poder aplicá-la adequadamente: e o ponto de partida é entender sua essência e fundamentos que se encontram demonstrados no item 5.1-a, o seu conceito, bem como todos os demais esclarecimentos expressados neste capítulo.

É a partir dessa compreensão que a governança pública deverá ser entendida, implementada e aplicada, visto ser utopia ou ingenuidade falar de múltiplas denominações da governança (incorretas), sem entender o que é a governança pública, ou se ela sequer foi implementada na administração e gestão, ou se foi mal implementada e está sendo aplicada sem observância das diretrizes, premissas e princípios que norteiam a governança pública.

Essa falta de entendimento de sua essência, fundamentos, papéis e aplicação, não tem permitido que a governança ocupe sua posição estratégica, exerça seu poder de governo, organize e direcione a administração, fortaleça a gestão, e produza as transformações necessárias.

Todavia, se vencida essa etapa, obtido o conhecimento, implementada e aplicada a boa governança, o resultado pode ser uma verdadeira revolução na melhoria dos serviços públicos e resultados do governo e da administração pública, com reflexos diretos e positivos para as instituições públicas, para a sociedade e para todos os cidadãos.

4.4 DIFERENCIANDO GOVERNANÇA DE ADMINISTRAÇÃO E GESTÃO

Até meados da segunda década deste século existia muita confusão envolvendo governança e administração, que aos poucos foi sendo esclarecida, apesar de o referencial de governança do Brasil (2014) já ter demonstrado claramente essa segregação.

Todavia, persistem entendimentos equivocados tratando a governança como um modelo de gestão. Assim, reforça-se que a governança é diferente de administração e gestão. No papel estratégico de "governar a instituição" ela está acima da gestão, ela manda na administração e interfere no direcionamento, nos objetivos, na participação, ao mesmo tempo em que monitora e avalia as ações dos gestores e os resultados da gestão (Paludo, Oliveira, 2024).

O TCU (Brasil, 2020) reiterou que governança não é o mesmo que gestão, e que a função da governança é mais direcionadora e se preocupa com a qualidade do processo decisório e sua efetividade; em como obter o maior valor possível para o(s) proprietário(s) e para as partes interessadas; com a resolução dos problemas priorizados; como e porque as decisões são tomadas; e com os resultados alcançados. A gestão, por sua vez, é executora, e a partir do direcionamento da governança, se preocupa com a qualidade da implementação dos serviços e demais atribuições, e com a eficiência e a eficácia (Brasil, 2020, p. 17).

Governança "refere-se a arte de governar, e visa, em primeiro lugar, melhorar a administração, e não propor um novo modelo de gestão" (Pitseys, 2010, p. 214-215).

Nesse sentido também se encontra o entendimento da Rede de Governança Brasil, para a qual a governança e a gestão caminham juntas, todavia são diferentes: a governança dá o alinhamento superior e o suporte para a gestão, que baseada em dados, informações e evidências, permite ao gestor tomar as decisões com maior assertividade, envolvendo as partes interessadas (RGB, 2021).

Vê-se que, ainda que tenham interesses comuns, são diferentes as funções da governança e da gestão. De forma esclarecedora, Paludo, Oliveira (2024) segregaram as principais atribuições da governança e da administração/gestão, conforme demonstrado nos quadros 16 e 17 deste livro.

Para dirimir eventual dúvida residual, reflita-se acerca desta afirmação: a administração e a gestão existiam, existem e continuarão a existir com ou sem a governança; todavia a governança só existe se for implementada: portanto, a governança depende da administração e da gestão para existir, para desempenhar seu papel e para alcançar suas pretensões.

Dessa forma, independentemente do modelo de administração ou de gestão, a governança incidirá sobre ele, assegurando um governo equilibrado, voltado para o bem comum, com espaço para os principais atores, e que produza resultados que atendam a maioria das partes interessadas; todavia, sem a administração e a gestão a governança nem sequer existe, e, portanto, será incapaz de influenciar e de gerar qualquer resultado.

4.5 PAPÉIS IMPORTANTES DA GOVERNANÇA PÚBLICA

O Brasil (2020) destaca três funções (papéis) básicos da governança: avaliar, direcionar e monitorar; todavia, existem outros papéis relevantes desempenhados por ela: a governança pública municipal não cuida apenas dessas funções ou da tomada de decisão, mas "está inserida em todo o processo de governar o Município" (RGB, 2021, p. 10).

Os papéis da governança pública municipal ou da governança organizacional pública, assemelham-se com as principais atribuições da governança, porém aqui foram demonstrados de outra forma, incluindo também itens do fundamento e essência da governança (item 5.1-a). Esses papéis ou são realizados por ela ou para ela são muito importantes, conforme figura 22; sempre se valendo da administração e da gestão para fazer acontecer.

FIGURA 22 - PRINCIPAIS PAPÉIS DA GOVERNANÇA PÚBLICA MUNICIPAL

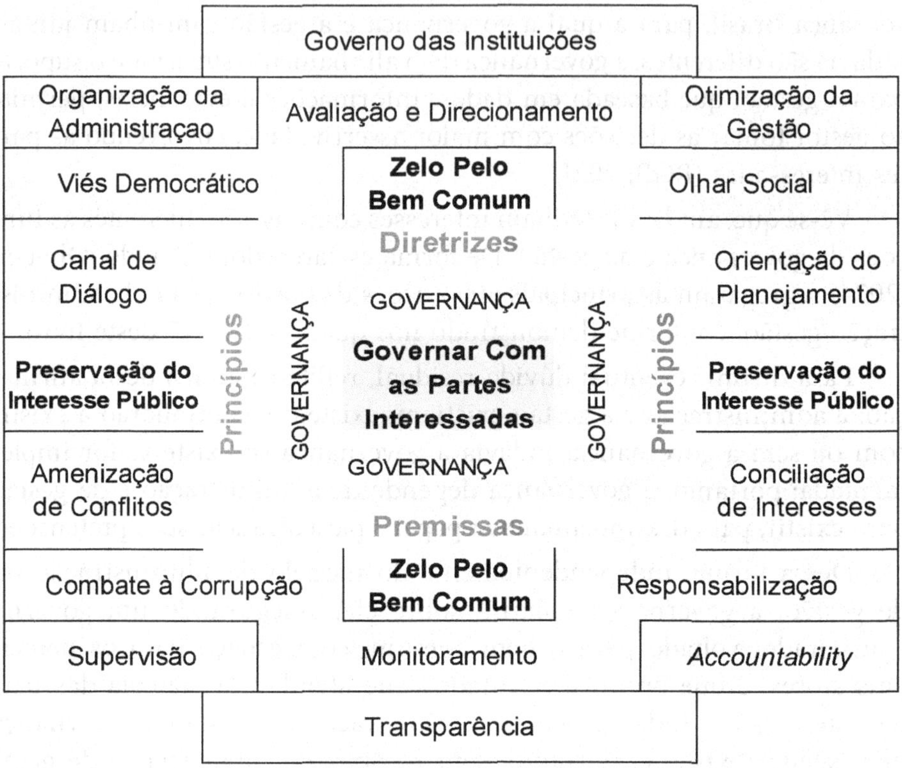

FONTE: Os autores (2025).

Conforme figura 22, os principais papéis da governança pública municipal são preservar o interesse público e zelar pelo bem comum: isso significa que todas as decisões, ações e resultados municipais, no contexto da governança, devem estar imbuídas do mais austero e altruísta espírito público e voltadas para a promoção do bem comum de toda a população municipal.

Na sequência têm-se os papéis de governo das instituições, de organização, avaliação e direcionamento da administração pública, e da otimização da gestão. A governança utiliza de seu poder de governo para organizar e fortalecer a administração, bem como apregoa instrumentos de modernização e otimização da gestão, sempre zelando para que os resultados atendam a maioria das partes interessadas e contribuam para o bem comum de todos os cidadãos.

A governança fortalece a administração e otimiza a gestão mediante a reorganização, reestruturação, atribuição de competências e responsabilidades, segregação de funções, além de estabelecer um conjunto de regras que devem ser observadas pela administração e pelo gestor, que visam assegurar condutas e atitudes íntegras e corretas, sempre com espaço para a participação dos principais atores interessados: sociedade, mercado, cidadãos e usuários.

No contexto da administração e gestão, os gestores públicos é que farão a diferença, e por isso a governança impõem diretrizes, premissas e princípios que deverão ser observados fielmente e com responsabilidade, integridade e espírito público, pelos gestores e pela instituição pública. A maioria dessas diretrizes, premissas e princípios deverão ser observadas, também, pelos demais atores que participam da administração e gestão, e do planejamento para o desenvolvimento.

O viés democrático refere-se à participação das partes interessadas no meio público, que contribui para reduzir a discricionariedade da autoridade máxima e o direcionamento das ações para o atendimento do interesse público; e o olhar social contribui para assegurar que as decisões e resultados sejam voltados para o atendimento das partes interessadas, para a redução das desigualdades sociais e para a promoção do bem-estar de todos.

A governança impõe que a administração construa canal(is) efetivo(s) para que as partes interessadas possam participar das principais decisões públicas, na fiscalização das atividades e na avaliação de resultados; e, atua, também, na amenização de conflitos e conciliação de interesses, e na orientação da elaboração do planejamento estratégico participativo.

Os canais de participação são instrumentos relevantes para coletar opiniões, críticas, reclamações e denúncias, contribuindo para o combate a fraudes e corrupção, e para a efetividade e transparência na comunicação e no relacionamento da organização com as partes interessadas (IBGC, 2015). Devem estar disponíveis para a sociedade e para os cidadãos, e ser divulgados entre servidores e partes interessadas (Brasil, 2020).

Por meio de regras claras, construídas a partir das diretrizes, premissas e princípios, a governança ameniza conflitos e concilia interesses entre todos os atores envolvidos. Esses conflitos nem sempre são objetos de questionamento sob o ponto de vista jurídico; assim, a governança faz-se ainda mais necessária para a sua mitigação e tratamento, e para proteção do interesse da organização, cujas decisões e ações devem estar fundamentadas no propósito organizacional e nos princípios de governança (IBGC, 2023).

A governança também impõe à administração, à gestão e aos gestores, o combate a corrupção e a responsabilização dos agentes com poder de decisão (Brasil, 2014), em casos de desvio de finalidade ou de recursos, fraude ou corrupção.

A implementação da governança já é uma forma de combater a corrupção (BM, 2002; IFAC, 2014, Penedo, 2016; OCDE, 2018, Paludo & Oliveira, 2024), pois mediante o estabelecimento de critérios para a seleção de gestores e líderes, instituição de códigos de ética, programa de integridade, regras e princípios, e responsabilização dos agentes com poder de decisão, diminui-se os espaços para a prática desse mal.

Ainda, a governança supervisiona e monitora a administração e os gestores, exige a prestação de contas (*accountability*), e transparência das decisões, ações e resultados. A transparência "permite que a sociedade obtenha informações atualizadas sobre operações, estruturas, processos decisórios, resultados e desempenho do setor público" (Brasil, 2020, p. 45); e "não se restringe aquelas exigidas por leis, regulamentos ou desempenho econômico-financeiro, mas contempla também os fatores ambiental, social e de governança" (IBGC, 2023, p. 18).

Todas as principais questões administrativas são monitoradas pela governança, para assegurar à sociedade e aos cidadãos, que as ações das instituições públicas preservem o interesse público e estejam voltadas para o bem comum, e para a produção de resultados que atendam as partes interessadas e aos anseios da população.

Considerando o conjunto e a importância dos papéis atribuídos a governança, reitera-se o entendimento da governança pública no papel de governo estratégico das instituições, posição que lhe permite exercer a plenitude de seus papéis/funções, monitorar a atuação dos gestores e os resultados da administração, e produzir as transformações por ela pretendidas e desejadas pela sociedade.

4.6 CONEXÃO ENTRE GOVERNABILIDADE, GOVERNANÇA E ADMINISTRAÇÃO

Conforme demonstrado na figura 7 (Fontes da Governabilidade Municipal, item 3.1), o(a) Prefeito(a) pode se valer do apoio popular, da coalização de vereadores, do apoio do Presidente da República, Governadores, Senadores e Deputados, do apoio de grandes empresas, de entidades representativas, de instituições religiosas e de personalidades locais, para assegurar a governabilidade; e, neste século, se vale também da governança pública, que mediante mecanismos próprios ou por meio da administração, também contribui para conciliar interesses e assegurar a governabilidade municipal.

FIGURA 23 - CONEXÃO ENTRE GOVERNABILIDADE, GOVERNANÇA E ADMINISTRAÇÃO

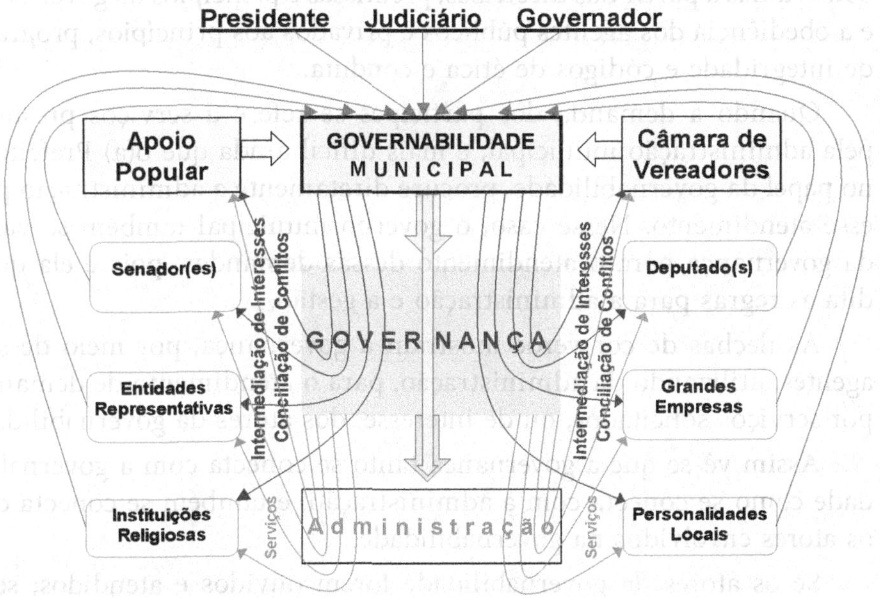

FONTE: Os autores (2025).

Essa figura 23 indica os vários elementos que contribuem para a governabilidade municipal, demonstrados pelas flechas avermelhadas, que partem de cada um dos elementos/atores e se conectam a governabilidade municipal: influenciando sua estabilidade, sua instabilidade ou limitando sua atuação.

Em cores azuis vê-se a governança atuando como braço operacional da governabilidade, na intermediação de interesses e conciliação de conflitos entre os atores da governabilidade, e demonstra a conexão da governabilidade com esses diversos atores, por meio da governança.

Na maioria das situações a governabilidade direta, por meio do(a) Prefeito(a), não consegue, sozinha, intermediar interesses e conciliar conflitos entre esses seletos atores, e para isso se vale do seu braço operacional que é a governança (Araujo, 2002). As linhas azuis partem da governabilidade para buscar o auxílio da governança e assim conciliar interesses, amenizar conflitos e solucionar pendências, ou atender demandas desses atores, assegurando a estabilidade da governabilidade municipal.

A intermediação de interesses e conciliação de conflitos, no contexto da governança, ocorre por meio da obediência às regras institucionais construídas a partir das diretrizes, premissas e princípios da governança, e a obediência dos agentes públicos e privados aos princípios, programa de integridade e códigos de ética e conduta.

Quando a demanda dos partícipes se refere a serviços prestados pela administração municipal, é mais difícil ainda que o(a) Prefeito(a), no papel da governabilidade, procure diretamente a administração para esse atendimento. Nesse caso, o governo municipal também se valerá da governança para o atendimento dessas demandas, pois é ela quem dita as regras para a administração e a gestão.

As flechas de cor verde mostram a governança, por meio de seus agentes, utilizando da administração, para o atendimento de demandas por serviços solicitados, ou de interesse, dos atores da governabilidade.

Assim vê-se que a governança tanto se conecta com a governabilidade como se conecta com a administração, e também se conecta com os atores envolvidos na governabilidade.

Se os atores da governabilidade forem ouvidos e atendidos; se as regras e mecanismos de governança forem suficientes e claras; e se a administração municipal for eficiente; esses atores, a sociedade e demais partes interessadas, ficarão satisfeitos: fato que contribui para aumentar a legitimidade do(a) Prefeito(a), fortalecendo os laços de governabilidade.

Assim, vê-se que, tanto a governabilidade, como a governança e a administração, e os atores relacionados na figura 23, são essenciais para a manutenção da estabilidade política, econômica e social do município.

4.7 SISTEMA DE GOVERNANÇA E ADMINISTRAÇÃO PÚBLICA MUNICIPAL

O sistema de governança e administração pública municipal é representado pela estrutura da governança, administração, gestão e gerenciamento, pelos agentes e demais atores envolvidos. A estrutura de governança "é composta pelos agentes, órgãos e relações existentes" (IBGC, 2023, p. 20).

A governança não tem contornos rigidamente delimitados porque está sempre aberta para receber e dar sua contribuição, conforme figura 24.

FIGURA 24 - SISTEMA DE GOVERNANÇA E ADMINISTRAÇÃO PÚBLICA MUNICIPAL

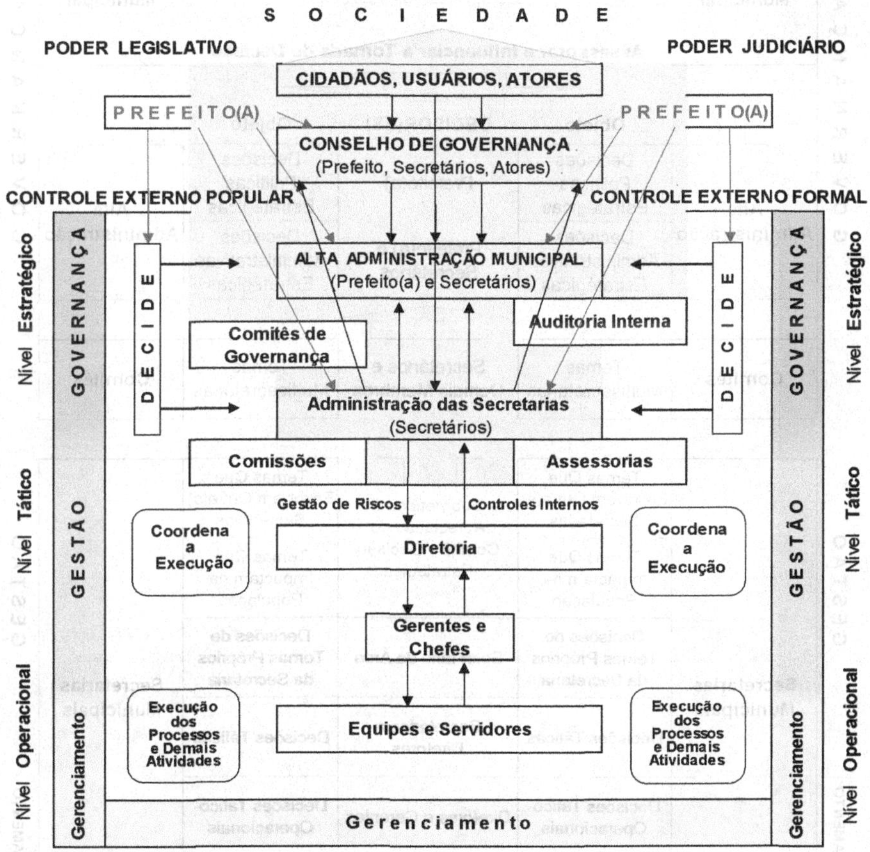

FONTES: Adaptado de Brasil (2020), RGP (2021), Paludo & Oliveira (2024).

O sistema de governança e administração pública municipal (figura 24) deve ser analisado e compreendido juntamente com o sistema de decisão municipal (figura 25), visto que, no contexto da governança pública a tomada de decisão participativa baseada em dados e informações "é uma ferramenta-chave que os governantes e a administração pública podem usar para melhorar os custos e benefícios prováveis" (CNM, 2018, p. 40), tanto em aspectos administrativos como em investimentos ou políticas públicas.

FIGURA 25 - SISTEMA DE DECISÃO MUNICIPAL

FONTE: Os autores (2025).

Conforme figura 24, no sistema de governança e administração municipal, acima de tudo tem a sociedade e os cidadãos, que são os verdadeiros detentores do poder, conforme parágrafo único do artigo primeiro da CF/1988 "Todo o poder emana do povo, que o exerce por meio de representantes eleitos ou diretamente, nos termos desta Constituição".

Os poderes Legislativo e Judiciário, assim como os órgãos de controle formal, delimitam e influenciam na atuação da governança. O controle externo popular tem atuação mais tímida e seus resultados dependem do tratamento dado por órgão formal de controle e fiscalização, ou pela própria administração, quando recebe essas manifestações.

No sistema de governança e administração pública municipal, o(a) sr(a) Prefeito(a), como representante eleito democraticamente para exercer o poder municipal é o agente de destaque, cabendo a ele o papel principal.

No contexto da governabilidade o(a) Prefeito(a) posiciona-se acima do conselho de governança, visto que esta é um meio de operação da governabilidade; no conselho de governança assume o papel de ouvir e analisar as demandas e sugestões das partes e zelar pela equidade entre os partícipes; no âmbito da alta administração municipal é a principal autoridade administrativa e quem decide as questões estratégicas (figura 25); e no âmbito da administração e da gestão das secretarias municipais, é o agente quem tem poder de influenciar diretamente nas decisões.

O conselho de governança municipal, composto pelo(a) Prefeito(a), secretários municipais e atores sociais definidos pelos municípios, tem a missão de debater temas relevantes, assessorar e influenciar a tomada de decisão estratégica, supervisionar e monitorar a administração, avaliar os resultados, e zelar pelo interesse público e pelo bem comum. Os representantes da sociedade civil, além de um cidadão comum, podem ser dos setores de segurança, saúde, educação, academia e mercado.

No contexto da governança têm-se, também, a alta administração municipal, composta pelo(a) Prefeito(a) e pelos secretários municipais, pelos comitês de governança, e pela auditoria interna. O fundo azul-claro demonstra que a governança se estende até a cúpula da administração das secretarias municipais (os secretários), e um flash de ligação que chega até a diretoria, para assegurar o correto entendimento das decisões da governança e o seu alinhamento com as atividades táticas e operacionais.

No sistema de governança a "autoridade máxima da organização e os dirigentes superiores são os agentes públicos que atuam nessa estrutura"

(Brasil, 2020, p. 71), representados tanto no conselho de governança como na alta administração, que no âmbito local está no comando das secretarias municipais.

Além da secretaria de administração, a qual cabe um papel mais amplo em termos de administração e gestão, os demais secretários municipais também administram suas secretarias, com o apoio de comissões e assessorias; e, juntamente com os diretores (Paludo, Oliveira, 2024), também são responsáveis pela gestão de riscos e controles internos.

No nível tático das secretarias municipais, têm-se a área de gestão, em que as diretorias coordenam a execução dos serviços e atividades, e contribuem, em todos os aspectos, para administração das secretarias municipais. Os diretores são responsáveis pela gestão e pela coordenação da execução, em sintonia com as orientações da governança (IBGC, 2023) e com as ordens específicas dos secretários das respectivas áreas.

O nível operacional reflete a área de gerenciamento, com os gerentes e chefes, as equipes de trabalho e demais servidores, que são responsáveis diretos pela prestação dos serviços públicos municipais e execução das demais atividades operacionais.

Conforme se observa na figura 25, à tomada de decisão acompanha os níveis especificados no sistema de governança e administração pública municipal: em nível operacional são tomadas pelos gerentes e chefes; no nível tático-operacional pelos diretores e gerentes; no nível tático pelos diretores e secretários; em nível de secretaria pelos secretários; e temas estratégicos são decididos pelo Prefeito e secretários municipais.

Assim, vê-se que o sistema de governança e administração pública municipal é um sistema complexo, formado por regras, relações, atores e elementos inter-relacionados.

Ainda que alguns atores detenham a primazia ou maior fatia de poder, ou maior responsabilidade, todos os envolvidos na governança pública municipal devem atuar harmonicamente para um bom funcionamento da administração e da gestão, para que os resultados pretendidos pelas partes interessadas possam ser alcançados, e para que o município possa avançar nos aspectos econômico e social, com sustentabilidade.

4.7.1 Apoio à Governança, Administração e Gestão

4.7.1.1 Comitês de Governança

O funcionamento da governança pública municipal é auxiliado pelos comitês de governança. Para o decreto 9.203/2017, as principais competências dos comitês são: auxiliar a alta administração na implementação e manutenção de processos, estruturas, mecanismos e práticas de governança; incentivar e promover iniciativas para aprimorar o processo decisório; acompanhar os resultados e propor soluções de melhoria institucional; e elaborar manifestação técnica acerca de temas de sua competência.

Os comitês são constituídos para áreas como finanças, controle e auditoria, compras, tecnologia da informação; em regra, reunindo mais de uma dessas áreas no mesmo comitê. Funcionam como instâncias internas de apoio, contribuindo para que as boas práticas de governança se desenvolvam e sejam implementadas nos níveis tático e operacional (Brasil 2020; RGB, 2021). Os comitês tratam de temas específicos de suas áreas e exercem atividades de supervisão ativa e preventiva, visando à confiabilidade e integridade das informações, e ao aprimoramento da própria governança. Devem ter composição mista, de modo a evitar situações de conflitos de interesses (IBGC, 2023).

O poder de decisão dos comitês é limitado (figura 25), visto que a maioria dos temas serão submetidos à decisão da alta administração (Prefeito(a) e secretários). Esses comitês recebem demandas do conselho de governança e dos secretários, ao mesmo tempo em que atuam como ponte entre atores e secretarias municipais e o(a) Prefeito(a), principal responsável pelas decisões estratégicas.

Nos municípios, os comitês podem ser formados pelos secretários das pastas, chefes de gabinetes, responsáveis pelo planejamento, controle interno e administração, e, "se possível, envolver a sociedade civil" (RGB, 2021, p. 34). Todavia, os atores sociais não são obrigatórios nos comitês, mas se houver, devem ter afinidade com a área de atuação do comitê, com vistas a contribuir para a construção de soluções.

Os comitês deverão ser presididos pelo secretário da pasta mais interessada, suas reuniões e recomendações devem ser registradas em atas, e o presidente do comitê deverá participar da reunião do conselho municipal de governança, tanto para encaminhamento das questões como para alinhamento das atividades do comitê com as orientações do conselho de governança.

4.7.1.2 Auditoria Interna

A auditoria interna compreende um departamento, divisão ou equipe, que presta serviços independentes e objetivos de avaliação e de consultoria, com a finalidade de agregar valor e melhorar as operações da organização. A auditoria interna "auxilia a organização a atingir seus objetivos, aplicando uma abordagem sistemática e disciplinada para avaliar e melhorar a eficácia dos processos de governança, gerenciamento de riscos, e controle" (Brasil, 2020, p. 214).

O trabalho da auditoria na avaliação compreende a análise objetiva de evidências, pelo auditor interno, visando fornecer opiniões ou conclusões nos diversos aspectos avaliados. Na consultoria, compreende atividades de assessoria e aconselhamento, realizados a partir da solicitação específica dos gestores públicos, acerca de assuntos estratégicos da gestão (GPGP, 2018).

A auditoria interna contribui para uma boa governança, fornecendo ao gestor informações e instrumentos de suporte à tomada de decisão, atuando na prevenção de desvios e responsabilização dos agentes, e avaliando o gerenciamento de riscos e a eficiência dos processos internos (RGB, 2021, p. 44). Ainda, fica vigilante quanto a transparência e atenta para a *accountability*.

Portanto, a auditoria interna é essencial para avaliar objetivamente a eficácia dos elementos de interesse da governança (Brasil, 2020); e sua abordagem baseada em risco visa promover à prevenção, à detecção e à investigação de fraudes praticadas por agentes, quando na utilização de recursos públicos.

Assim, um município com auditoria interna independente e atuante, dá um passo importante para a implementação das boas práticas da governança, para a prevenção de fraudes, para o alcance dos objetivos, e para que as instituições públicas conquistem a confiança da sociedade.

4.7.1.3 Assessorias e Comissões

As assessorias, jurídicas ou de gestão, auxiliam os secretários municipais, e os diretores, a tomarem decisões que estejam em harmonia com as normas vigentes e que atendam aos preceitos da economicidade eficiência, eficácia, efetividade e sustentabilidade.

Assim, as assessorias apoiam o administrador público municipal (RGB, 2021), assegurando a regularidade das ações, ou padrões operacionais mais eficientes e sustentáveis.

As comissões internas podem ser de caráter permanente ou transitório, e são designadas pela autoridade administrativa para tratar de temas específicos, como material permanente, gestão documental, acessibilidade, ética, etc.

A comissões "têm caráter opinativo e sua denominação pode variar de acordo com a organização" (Brasil, 2020, p. 217). As comissões provisórias esgotam seu trabalho com a emissão do relatório contendo suas considerações e recomendações; enquanto as permanentes são consideradas essenciais e seus trabalhos estende-se ao longo dos anos.

Portanto, as assessorias e comissões contribuem para que a gestão municipal observe os preceitos legais, analise e promova inovações, e priorize a eficiência em suas operações, de forma sustentável.

4.7.1.4 Gestão de riscos e controles internos

Enquanto os controles internos devem estar presentes em todas as áreas da administração, a gestão de riscos se preocupa mais com os riscos que podem afetar o alcance dos principais objetivos das instituições municipais.

Gestão de riscos é o processo de natureza permanente, estabelecido, direcionado e monitorado pela alta administração, que contempla as atividades de identificar, avaliar e gerenciar potenciais eventos que possam afetar a organização, destinado a fornecer segurança razoável quanto à realização de seus objetivos (Brasil, 2020).

A gestão de riscos é um elemento de governança, mas é levado a termo pela alta administração e pela diretoria. Cabe a alta administração, como integrante da governança, estruturar e implementar a gestão de riscos (GPGP, 2018, Brasil, 2020, RGB, 2021), e, aos demais gestores compete apoiar a cultura e gerenciar os riscos nas áreas de sua responsabilidade, de acordo com a tolerância e apetite ao risco estabelecido pela autoridade máxima.

Não existe risco zero: todas as instituições públicas estão sujeitas a riscos (Vieira e Barreto, 2019), representados por circunstâncias incertas que ocorrem no dia a dia da administração. Riscos surgem "de maneira natural ou inesperada; são situações desafiadoras ou, até mesmo, oportunidades para as soluções serem encontradas" (RGB, 2021, p. 43).

Riscos são identificados a partir da definição dos objetivos, e são avaliados em termos de probabilidade de ocorrência e do impacto causado, caso se concretizem. A "avaliação de risco envolve a comparação do nível do risco com o limite de exposição ao risco, a fim de determinar se ele é aceitável" (Brasil, 2020, p. 215), e tem como resultado a matriz de riscos, que avalia os riscos em baixo, médio e alto.

Em regra, os riscos baixos não são tratados (face a baixa probabilidade e impacto), os médios e altos recebem tratamento, são objetos de preocupação da administração, e devem ter resposta adequada.

Quatro respostas aos riscos são possíveis: evitar (não iniciar ou descontinuar a atividade que origina o risco); aceitar (deixar a atividade como está, não adotando qualquer medida); reduzir (desenvolver ações para mitigar o risco, ou seja, remover suas fontes ou reduzir a probabilidade e/ou o impacto); e compartilhar (distribuir parte do risco para outros atores) (MDR, 2020, p. 28).

A resposta ao risco dependerá, também, do apetite ao risco definido pela maior autoridade administrativa (que no município é o Prefeito), e deve ser avaliada quanto ao seu custo e possível benefício.

Por exemplo: um processo de tomada de decisão orientado pela gestão de risco e pelo princípio da integridade, e com base na informação apoiada em evidências, é mais capaz de gerar ações e resultados consistentes com a missão da instituição e as aspirações da população municipal. De outro lado, gestores descomprometidos com a integridade decidem segundo suas ideologias, com maior potencial de desvio da finalidade pública para atender interesses particulares. Assim, para gerenciar esse risco de desvio de finalidade, uma resposta para amenizar a probabilidade que ele ocorra, é estabelecer critérios para a nomeação de gestores, que incluam, também, a vida pregressa íntegra e a defesa do interesse público.

Portanto, gerenciar riscos é pensar e identificar antecipadamente os eventos que poderão ocorrer e impactar no alcance dos objetivos; e, tentar prevenir que determinadas situações aconteçam, ou ao menos diminuir o impacto caso elas ocorram. "Na prática, a gestão de riscos tem foco em esforços de prevenir e identificar riscos e adotar ações para gerenciar os riscos identificados" (CNM, 2018, p. 39).

Como parte integrante da gestão de riscos, o controle interno é o principal instrumento para administrar riscos de maneira eficaz. Uma governança bem-sucedida exige o efetivo funcionamento do controle interno na administração (RGB, 2021). A figura 26 demonstra a gestão de riscos e controles internos na governança.

FIGURA 26 - GOVERNANÇA, GESTÃO DE RISCOS E CONTROLES INTERNOS

FONTE: Vieira & Barreto (2019).

Assim, a administração deve "utilizar-se de controles internos para manter os riscos em níveis adequados e aceitáveis" (Brasil, 2020, p. 30). O controle é de responsabilidade da administração e de todos os agentes públicos, e cabe a auditoria interna avaliar os controles existentes, assegurar seu aprimoramento ou sua implementação (Kinzler, 2023).

O gestor municipal "não precisa esperar que uma crise ocorra para gerenciar o problema dela decorrente, ele precisa estar preparado durante todo o processo" (CNM, 2018, p. 39). Para isso, deve estabelecer os controles internos administrativos e utilizar as linhas de defesa (quadro 18) para prevenção de riscos que podem comprometer a execução das atividades e o alcance dos objetivos.

QUADRO 18 - LINHAS PARA DEFESA DE RISCOS

Primeira linha: controles internos	É responsabilidade da gestão e contempla os controles primários para identificar, avaliar, controlar e mitigar os riscos, implementando procedimentos para garantir que as atividades sejam realizadas de acordo com os objetivos da organização.
Segunda linha: assessorias	É responsabilidade da gestão como apoio aos controles internos. São atividades de assessoramento jurídico e de gestão, e verificação de conformidade, que visam assegurar que as atividades realizadas pela primeira linha sejam desenvolvidas e executadas de forma apropriada.
Terceira linha: auditoria interna	É atividade de auditoria interna governamental, que presta serviços de avaliação e de consultoria, auxiliando o gestor na estruturação e funcionamento das duas primeiras linhas de defesa, e fornecendo informações para a alta administração, gestores e sociedade.

FONTE: Adaptado de GPGP (2018, p. 73).

Vê-se, portanto, que a implementação de controles internos administrativos é o primeiro passo para a prevenção de falhas e desvios e para assegurar a conformidade das operações, auxiliando as unidades a identificar riscos e tomar medidas que se apresentem adequadas para minimizá-los ou afastar a sua ocorrência, contribuindo, assim, para o alcance dos objetivos definidos.

A gestão de riscos proporciona decisões mais assertivas e fornece garantia razoável para que os objetivos organizacionais sejam alcançados (IFAC, 2013; Brasil, 2014; IBGC, 2015); todavia, sãos os mecanismos de controle interno que mantém os riscos em nível razoável e asseguram maior transparência e integridade: assim, tanto a gestão de riscos como os controles internos são essenciais para uma boa governança e administração pública municipal.

4.7.1.5 Programa de Integridade

A integridade visa assegurar "que a administração pública não se desvie de seu objetivo precípuo: promover o interesse público em conformidade com os princípios éticos e as normas legais" (Vieira e Barreto, 2019, p. 180). Ela orienta os gestores públicos a atuar conforme os princípios e normas, aumentando a confiança na instituição pública (OCDE,

2018), visto que a prevenção e o combate à corrupção interessam a todos: governo, instituição pública, empresas, sociedade e cidadãos.

A integridade pública fortalece os padrões éticos e morais de conduta desejados para a organização e agentes públicos, de forma a "sustentar e priorizar o interesse público sobre os interesses privados" (Brasil, 2020, p. 223). Todavia, na governança, seu alcance vai além, servindo de instrumento para um setor público mais eficiente e uma sociedade mais inclusiva (GPGP, 2018).

No contexto da governança, a alta administração deve desenvolver e implementar o programa de integridade (CGU, 2017), válido para todos os agentes municipais. A ética e a compliance são os pilares da integridade: a ética orienta o comportamento virtuoso dos agentes públicos, voltado para uma atuação correta e para a promoção do bem comum (IBGC, 20223); e a compliance assegura o cumprimento das normas e princípios aplicáveis (Vieira, Barreto, 2019).

O programa de integridade possui enfoque preventivo, pois visa de maneira precípua à diminuição dos riscos de corrupção em dada instituição pública (CGU, 2017); e sua implementação visa transformar a cultura da organização, para que se torne mais ética, íntegra, transparente e voltada para o interesse público e o atendimento das necessidades dos cidadãos.

Esse programa consiste num "conjunto estruturado de medidas institucionais voltadas para a prevenção, detecção, punição e remediação de fraudes e atos de corrupção, em apoio à boa governança" (Brasil, 2020, p. 230), e deve ser estruturado e aplicado considerando as particularidades de cada município. A política de integridade deve ter abordagem adaptada ao contexto comportamental e baseada em risco, e com controles internos voltados à prevenção das falhas, ao invés de focar na instauração de processos sancionadores.

O Plano de integridade detalha a estrutura, as ações e os prazos para a operacionalização do programa e da política. As ações de integridade compreendem: padrões de conduta, código de ética, procedimentos de integridade; estratégia de comunicação; canais de denúncia; e monitoramento do desempenho do programa (Brasil, 2020, p. 230), e devem ser realizadas "em parceria com as atividades, programas e políticas de auditoria interna, correição, ouvidoria, transparência e prevenção à corrupção" (MDR, 2020, p. 32).

Assim, o adequado funcionamento do programa de integridade precisa de controles internos, área disciplinar, procedimentos investigatórios, aplicação de penalidades, e resultados de auditorias, para retroalimentar o sistema e indicar as principais situações a serem tratadas. Ainda, deve ser monitorado, e os resultados, em caso de não conformidade, devem ser comunicados aos responsáveis pela governança e alta administração, para adoção das medidas cabíveis.

Ainda que o programa de integridade seja mais voltado aos agentes com poder de decisão, a integridade na administração pública pode ser replicada em todas as instâncias inferiores (CGU, 2017); e se houver apoio da alta administração e forem praticadas pelas lideranças, serão mais aceitas e internalizadas também pelos servidores, transformando-se em cultura institucional de integridade.

A implementação de um bom plano de integridade "estreita as brechas para a ocorrência de ações corruptas" (RGB, 2021, p. 37), bem como fortalece a atuação de todos os agentes públicos engajados na luta por uma administração pública mais eficiente e efetiva, e voltada para o bem comum de todos os administrados.

4.8 APLICAÇÃO DA GOVERNANÇA NO PLANEJAMENTO PARA O DESENVOLVIMENTO LOCAL

O planejamento do desenvolvimento local é um dos atos mais importante do município, com potencial para transformar a realidade local e a qualidade de vida de seus habitantes.

O planejamento estratégico municipal é um guia para o município e "serve para orientar o desenvolvimento de forma ordenada e sustentável, definindo as estratégias e ações necessárias para alcançar o futuro desejado" (CFA, 2023, p. 12).

Como esse planejamento envolve diversos atores públicos, privados e do terceiro setor, a atuação da governança é clara: ela determina que a administração convoque as partes/atores interessados para o centro da discussão e da tomada de decisão, com vistas à solução de problemas público-sociais (Reis, 2018), ajuda a administração a direcionar o planejamento para a promoção do crescimento e desenvolvimento, e monitora para que os objetivos visem ao bem-estar da coletividade.

Na construção desse planejamento participam o(a) Prefeito(a), a administração pública e as partes interessadas intra e extramunicipais, sob a orientação da governança, conforme figura 27.

FIGURA 27 - GOVERNANÇA NO PLANEJAMENTO PARA O DESENVOLVIMENTO MUNICIPAL

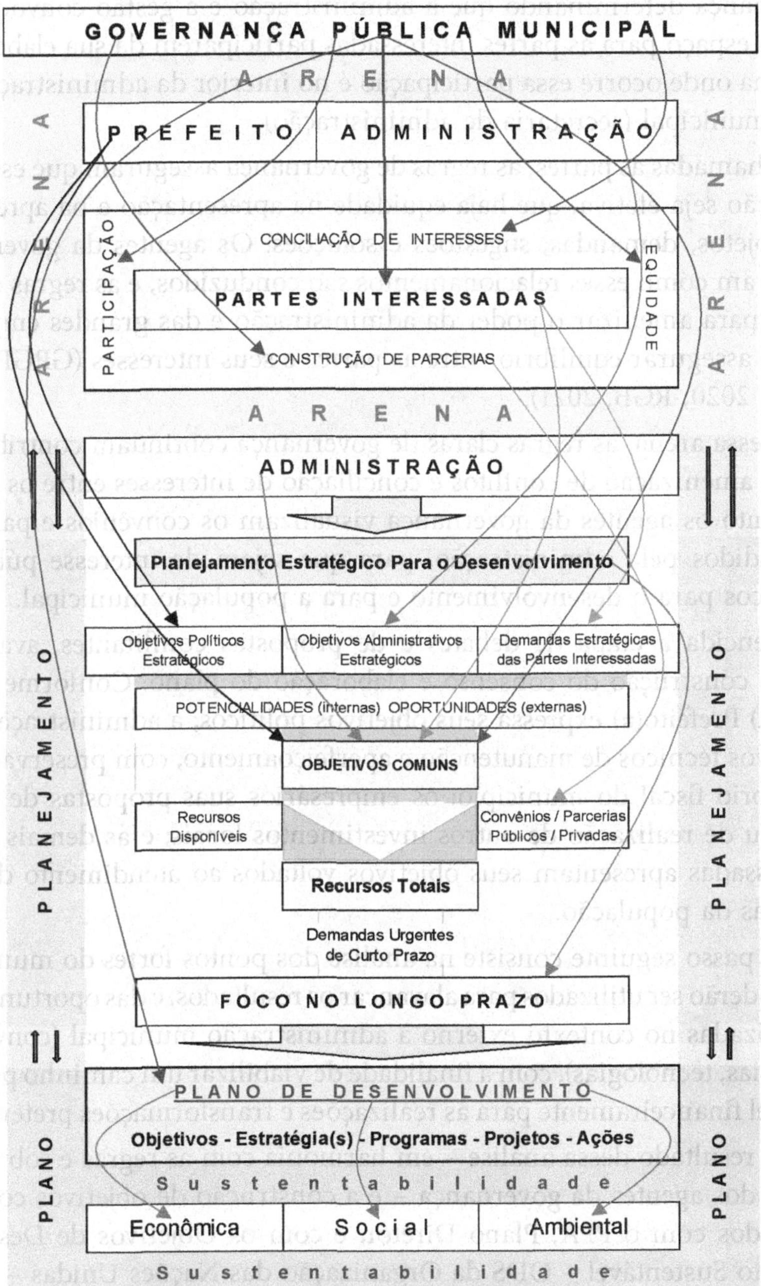

FONTE: Os autores (2025).

O processo inicia com a administração da instituição pública divulgando o calendário para elaboração do planejamento, e as regras de governança determinando que a administração e a gestão convoquem e abram espaço para as partes interessadas participarem da sua elaboração. A arena onde ocorre essa participação é no interior da administração pública municipal (secretaria de administração).

Chamadas as partes, as regras de governança asseguram que essa participação seja efetiva, que haja equidade na apresentação e na apreciação de projetos, demandas, sugestões e soluções. Os agentes da governança observam como esses relacionamentos são conduzidos, e as regras contribuem para amenizar o poder da administração e das grandes empresas, e para assegurar equilíbrio entre as partes e seus interesses (GPGP, 2018; Brasil, 2020; RGB, 2021).

Nessa arena, as regras claras de governança continuam contribuindo para a amenização de conflitos e conciliação de interesses entre os atores, enquanto os agentes da governança visualizam os convênios e parcerias pretendidos pela administração, para que sejam de interesse público e benéficos para o desenvolvimento e para a população municipal.

Vencida a etapa de debates e de propostas conflitantes, avança-se para a construção do consenso e elaboração do plano. Conforme figura 27, o(a) Prefeito(a) expressa seus objetivos políticos; a administração seus objetivos técnicos de manutenção e aperfeiçoamento, com preservação do equilíbrio fiscal do município; os empresários suas propostas de parcerias, ou de realização de outros investimentos locais; e as demais partes interessadas apresentam seus objetivos voltados ao atendimento das demandas da população.

O passo seguinte consiste na análise dos pontos fortes do município, que poderão ser utilizados para alavancar os resultados, e das oportunidades visualizadas no contexto externo à administração municipal (convênios, parcerias, tecnologias), com a finalidade de viabilizar um caminho possível e viável financeiramente para as realizações e transformações pretendidas.

O resultado dessa análise – em harmonia com as regras e sob a vigilância dos agentes da governança – é a construção de objetivos comuns, alinhados com o PPA, Plano Diretor, e com os Objetivos de Desenvolvimento Sustentável – ODS da Organização das Nações Unidas – ONU. Esses objetivos devem ser passíveis de serem realizados com a estrutura, competência e recursos municipais, e, ainda, voltados para a promoção do crescimento e desenvolvimento do município, e para o bem comum da população local.

O alinhamento dos objetivos municipais com os ODS, gera um "impacto expressivo e capaz de produzir efeito extraordinário, funcionando como indutor do desenvolvimento, muito mais eficiente e saudável, provedor do presente e garantidor do futuro" (Nardone, 2018, p. 37).

Definidos esses objetivos comuns a serem perseguidos por todos os partícipes, que devem contribuir para o alcance dos ODS da ONU, verifica-se o montante de recursos estimados para o período do plano (conforme valores do PPA), e as possibilidades de realização de convênios ou parcerias com outros entes públicos ou empresas privadas, com a finalidade de assegurar recursos e meios suficientes para a implementação do plano.

Com essas etapas concluídas, e com a especificação da estratégia e das ações para alcançar os objetivos, têm-se o plano de desenvolvimento, que é sempre voltado para o longo prazo (Oliveira, 2020), visto que é impossível mudar uma realidade no curto prazo. Todavia, é preciso incluir no planejamento o atendimento das demandas urgentes de curto prazo, principalmente as que afetam o dia a dia da população local.

Em harmonia com os ODS, o plano deve focar a sustentabilidade, reduzindo externalidades negativas e aumentando as positivas (IBGC, 2023). Sustentabilidade é mais que preservação ambiental: ela está diretamente relacionada com a vida de qualidade para as pessoas, incluindo direitos civis, liberdades, serviços e temas como educação e saúde, desigualdade social, pobreza, fome, acesso a água e saneamento, poluição, violência, corrupção, e racionalidade no consumo e na exploração dos recursos naturais: tudo de forma a preservar o equilíbrio do planeta e não comprometer o futuro das próximas gerações.

As instituições públicas municipais interagem e são responsáveis por assegurar, no médio e longo prazos, o equilíbrio e a sustentabilidade econômica, social e ambiental do município. Embora a maior responsabilidade seja do município (Prefeito e administração), a sustentabilidade depende da integração, colaboração e cooperação entre as instituições públicas, o mercado e a sociedade, para viabilizar os planos e as políticas no longo prazo (Silva, Costa, Martins, 2024).

O plano é um "guia para a atuação do poder público, com a participação da sociedade civil e do setor privado, visando o crescimento ordenado e sustentável do município" (CFA, 2023, p. 8). O plano contém os objetivos, estratégias, programas, projetos e ações, e será único para cada município brasileiro, em face de suas particularidades.

Após essas definições, e assegurados os recursos e os meios necessários, é hora de implementar o plano, que deverá ser acompanhado por equipe definida pela secretaria de administração municipal, que a partir de indicadores poderá monitorar sua evolução, bem como atuar na solução de problemas, e assim assegurar a continuidade da execução do plano, até a sua conclusão.

Ao final do período estipulado para o plano, a avaliação dos resultados obtidos deverá ser divulgada para toda a sociedade em cumprimento ao princípio da transparência, com indicação de canal onde a sociedade e os cidadãos possam expressar o seu *feedback* acerca dos resultados, cujas manifestações deverão ser analisadas pela administração, como instrumento para o aperfeiçoamento do plano e da própria gestão.

Se o plano obtiver sucesso, haverá o desenvolvimento municipal, com aumento no número de empregos e no nível de salário dos trabalhadores, e com a consequente redução da criminalidade, da pobreza e da fome; resultando, assim, na redução da desigualdade social e na melhoria da qualidade de vida para os habitantes do município.

4.9 CAMINHO PARA GUIAR A IMPLEMENTAÇÃO DA GOVERNANÇA PÚBLICA MUNICIPAL

A administração e a gestão existem e continuarão a existir, mas a governança precisa ser implementada. Trata-se de um processo que compreende várias etapas, envolvendo a vontade política do(a) Prefeito(a) e da alta administração, o comprometimento dos gestores, além de aspectos normativos e operacionais.

A proposta de caminho ora indicada, contendo nove etapas, destina-se, mais, aos municípios com até 20.000 habitantes4F[1], e apresenta-se como um guia prático e possível de ser utilizado na implementação da governança pública nos municípios brasileiros5F[2].

1 Para municípios com mais de 20 mil habitantes, sugerimos que a adaptação dessa proposta também considere o modelo de implementação do sistema de governança apresentado por Paludo & Oliveira (2024, p. 59-62), anexo a essa tese, e que as mudanças desejadas pela governança sejam organizadas e implementadas juntamente com o planejamento estratégico institucional.

2 Para municípios de regiões metropolitanas sugerimos a complementação dessa proposta com requisitos do sistema de governança multinível (item 2.3.1), que deverá observar o contido no estatuto das metrópoles (lei 13.089/2015).

FIGURA 28 – CAMINHO PARA IMPLEMENTAÇÃO DA GOVERNANÇA PÚBLICA MUNICIPAL

FONTE: Os autores (2025).

1. Decidir pela Implementação da Governança

O(a) sr(a) Prefeito(a), como autoridade máxima municipal, cabe a decisão de implementar a governança no município; ou como diz a RGB (2021, p. 23) "a aplicação da governança em seu Município depende de você Prefeito(a)".

Trata-se da vontade política (Santos, 1993; Costa, 2018; Vasconcelos, 2020) de optar pela implementação da governança pública municipal, cuja determinação deve constar em ato normativo local.

O(a) sr(a) Prefeito(a), ouvindo as lideranças da administração e da gestão, "deve definir como a governança será implantada" (RGB, 2021, p. 24), considerando as necessidades, potencialidades, estrutura e recursos do município.

A partir dessa decisão, é preciso deixar claro para todas as lideranças administrativas, a equipe da gestão, e aos demais atores, que a implementação da governança pública municipal, e suas práticas, "é estratégica e que todos os colaboradores deverão estar engajados nesta missão" (RGB, 2021, p. 31).

Conforme demonstrado no item 5.4, tanto o(a) Prefeito(a) como a alta administração são auxiliados no desempenho de sua missão, pelo conselho e comitês de governança, auditoria interna, assessorias e comissões, e controle interno; sendo, ainda, importante para uma boa governança, a instituição do plano de integridade e a gestão de riscos.

Enquanto o(a) Prefeito(a) como "autoridade máxima é o principal responsável" por determinar a implementação da governança, os dirigentes estratégicos, ligados à autoridade máxima, "são responsáveis por auxiliar no estabelecimento de políticas, objetivos e direcionamento" (Brasil, 2020, p. 41).

Assim, a decisão é do(a) Prefeito(a), mas as escolhas de premissas, diretrizes e princípios serão compartilhadas com a alta administração, que também será a responsável pela elaboração das normas de governança.

Implantar a governança pública na prefeitura é um desafio, porém ela trará diversos benefícios ao município, como: "melhorar a imagem pessoal e institucional, reduzir o distanciamento da sociedade, estimular uma liderança ética e profissional, melhorar a transparência, direcionar para resultados sociais, e contribuir para ganhos de eficiência, eficácia e efetividade" (RGP, 2021, p. 17), dentre outros.

2. Designar e Capacitar Equipe de Apoio à Implementação da Governança

Para o TCU (2014), o primeiro passo para a boa governança é, "capacitar os membros da alta administração". É preciso que todos tenham ciência dos conceitos de governança (RGB, 2021), ou seja, é preciso estudar e conhecer a governança antes de implementar.

Ainda, são essas lideranças que influenciarão todo o processo de implementação da governança, e também o direcionamento das ações e a busca dos resultados. Assim, é imprescindível que existam critérios técnicos e profissionais claros para a escolha dessas lideranças e gestores locais, "como a ética, a competência e o comprometimento" (Paludo, Oliveira, 2024, p. 53).

Esses critérios são uma das "principais medidas para melhorar a atuação das instituições públicas e promover uma boa governança" (Brasil, 2018, p. 25). Nesse mesmo sentido temos o TCU (2014, p. 37) para quem as lideranças devem ser pessoas "íntegras, capacitadas, competentes, responsáveis e motivadas", o IBGC (2015), que considera a escolha de diretores de importância ímpar para o sucesso da organização, e a OCDE (2018, p. 228) que reforça a importância da escolha de dirigentes/líderes mediante critérios técnicos.

A equipe selecionada deve ser multidisciplinar (RGB, 2021), e composta por três a seis líderes, das áreas de administração, direito, planejamento, rh, ti. O treinamento deve capacitá-los para a compreensão do que é a governança: os fundamentos, a essência, os principais papéis, formas de aplicação, e a segregação das atribuições da governança e da gestão.

Embora seja essencial a capacitação dessa equipe, a RGB, (2021, p. 31) reforça que "a compreensão sobre governança deve estar ao alcance de todos, inclusive da sociedade civil": assim, Prefeito(a), demais lideranças, servidores e atores envolvidos na governança, também deverão ter a compreensão razoável acerca da governança pública municipal.

Quando não for possível essa capacitação ampla, incluindo os demais atores, antes da implementação e nos meses seguintes, deve existir, ao menos, palestras, folders, e, divulgações na página da internet da prefeitura, visando a sensibilização da governança junto às partes interessadas. Assim, também é necessário que a comunicação municipal seja clara, continua e eficaz.

É essa equipe de gestores/líderes selecionados, que irá assessorar e influenciar o(a) Prefeito(a) na escolha de premissas, diretrizes, princípios, na elaboração das normas e regras, e demais aspectos relacionados à implementação, e, no momento seguinte, orientar as práticas de gestão alinhadas com a governança.

3. Diagnosticar a Administração e Gestão Municipal

É preciso saber onde se está para definir aonde se quer chegar (Paludo, 2024-a). Para o diagnóstico, utiliza-se como ferramenta a matriz SWOT, que analisa o ambiente e processos internos, e o ambiente externo, permitindo avaliar o que a administração e gestão do município tem de melhor, suas deficiências e as oportunidades que se apresentam para a administração municipal.

O ambiente interno é representado pela estrutura e recursos, "pelas forças e fraquezas da gestão para planejar, executar e atingir objetivos, e tudo que possa impedir o sucesso no alcance dos objetivos". O ambiente externo "compreende as necessidades da população, a situação do município, as oportunidades de crescimento e as ameaças aos resultados positivos" (RGB, 2021, p. 25).

No aspecto administrativo o diagnóstico interno compreende itens como: planejamento; gestão de pessoas; gestão do conhecimento e da informação; desburocratização; riscos; integridade; participação social; transparência; *accountability*; monitoramento e avaliação (GPGP, 2018, p. 72). E ainda, o mapeamento dos principais processos gerenciais, finalísticos e de suporte.

O diagnóstico externo identificará as oportunidades de utilização de tecnologias, realização de convênios, parcerias, entre outras, considerando as potencialidades locais, bem como relacionará as eventuais ameaças que deverão ser neutralizadas.

Além dessa tradicional análise interna/externa, devem ser analisados itens específicos que são importantes para a governança: como ocorre a tomada de decisão estratégica; como são nomeados os gestores; se existe auditoria interna; se existe gestão de riscos; se existem canais para as partes interessadas; se as partes participam das decisões; e se existem ações voltadas a transparência, prestação de contas e responsabilização.

O resultado da análise da estrutura, funcionamento e práticas da administração e da gestão, servirá de base para definir os principais aspectos em que é necessário aperfeiçoar ou mudar a estrutura e as práticas atuais, por outras alinhadas com as orientações da governança pública.

4. Estabelecer Normas de Governança

Tratando-se de governança pública municipal, é imperioso que ela esteja em harmonia com as normas e princípios vigentes que orientam a atuação pública, e que existam normas específicas para a governança, a fim de proporcionar segurança jurídica a todos os atos decorrentes. Assim, deverá ser elaborada norma específica para dar condições de a governança acontecer (RGB, 2021).

Uma vez decidido pelo(a) Prefeito(a), é responsabilidade da alta administração (GPGP, 2018; Brasil, 2020; RGB, 2021), a efetiva implementação da política de governança nas secretarias municipais.

Deverão ser definidas as premissas, diretrizes e princípios de governança, que assegurem a transparência, processo participativo para as principais decisões estratégicas, ações voltadas para o bem comum, monitoramento das atividades de execução, prestação de contas (*accountability*) e avaliação de resultados (GPGP, 2018).

Para as diretrizes e os princípios propõem-se como referência o estabelecido pelo Decreto n.º 9.203 (2017); Brasil (2020); e RGB, (2021); para as premissas o definido por Paludo, Oliveira (2024). Todavia, não deve ser feita uma cópia e nem incluir todas, mas selecionar as diretrizes, premissas e princípios que mais se aplicam ao tipo de governança que se pretende implementar, considerando, ainda, a estrutura, cultura, competências, recursos e tecnologia, e demais particularidades locais.

A partir dessas escolhas (premissas, diretrizes e princípios), deverão ser construídas regras claras, passíveis de serem compreendidas pelos gestores públicos locais, e traduzidas em atividades práticas de gestão no dia a dia dos órgãos e entidades públicas municipais.

Essas escolhas serão os pilares para a reorganização da estrutura existente, para a estruturação do sistema de governança e administração pública municipal (figura 24), e para a orientação das práticas. O conteúdo das normas, contido no texto dos artigos, definirá a política e as regras de governança adotadas para o município.

É a alta administração municipal que, amparada nas premissas, diretrizes, e princípios adotados para a governança, deverá traduzir essas orientações em normas, manuais, guias e recomendações (GPGP, 2018; Brasil, 2020; RGB, 2021).

Independentemente do grau de autoridade dos agentes envolvidos, uma vez aprovado o arcabouço normativo, complementado por manuais e guias, todos estão sujeitos a essas regras e devem zelar pelo seu cumprimento, incluindo atores privados convidados a participar em assuntos públicos.

As normas não precisam ser exaustivas (RGB, 2021), mas o suficiente para fortalecer e reorganizar a administração, otimizar a gestão, abrir espaço para as partes interessadas, direcionar as ações para o bem comum, e fomentar a produção de resultados que atendam a maioria das partes interessadas, assegurando a transparência, prestação de contas e responsabilização.

Essas normas do sistema de governança e administração pública municipal devem ser mais que documentos; devem ser instrumentos de suporte e fomento para a mudança da cultura municipal, capazes de induzir novas práticas administrativas e de gestão que atendam a comunidade local e tornem a governança pública municipal uma realidade positiva.

5. Reorganizar a Estrutura e as Competências

A implementação da governança implica em mudança de visão e de práticas, com alteração e reorganização da estrutura administrativa, segregação de funções, atribuições de competências e responsabilidades. Um agente não pode concentrar funções de autorização, pagamento e controle; nem autorização, registro e custódia de ativos (Brasil, 2020, p. 231); dessa forma, a segregação existe para dificultar a ocorrência de erros e fraudes.

A proposta do sistema de governança (item 4.4, figura 24), demonstra a estrutura da governança e administração pública municipal, que deve ser adaptada pelos municípios para "à sua realidade, seu contexto, seu formato de articulação e seus potenciais" (RGB, 2021, p. 25).

É importante que a administração municipal "reflita e reconheça a sua própria estrutura, identifique suas reais possibilidades, seus arranjos, procedimentos, processos, fluxos de informações e documentações, gerenciamento e outras especificidades" (RGB, 2021, p. 31), para depois dar sequência a reestruturação e reorganização.

Registre-se que não será criada estrutura paralela, porque a governança utiliza os agentes e a estrutura da administração e da gestão para fazer acontecer (Paludo, Oliveira, 2024). Assim, trata-se de reorganização da estrutura municipal existente, agora sob a ótica da governança, de forma a fortalecer e organizar a administração e otimizar a gestão, tornando-a mais capaz de melhorar os serviços públicos, implementar os planos, superar as adversidades, e produzir bons resultados.

Junto com a reorganização da estrutura, deverão ser definidas as principais funções da governança (conselho, comitês, alta administração, auditoria) e da administração e gestão (diretorias, assessorias, comissões), com detalhamento das responsabilidades relacionadas as atividades de recursos humanos, planejamento, implementação, controle, avaliação (quadros 16 e 17; explicações no item 4.4), especificando a competência para a tomada de decisão: a quem compete decidir o que (figura 25).

Em síntese: todos as áreas e principais cargos deverão ter especificadas a descrição de suas competências e responsabilidades, e quando necessário, regras de funcionamento. Dessa forma, as decisões e ações da governança e da administração estarão de acordo com as normas, e, portanto, legitimadas para produzirem os resultados desejados.

Assim, o sistema de governança e administração pública municipal compreende estruturas, competências e responsabilidades, regras e processos pelo qual as organizações são dirigidas e monitoradas, com vistas à geração de valor sustentável para as instituições públicas, cidadãos e para a sociedade em geral (IBGC, 2023).

6. Governar com as Partes Interessadas

A governança é um governo com as partes interessadas, e não apenas formalmente, mas na prática (item 5.1).

Com a implementação da governança, a forma de atuação da administração e da gestão também serão alteradas; de uma visão mais centralizada e independente para uma atuação coparticipativa (Prokopiuk, 2013).

Para que a governança seja efetiva e produza os resultados pretendidos, a articulação, a colaboração, a integração e a cooperação devem estar presentes, pois "há necessidade do envolvimento de toda administração, de todas as áreas, e da população" (RGB, 2021, p. 24), compreendendo atores intra e extramunicipal.

Nos municípios, a necessidade de articulação com diversos atores em busca da boa governança "exige o envolvimento dos gestores, servidores das mais diversas áreas, e atores locais, tanto na definição de novas agendas como para a implantação de novos projetos de gestão" (CNM, 2018, p. 12).

A participação de atores é característica essencial da governança pública, e onde não existe essa participação não se pode falar em governança (Paludo, Oliveira, 2024), até porque a governança só funciona onde os atores envolvidos participam (Terra, 2023).

E para que essa participação seja efetiva, deve existir equidade e redução da assimetria de poder, num ambiente em que as partes tenham voz e vez: sejam ouvidas e suas propostas analisadas e consideradas na tomada de decisão.

Assim, a administração municipal deve providenciar a abertura de canais robustos e acessíveis, que permitam a participação dos atores locais nas principais decisões estratégicas municipais, na fiscalização da execução, e na avaliação de resultados.

Ainda, é preciso uma comunicação municipal clara, que permita a compreensão dos temas discutidos e desperte o interesse de participação nos atores locais; "uma comunicação aberta e fácil, que leve a mensagem fidedigna do anseio social: suas opiniões, críticas e sugestões" (RGB, 2021, p. 12), aos agentes da governança: prefeito(a) e alta administração.

E essa participação não é limitada; sempre que a administração entender importante, e mesmo que não se trate de questão estratégica, é possível a abertura para coleta de opinião dos atores municipais quanto aos mais variados aspectos administrativos e de gestão; afinal, 'governança é governar com as partes interessadas', e a amplitude dessa participação será definida por cada município.

7. Implementar as Práticas Orientadas pela Governança

> As práticas de governança são desempenhadas pela administração e gestão. Por isso melhor seria denominar de práticas de gestão orientadas pela governança, haja vista que a governança não executa essas práticas, contudo, suas orientações podem levar a gestão a executar as melhoras práticas organizacionais, denominadas de práticas de excelência (Paludo, Oliveira, 2024, p. 67).

A execução da política de governança fica a cargo de cada secretaria (GPGP, 2018), que, a partir das normas, manuais, guias, e demais recomendações recebidas do(a) Prefeito(a), conselho de governança e alta administração, deve transformá-las em atividades práticas de gestão.

FIGURA 29 - DINÂMICA DA IMPLEMENTAÇÃO DA GOVERNANÇA PÚBLICA MUNICIPAL

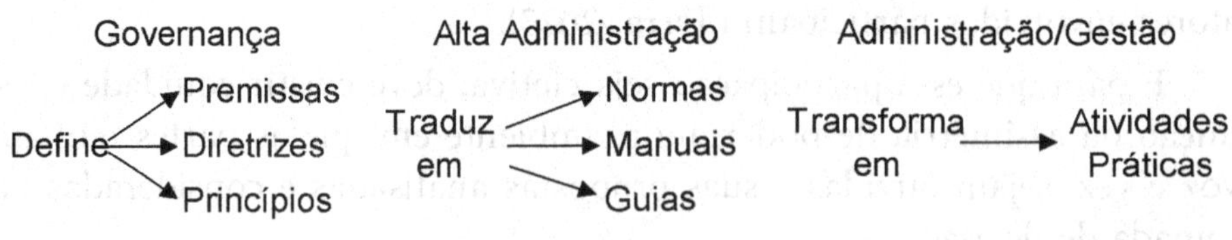

FONTE: Os autores (2025).

A implementação da governança é um processo gradual e não imediato, "a administração pública caminha gradualmente no sentido de incorporar e aplicar as melhores práticas de governança" (GPGP, 2018, p. 83). Todavia, mesmo sendo gradual, "em todos os espaços da administração, a orientação da governança pode ser implantada" (RGP, 2021, p. 24).

Na implementação, deverá ser observado que "a articulação e integração precisam estar presentes em todas as estratégias propostas", haja vista que a boa governança "se faz por meio de ações harmônicas" com vistas a adotar as práticas que melhor contribuam para o alcance dos resultados pretendidos (RGB (2021, p. 24).

Para o Brasil (2020) a implementação compreende os mecanismos de liderança, estratégica e controle, que podem ser traduzidos em práticas internas do município no processo de formulação, execução, monitoramento e avaliação das políticas, programas e ações públicas. A liderança está mais relacionada com a questão humana e comportamental; a estratégia com o relacionamento das partes interessadas, objetivos e metas organizacionais; e o controle com os riscos, transparência, prestação de contas e responsabilização.

Tanto o Brasil (2014) como a RGB (2021) incentivam a administração a adotar o método PDCA planejar, executar, controlar e agir, como um meio para efetivar os mecanismos de governança (liderança, estratégia e controle), bem como para as diversas atividades de gestão.

Todavia, além desses mecanismos, são muitas as ações que devem ser implementadas para que as definições e orientações expressadas em diretrizes, premissas, princípios e normas, se tornem realidade nas práticas da administração pública municipal.

Por exemplo, o princípio da transparência tem que corresponder a divulgações de informações claras a respeito das principais decisões, planos, valores orçamentários, custos, resultados alcançados, número de beneficiários. Na área de gestão de pessoas o treinamento deve reforçar o papel do 'servidor' para servir aos interesses da municipalidade, desenvolvendo competências para o trabalho em equipe e comunicação com uso de linguagem simples.

Em participação citam-se as audiências públicas e a coleta de sugestões na elaboração do orçamento (orçamento participativo) assim como em outros temas importantes que a administração tenha que tomar uma decisão. Na avaliação utiliza-se um formulário com perguntas objetivas para que os cidadãos e demais interessados expressem sua opinião quanto aos resultados alcançados pela administração. Em ouvidoria deve existir canal permanente (*on-line* e tradicional) para que os munícipes possam elogiar ou denunciar práticas da administração e de atores municipais.

Considerando que se trata, ao menos em parte, de novas práticas, o papel das lideranças municipais, comprometidas com a ética, o interesse público, e o alcance de resultados, é de fundamental importância (GPGP, 2018; Brasil, 2020; RGB, 2021), no sentido de indicar o caminho, motivar os servidores e colaboradores, influenciar comportamentos e práticas, identificar as potencialidades dos partícipes e extrair o que cada um, ou a equipe, tem de melhor; direcionando esses esforços para a geração de resultados que atendam a população local.

Importante observar que a governança é um processo de aprendizado, no qual é comum existir dificuldades, e, até mesmo falhas na implementação e na sua aplicação no dia a dia. Assim, a tentativa "erro x acerto" também é um processo de implementação, aprendizado e aperfeiçoamento: as práticas que se mostrarem possíveis e forem gerando bons resultados devem ser continuadas, e as práticas cujos resultados não foram os esperados devem ser substituídas ou aprimoradas.

Todavia, é preciso assegurar-se que a governança seja implementada com seus elementos essenciais, caso contrário não haverá governança, e as instituições públicas municipais cairão em descrédito por "utilizar os novos conceitos para mascarar as velhas práticas" (Silva, Costa, Martins, 2024, p. 20), fazendo com que "o processo de governança local resulte em uma ilusão" (Furtado, Silva, 2018, p. 7).

Assim, para que a governança pública municipal possa ser considerada implementada, ao final do processo devem existir: normas e regras de governança; definição de competências e responsabilidades; critérios para a nomeação de gestores; espaço para a participação das partes interessadas; auditoria interna; gestão de riscos; e observância dos princípios da ética, transparência, prestação de contas e responsabilização dos agentes com poder de decisão.

8. Monitorar o Avanço da Governança

A medida em que os direcionamentos e orientações emanados da governança e da alta administração são produzidos, "a gestão vai atuar com maior assertividade no atendimento as demandas do governante e da sociedade, transformando a forma como são executadas as ações" (RGB, 2021, p. 32).

A governança vai monitorar a atuação da administração e da gestão (Paludo, Oliveira, 2024), para verificar se as práticas estão alinhadas com as normas e demais orientações da governança, e se estão voltadas para o interesse público e para a promoção do bem comum. Mas não só a governança: a própria administração e a gestão também farão atividades de monitoramento, com a finalidade de identificar gargalos e pontos críticos, visando realinhamento ou correção de rumo, e a continuidade na execução dos planos, serviços e atividades.

Na medida em que os programas, projetos e ações guiados pela governança são implementados, serão os avanços e as melhorias alcançadas que indicarão se a implementação da governança foi bem-sucedida e melhorou os serviços públicos e os resultados para as partes interessadas e para a população municipal.

Devem ser feitas reuniões da governança e da administração, onde os principais atores da governança (internos e externos) poderão acompanhar as etapas de implementação, propor correções de rumos, e apresentar propostas de melhorias. Essa multidisciplinariedade de atores (RGB, 2021) ampliará a visão dos membros da governança e dos gestores municipais, e facilitará a apresentação de propostas de soluções e de melhorias.

Em aproximadamente um ano já será possível perceber as primeiras mudanças positivas, com a compreensão do valor gerado pelas nova práticas administrativas guiadas pela governança e levadas a termo pela gestão. Esse reconhecimento é fator de motivação para toda a equipe de governança e administração, e demais atores envolvidos, que facilita a consolidação das práticas e serve de suporte para avanços mais significativos.

9. Avaliar, Revisar e Inovar

Os resultados tanto indicam o sucesso, a necessidade de melhoria, ou o fracasso da tentativa, e servem de base para a manutenção das práticas eficientes e para mudanças das práticas inadequadas. A avaliação é um processo “que analisa tanto os resultados obtidos como os esperados, e ainda, os resultados inesperados” (Paludo, 2024, p. 430). Dessa forma, é preciso avaliar, também os resultados ruins e inesperados.

A medida em que a avaliação identifique os resultados que forem aparecendo, é importante que a comunicação se faça presente e leve ao conhecimento das partes interessadas e da sociedade, as boas práticas e os resultados alcançados com a implementação da governança pública no município. "No momento em que as partes interessadas percebem que a política de governança está avançando e rodando de forma robusta, em todos os níveis, a aceitação virá com maior facilidade" (RGB, 2021, p. 39).

A finalidade da avaliação de resultados públicos é apoiar a tomada de decisão quanto à alocação de recursos, servir de instrumento para a promoção da aprendizagem institucional, e proporcionar transparência quanto às ações e resultados dos governos e da administração pública (Paludo, 2024a). Assim, a avaliação fornece ao(a) Prefeito(a) e sua equipe, informações que servem de subsídio para a tomada de decisão quanto a manutenção, correção, e aperfeiçoamento das práticas.

Os resultados da avaliação devem ser divulgados para a população do município, com canais específicos para colher o *feedback*, cujas manifestações devem ser consideradas na tomada de decisão quanto a manutenção ou alteração do programa, projeto, ação ou serviço.

Dessa forma, o subsídio para a revisão e aperfeiçoamentos não surgem apenas dos resultados da avaliação formal, mas também da opinião da população local e de diálogos que reúnam representantes do conselho da governança, da alta administração, da gestão, dos servidores e dos principais atores locais: juntos, esses atores poderão discutir e encontrar formas que melhor se apresentam como adequadas para corrigir eventuais falhas detectadas, resolver problemas, e avançar na melhoria de práticas existentes ou na implementação de novos projetos.

Ou seja, é preciso pensar em equipe e acreditar que as soluções "não estão longe", ao contrário, podem "estar próximas e dentro da própria equipe multidisciplinar" (RGB, 2021, p. 26), ou podem ter origem na manifestação de cidadãos e atores locais.

A inovação consiste em ousar fazer diferente, fazer melhor, com menor custo ou melhores resultados: considerando as competências, recursos e tecnologia de cada município. Para que isso ocorra é importante afastar o medo, e ter coragem para improvisar, mudar (GPGP, 2018; RGP, 2021).

Mesmo que os resultados já possam ser considerados positivos, inovar deve ser uma constante; até que seja possível verificar um funcionamento da administração e da gestão compatível com a capacidade e a realidade de cada município, alinhado com as principais orientações da governança, voltado para o interesse público e a promoção do bem comum, e capaz de gerar resultados sustentáveis e satisfatórios para a maioria das partes interessadas.

Assim, a governança pública municipal tem seu próprio ciclo, que começa com a decisão política do(a) Prefeito(a) e culmina com a avaliação dos resultados obtidos, a revisão das normas e práticas, e a ousadia de inovar e fazer melhor; sempre envolvendo as partes interessadas, preservando o interesse público, e visando a promoção do bem comum da população do município.

4.9.1 Adaptação da Governança à realidade de cada Município

O Brasil tem 5.568 municípios (IBGE, 2023), com muitas diferenças regionais, que não permitem a disseminação de modelos únicos em realidades tão distintas (Ribeiro, 2019). O Brasil é um país com "inúmeras realidades, e não existe somente um modelo, ou uma caixa de soluções, que se enquadre e resolva os problemas de todas as regiões e Municípios por igual" (CMN, 2024 p. 33).

Resta, pois, configurado, que as teorias, modelos, processos e técnicas podem e devem ser adaptados à realidade local de cada município. Assim, "não é possível estabelecer um modelo único ou definitivo de governança, porque os órgãos e entidades têm objetivos, características e níveis de maturidade institucional distintos" (Brasil, 2018, p. 23).

Para a transformação local acontecer, deve "partir do Município a iniciativa de estruturar seu próprio modelo de governança adequado à sua realidade, ao seu contexto, à sua estrutura, à sua rede, ao seu formato de articulação e aos seus potenciais" (RGB, 2021, p. 25).

O TCU também recomenda que, observando a natureza da função, o contexto no qual se encontra inserida, os objetivos mais relevantes e os riscos a eles associados, sejam implementadas as práticas de governança "com formato e nível de complexidade adequados de acordo com a sua realidade" (Brasil, 2020, p. 22).

Nessa mesma linha, o guia de governança do governo federal reconhece a diversidade e "privilegia a adaptabilidade dos modelos adotados" incentivando a criatividade e a adaptação da governança à realidade de cada instituição, "realizando o que achar melhor" (GPGP, 2018, p. 82-83).

Dessa forma, o caminho apresentado neste livro para guiar a implementação da governança pública municipal (item 4.6) é flexível, e deve ser adaptada de acordo com as necessidades e peculiaridades de cada município.

A governança municipal pode proporcionar mudanças benéficas para o município, se for estruturada e implementada de acordo com "as condições e as realidades locais, para que seja realística, efetiva e realizável" (RGB, 2021, p. 31). Dessa forma, no estabelecimento das regras de governança local deve-se considerar "o porte do Município; as estruturas físicas, de pessoal e operacional atuais existentes; as políticas do município; os serviços públicos ao cidadão; a participação popular; a simplificação, a desburocratização; os processos e a tecnologia" (RGB, 2021, p. 26).

Registre-se que, "nem todas as organizações terão a estrutura completa de governança, em face do seu estágio de maturidade" (IBGC, 2023, p. 8); e, da mesma forma, nem todos os municípios terão sua governança implementada: quer pela falta de vontade política ou pelas dificuldades técnicas, ou porque é desnecessária em face da pequena estrutura e população do município.

Assim, para os pequenos municípios, de até 3.000 habitantes, a escolha de gestores mediante critérios técnicos, a existência de auditoria interna, a observância dos princípios constitucionais aplicados a administração pública, e o direcionamento das ações para a promoção do bem comum, poderão levar o município a resultados que atendam a população local, sem necessidade de implementar a governança.

Portanto, o(a) Prefeito(a) em conjunto com as lideranças da administração local é quem deve definir como a governança será implantada em seu município, ou se ela não será implementada, considerando sua estrutura, competências, recursos e a necessidade local.

Na implementação, a flexibilidade para adaptação da governança ao município não pode ser de tal forma que reste desvirtuado o caminho apresentado neste livro, ou seja: devem existir premissas, diretrizes, princípios, estrutura e práticas mínimas para assegurar que as decisões, ações e resultados estejam voltados para o interesse público e o bem comum, com espaço para a participação dos atores locais, respeitadas as normas e princípios aplicáveis à administração e aos gestores públicos, e observadas a transparência, a prestação de contas, e a responsabilização dos agentes com poder de decisão.

5

CONSIDERAÇÕES FINAIS E CONCLUSÃO

5.1 CONSIDERAÇÕES FINAIS DOS AUTORES

Governabilidade, governança, administração e gestão pública são termos fortemente inter-relacionados interdependentes e complementares. Da mesma forma que Estado, instituições públicas, desenvolvimento e planejamento também o são.

A governabilidade compreende o poder político que governa o ente federativo, e está acima da governança. Ela utiliza a governança como instrumento para conciliação de conflitos, harmonização de interesses e atendimento a demandas dos atores da governabilidade. Nas instituições públicas a governança ocupa o papel de governo estratégico, e, portanto, está acima da administração e da gestão, envolvendo o dirigente máximo e a alta administração, juntamente com os cidadãos e as partes interessadas.

A administração, a gestão e o gerenciamento, são quem efetivamente prestam os serviços públicos, e implementam os planos, programas, projetos e ações, que no contexto da governança devem estar voltados para o interesse público, o bem comum, e o atendimento das demandas das partes.

Todavia, na prática, a governança vem sendo mal compreendida, mal implementada e mal aplicada: em parte (i) pela falta de conhecimento acerca do tema, e em parte (ii) para que a governança não consiga exercer o seu papel transformador.

A falta de compreensão da governança pode ser solucionada pela leitura deste livro, e complementada com as referências utilizadas e as teorias da agência, institucional, da escolha pública e dos *stakeholders*. Este estudo conjunto leva ao conhecimento da governança pública e governança pública municipal, amplia a visão sobre o tema, e permite ver aspectos não abordados por pesquisadores, instituições públicas, acadêmicos, e gestores e demais profissionais do meio público.

Quanto ao segundo ponto, o desafio será maior: assim como a burocracia boicotou, em parte, a reforma gerencial de 1995, e o planejamento estratégico, em muitas instituições, foi feito para enfeitar gabinetes (Paludo, Prokopiuk, 2014), propositalmente o termo governança vem sendo utilizado nos mais diversos contextos, e em áreas e subáreas da administração, onde não existe governo, mas apenas atividades de gestão e gerenciamento (item 4.3 e figuras 21, 24 e 25).

Esse fato pode ter sido estrategicamente pensado por governos, políticos e altos gestores públicos, para retirar a governança do seu papel de governo estratégico das instituições públicas e torná-la algo comum: como se fosse mais um modismo ou confundindo-a com mais uma prática administrativa.

A governança diminui a discricionariedade do governo federativo ou dirigente máximo da instituição pública, e esse é justamente o fato que leva os governos e grandes autoridades a pulverizarem a governança e a tratar como algo simplista, retirando seu poder transformador e tentando confundi-la com práticas de gestão: esses agentes não querem mudanças; eles não querem mudar.

Os governantes e altos gestores, em regra, não querem compartilhar o governo com as partes e nem colocar o bem comum acima de seus interesses pessoais, ideológicos ou partidários: querem que tudo continue igual, para que possam continuar a sugar o estado brasileiro em detrimento das necessidades da população. E isso sem punição, pois vivermos no país da impunidade: quando uma grande operação de combate a corrupção existe e envolve políticos e altas autoridades, simplesmente ela é extinta por tribunais superiores do judiciário, mediante subterfúgios, para esconder os reais motivos que todos sabem quais são.

Este estudo, porém, avançou para além desses aspectos, buscando compreender a essência da governança: qual sua origem, suas principais funções, seus inter-relacionamentos, e como ela pode ser implementada nos municípios brasileiros.

Nesse ponto, demonstrou-se que a governança é o governo com as partes interessadas, com olhar democrático e social, e voltada para a promoção do bem comum; ou seja: no contexto da governança as decisões, ações e resultados devem estar voltados para o interesse público e a promoção do bem comum.

Dessa constatação, que a "governança é o governo com as partes interessadas", vem outra afirmação; a de que, se não existe essa participação não há que se falar na verdadeira governança pública ou governança pública municipal. E cabe a administração estabelecer canais de relacionamento com os cidadãos, que assegurem essa participação, e aos representantes da governança e da alta administração fazer com que essa participação seja efetiva.

Registre-se que a simples participação descomprometida também não basta: o que fará a diferença na governança é a qualidade da participação, pois a crença de que a participação pode, por si só, trazer soluções para os problemas locais, é uma ilusão. E, mesmo que a participação seja menor que o desejado, os canais devem continuar abertos e receptivos, e as premissas, diretrizes, princípios e normas, o interesse público-social, e a busca pelo bem-comum da municipalidade, devem ser incorporados pelos agentes da governança e praticados pela administração, pela gestão e pelos gestores públicos.

Foi construído e demonstrado, mediante a figura 24, o sistema de governança e administração pública municipal, que propõem uma estrutura unindo a governança e a administração pública, complementada pela gestão e gerenciamento, que deve ser estudado juntamente com o sistema de decisão municipal apresentado na figura 25, e as explicações que seguem essas figuras. Essa estrutura é flexível e poderá ser adaptada pelos municípios, se necessário.

Quanto a aplicação da governança no planejamento estratégico e participativo para o desenvolvimento municipal, demonstra-se que, guiado pelas regras e agentes da governança e com a participação das partes interessadas, o planejamento fica mais robusto e consistente: todos manifestam seus objetivos, problemas e propostas de solução, que a governança ajuda a reunir e construir objetivos comuns (alinhados com os ODS da ONU) a serem perseguidos por todos os partícipes, utilizando as potencialidades locais e a somatória de recursos públicos, convênios e parcerias.

Dessa forma, têm-se que poderão ser obtidos melhores resultados, que poderá ser fomentado o crescimento e o desenvolvimento, com atendimento aos interesses das partes, e voltado para o bem comum e para a redução das desigualdades sociais da população municipal.

Foi construído e apresentado um caminho para a implementação da governança pública municipal, mais direcionado para os municípios com até 20.000 habitantes; e sugestão para os municípios maiores e os metropolitanos. Salientou-se, ainda, que em pequenos municípios, abaixo de três mil habitantes, boas práticas de gestão, que respeitem as normas e princípios vigentes e sejam voltadas para o bem comum da população, podem ser suficientes.

O caminho apresentado para implementação da governança é composto por nove etapas (item 4.9): decidir pela implementação da governança; designar e capacitar equipe de apoio à implementação da governança; diagnosticar a administração e gestão municipal; estabelecer normas de governança; reorganizar a estrutura e as competências; governar com as partes interessadas; implementar as práticas orientadas pela governança; monitorar o avanço da governança; avaliar, revisar e inovar.

Conforme o estudo demonstrou, nenhum modelo se aplica a todos os municípios, em face de suas particularidades. Assim, a proposta de caminho para a implementação da governança deve ser adaptada à realidade local. É o(a) Prefeito(a), junto com sua equipe de líderes e gestores, considerando sua estrutura, competências, recursos e tecnologia, que deve decidir como será implementada e aplicada a governança pública em seu município.

Têm-se que a boa governança é aquela que produz bons resultados, porém os resultados podem ser mascarados, se avaliados somente por critérios definidos pelos órgãos de controle ou pela burocracia. Assim, para assegurar que os resultados sejam realmente bons, é preciso que sejam avaliados pela população local diretamente afetada ou beneficiada pelas ações públicas, com canal para *feedback*, cujas sugestões devem ser utilizadas para o aperfeiçoamento da gestão e das práticas.

Todavia, é preciso ter em mente que dificuldades e problemas existem e devem ser enfrentados pelo(a) Prefeito(a) e gestores locais; tanto (i) para a implementação de uma boa governança, como (ii) para a promoção do desenvolvimento econômico e social sustentável.

A implementação da governança é mais fácil resolver porque depende, essencialmente, da vontade política do(a) Prefeito(a): determinada a implementação, todos se esforçarão para cumprir a ordem e implementar a governança pública municipal; o desenvolvimento local é mais difícil, visto que, além da vontade política, envolve muitos elementos, recursos e variáveis, todavia, conforme demonstrado neste livro, pode ser alcançado por meio do planejamento estratégico participativo.

Registre-se que, se persistirem os interesses pessoais e as práticas burocráticas em detrimento do interesse público, o(a) Prefeito(a) e os gestores públicos não resolverão os problemas locais, principalmente os sociais, e estarão na contramão da Constituição Federal de 1988, pois não alcançarão os objetivos ali previstos, como a redução das desigualdades sociais e da pobreza.

Assim, cabe ao(a) Prefeito(a) e sua equipe de gestores, articular a capacidade administrativa com a visão de futuro, e, no contexto da governança, estabelecer objetivos comuns e caminhos inclusivos, explorando as potencialidades e capacidades locais, em parceria com outros níveis de governo e com a iniciativa privada, e com coragem para inovar e desenhar um futuro melhor para o município e seus habitantes.

Se houver a união dessas forças e atores, além de melhorar a administração e a gestão e os serviços públicos, muitos municípios obterão sucesso e haverá crescimento e desenvolvimento, que resultará em maior número de empregos e elevação da renda, com redução da pobreza e da desigualdade social, e melhoria da qualidade de vida para todos os habitantes do município.

5.2 CONCLUSÃO

O estudo demonstrou a importância da governança pública municipal, como ela se conecta com a governabilidade, administração, gestão e atores locais, qual seus fundamentos e sua essência, quais os principais papéis, uma proposta de estrutura, e como ela se aplica ao planejamento para o desenvolvimento; e, ainda, indicou um caminho para a sua implementação nos municípios brasileiros.

A governança pública municipal é um sistema que reúne o político (governabilidade-prefeito), o administrativo (instituições públicas-gestores), o democrático (sociedade civil-partes interessadas) e o social (bem comum-pessoas), numa articulação que privilegia o diálogo e a tomada de decisão conjunta, voltada à solução de problemas e ao desenvolvimento local, visando resultados que preservem o interesse público, reduzam as desigualdades sociais, e contribuam para a melhoria do bem-estar da população do município.

A partir dos resultados das análises da governabilidade, governança, administração e gestão pública, foi possível observar que são interdependentes e inter-relacionadas.

Sob a ótica da governabilidade, a governança ameniza conflitos, concilia interesses e atende os partícipes dessa instância, inclusive mediante serviços prestados pela administração, e assim o governo aumenta sua legitimidade e sua governabilidade, que, por sua vez, fortalece a própria governança e as instituições públicas.

No aspecto administrativo, a governança organiza e direciona a administração, aproxima cidadão, administração pública e governo, ouve os anseios da sociedade, e, preservando o interesse público, direciona as ações da administração para o bem comum, com ética, transparência, prestação de contas e responsabilização.

Prestando melhores serviços e obtendo melhores resultados as instituições públicas são reconhecidas e legitimadas pela sociedade, fato que também contribui para reconhecer o papel da governança e reforçar as boas práticas de gestão, bem como para assegurar a estabilidade da governabilidade.

Todavia, a governança só pode fazer a diferença se for implementada: assim, é imperioso que se implemente a governança no município. E para isso, foi proposto um caminho para guiar a implementação da governança pública municipal (item 4.9), que deve ser adaptado à realidade de cada município (item 4.9.1).

Governança vem de governo e representa uma nova forma de governar, mais participativa, mais democrática, mais transparente, e mais voltada para o interesse público-social, em que as principais decisões são tomadas em conjunto com as partes interessadas.

Esse governo se caracteriza no ente federativo e em nível institucional. Em nível federativo reflete a capacidade administrativa, financeira e técnica de governar: de decidir e implementar políticas públicas que atendam às necessidades da população, de forma participativa, com eficácia e preservação do equilíbrio fiscal. Nesse nível, a governança contribui para um governo melhor organizado e uma sociedade mais participativa, resultando num país/município mais estável e melhor administrado financeiramente, com maior justiça social, e com um projeto público capaz de agregar múltiplos interesses e motivar os seus habitantes.

Em instituições públicas a governança pública compreende o sistema que governa a instituição, com as partes interessadas, direcionando as decisões e ações para o interesse público social e a promoção do bem comum, monitorando o desempenho da administração e a atuação dos gestores, e assegurando o gerenciamento de riscos, a avaliação dos resultados, a transparência, a prestação de contas e a responsabilização dos agentes com poder de decisão.

Considerando que governança vem de governo, do ente federativo ou das instituições públicas, e que, estrategicamente posiciona-se acima da administração e da gestão, entende-se inadequada e incorreta a utilização da palavra governança para definir áreas ou atividades que são exclusivas da gestão ou de gerenciamento, como por exemplo, governança de pessoas, governança de projetos, governança de processos, etc.: essas atividades não são governadas, mas geridas e gerenciadas.

Governança é governar com as partes interessadas: assim, não se pode falar em governança onde não existe espaço aberto às partes interessadas, ou onde essa participação é fictícia, sem nenhuma capacidade de influenciar nas decisões, ou onde os cidadãos, as partes interessadas, e os demais representantes da sociedade são meros espectadores: no mínimo as sugestões e críticas desses atores devem chegar aos agentes da governança para serem analisadas e consideradas nas decisões.

A governança pública veio para mudar o governo e a administração pública para melhor, haja vista que, durante décadas, muitos agentes públicos preocuparam-se mais consigo mesmos e menos com interesse público e o bem comum; e, assim, não resolveram os grandes problemas, principalmente os sociais, como a desigualdade e a pobreza.

A governança pública chegou para ajudar os governantes, os Prefeitos e os gestores; chegou para exigir decisões e ações íntegras, éticas, responsáveis e voltadas para o bem comum; chegou para organizar e delimitar, e não para gerir; chegou para influenciar práticas participativas e melhorar os serviços e os resultados públicos; chegou para despertar o olhar voltado para o atendimento das demandas dos cidadãos e a redução das desigualdades sociais.

Inegavelmente a governança pública está transformando e aperfeiçoando o papel do governo e das instituições (Kinzler, 2023). É com um novo olhar, uma nova cultura e muito comprometimento, que, no contexto da governança, se apregoa novos papéis aos atores políticos, aos gestores públicos e a sociedade civil: todos unidos e comprometidos com o alcance dos objetivos, que devem concorrer para o bem-estar da população municipal.

Mas para que isso aconteça, a vontade política – do(a) Prefeito(a) e do dirigente máximo – se torna a questão mais importante para o sucesso da governança, juntamente com a ética, a definição de critérios para a escolha de líderes e gestores públicos, e o espaço para a participação das partes interessadas.

Nesse contexto, reitera-se que "uma boa governança e a excelência na gestão, dependem menos de leis, normas, técnicas e tecnologias, e mais do comprometimento dos agentes públicos e da utilização de competências e recursos norteados por princípios e valores corretos" (Paludo & Oliveira, 2024, p. 70).

Governar/Administrar/Gerir é mais que seguir um modelo ou regras. Assim, para que a governança seja capaz de melhorar os serviços e resultados públicos, é preciso que os gestores públicos sejam éticos e comprometidos com o interesse público e o bem-estar da população, acima de seus próprios interesses ou de seu partido político. "A ética é o fundamento da governança que orienta a conduta e viabiliza o convívio e a evolução do ser humano em sociedades cada vez mais complexas, e embasa os princípios de governança e as melhores práticas para alcançá-los (IBGC, 2023).

Sem isso; sem vontade política, sem bons e íntegros gestores públicos, sem espaço para a participação dos atores locais, e sem uma estrutura administrativa básica, nenhum tipo de governança produzirá bons resultados: ao contrário, servirá para mascarar as velhas práticas sob o pretexto de estarem, falsamente, alinhadas com os princípios e práticas da governança pública.

Porém, se houver vontade política, se esses líderes forem competentes, íntegros e voltados para bem comum, e se houver uma estrutura administrativa básica, então a governança pública, no município ou na instituição pública, terá espaço para exercer seu papel, direcionar as ações administrativas, e orientar a administração para a produção de resultados que atendam a maioria das partes interessadas.

Então a governança pública poderá guiar a construção do planejamento estratégico participativo municipal, que direcionará o município para um futuro melhor. Conciliando interesses, incentivando convênios, construindo parcerias, explorando as competências e pontos fortes do local, construindo objetivos comuns a serem perseguidos por todos, a governança ajuda a administração a construir um plano capaz de levar o município ao crescimento e desenvolvimento, com geração de empregos, melhoria da renda, redução das desigualdades sociais e da pobreza; resultando em melhores condições de vida para toda a população do município.

A governança pública municipal existe para melhorar a administração, a gestão e os resultados, e gerar valor para todos os interessados, sempre com olhar democrático e social, e direcionando as ações para o bem comum. E, mesmo que não resolva todos os problemas dos municípios brasileiros, ela é positiva e deve ser implementada, visto que sem a governança "é muito menos provável que os interesses das instituições reflitam as necessidades dos cidadãos, que as soluções propostas sejam as mais adequadas e que os resultados esperados impactem positivamente a sociedade" (GPGP, 2018, p. 82).

Uma boa governança pública municipal é aquela que, respeitando as normas e princípios vigentes, consegue organizar e fortalecer a administração pública, governar com as partes interessadas, fazer com que as suas diretrizes, premissas e princípios sejam traduzidas em regras claras pela administração, passíveis de serem transformadas em medidas concretas que possam ser implementadas e cumpridas pela administração e a gestão e pelas demais partes interessadas; e suficientes para direcionar as ações para o interesse público-social, minimizar desvios de finalidade e as práticas de corrupção, e gerar resultados que sejam bons para a instituição e contribuam para reduzir as desigualdades sociais, com transparência.

Com a implementação e funcionamento da governança pública municipal ganha o(a) prefeito(a), visto que uma boa governança melhora a prestação de serviços e os resultados da administração, fortalecendo a legitimidade do governo municipal; ganham as instituições públicas, que melhor organizadas, orientadas e direcionadas pela governança tem melhores condições de cumprir sua missão e alcançar bons resultados, sendo reconhecidas pela sociedade; ganham os cidadãos, com melhor acesso e qualidade dos serviços públicos, que podem contribuir para a melhoria de sua qualidade de vida; e ganha toda a comunidade local, pois a governança, por meio do planejamento estratégico municipal, também contribui para o desenvolvimento econômico e social do município, que pode resultar em maior bem-estar para todos os seus cidadãos.

REFERÊNCIAS

ABBONDANZA, Marcia, V. P. **Um estudo sobre carreiras e estereótipos de gênero a partir da teoria institucional de Thorstein Veblen**. 2021. Dissertação (Mestrado em Administração) – Universidade Federal do Pampa (UFP), Santana do Livramento: UFP, 2021.

ABRUCIO, Fernando L.; SYDOW, Cristina T. **Federalismo e governança multinível em regiões metropolitanas**: o caso brasileiro. Capítulo 3, p. 47, do Livro Governança Multinível e Desenvolvimento Regional Sustentável, 397p. José Mario Brasiliense Carneiro e Klaus Frey (orgs.). São Paulo: Oficina Municipal, 2018.

ALMEIDA, Ronaldo. Evangélicos à direita. **Horiz. Antropol**, n. 58, set./dez. Porto Alegre, 2020.

ALPERSTEDT Neto, Carlos; Rolt, Carlos R.; Alperstedt, Graziela D. Acessibilidade e tecnologia na construção da cidade inteligente. **RAC**, Rio de Janeiro, v. 22, mar./abr. 2018.

ALVES, Sara C. S. **Gestão de stakeholders**: utilização da metodologia AHP para hierarquizar sua importância. Dissertação, UFF, Niteroi, 2020.

AMORIM, Sônia Naves David. Ética na esfera pública: a busca de novas relações Estado/ Sociedade. **Revista do Serviço Público**, Brasília: Enap, jun. 2000.

ANDRADE, Rafael L. M. Governança municipal no Brasil contemporâneo: crise, desafios e possibilidades. **Revice**, v.3, n.1. Belo Horizonta, 2018.

ANESE, Vivian. **Gestão de stakeholders e de recursos humanos em organizações sem fins lucrativos**. Dissertação, IMED, Passo Fundo, 2017.

ARAUJO, Silvana M. **Controle democrático da política esportiva brasileira**: um estudo sobre o conselho nacional do esporte. 2016. Tese, UNB. Brasília, 2016.

ARAÚJO, Vinícius C. A conceituação de governabilidade e governança, da sua relação entre si e com o conjunto da reforma do Estado e do seu aparelho. **Caderno ENAP**, 45, Brasília, 2002.

ARRUDA, Giovana S.; MADRUGA, Sergio R.; FREITAS Junior, Ney I. A governança corporativa e a teoria da agência em consonância com a controladoria. **Revista de Administração da UFSM**, n. 1, jan./abr. 2008.

ASSIS, Paloma C.; GODOY, Amália M. G. **A governança formal do observatório social de Maringá**. Artigo. Disponível em: https://periodicos.uem.br/ojs/index.php/ArqMudi/article/view/20968. Acesso em: 14.mar.2023.

AVELINO FILHO, G. Clientelismo e política no Brasil. Revisitando velhos problemas. **Novos Estudos**, São Paulo, n. 38, 1994. Disponível em: https://bibliotecadigital.tse.jus.br/xmlui/handle/bdtse/5159. Acesso em: 28 jul. 2024.

AVILA, Vicente F. Realimentando discussão sobre teoria de desenvolvimento local. **Revista Internacional de Desenvolvimento Local**, v.8, set. 2006.

BAGGIO, Lucas P. Autonomia decisória das agências reguladoras federais e a formação dos colegiados no direito brasileiro: análise crítica a partir dos pressupostos da teoria da escolha pública. **Revista de Direito Setorial e Regulatório**, Brasília: UNB, n. 2, 2023.

BARBOSA, Tayla N. **Desenvolvimento local**: uma análise crítica dos paradigmas e dos Impasses. 2018. Dissertação UFCS. São Carlos, 2018.

BARQUERO, Antonio Vasquez. **Desenvolvimento endógeno em tempos de globalização**. FEE/UFRGS, Porto Alegre. 2001. 278p.

BELLINGIERI, Julio C. Teorias do desenvolvimento regional e local: uma revisão bibliográfica. **Revista de Desenvolvimento Econômico**, Salvador-BA, v. 2, n. 37, 2017.

BERGAMINI, José C. L.; SOUZA, João A. Governança no ambiente público: análise dos reflexos na administração pública. **Inc. Soc.**, Brasília, v.15 n.2, jul./dez. 2022.

BERNABEL, Rodolpho T. **Teoria da escolha pública, uma introdução crítica**. 2009. Dissertação, USP, 2009.

BERNARDON, Renata A. **A interdependência da teoria da agência e da stewardshiptheory para compreensão da longevidade das empresas familiares**. 2018. Tese, UNISINOS, São Leopoldo, 2018.

BEUX, Claudia F. **A práxis do planejamento da Proplan (UFRGS) 2012 a 2020**: entrelaçando conceitos de Memória Organizacional (Mo) e teoria institucional. 2023. Tese, Universidade LaSalle, Canoas, 2023.

BEZERRA, Carla P. **Ideologia e governabilidade**: as políticas participativas nos governos do PT. 2020. Tese USP. São Paulo, 2020.

BICHIR, Renata. Governança multinível. **Repositório IPEA**, Brasília, 2017. Disponível em: https://repositorio.ipea.gov.br/handle/11058/8969?mode=full. Acesso em 07.out.2024.

BM. Banco Mundial. **Good governance and the World Bank**. 2002. Disponível em: https://www.worldbank.org/en/topic/governance/. Acesso em: 02 fev. 2024.

BM. Banco Mundial. **Governance and the Law**. 2017. Disponível em: https://www.worldbank.org/en/topic/governance/. Acesso em: 02 fev.2024.

BOBBIO, Norberto. **A teoria das formas de governo**. 2.ed. Brasília: Universidade de Brasília, 1981. 179p.

BOCHENEK, Antônio C. Corrupção sistêmica no Brasil: enfrentamento e dificuldades. **Revista Jurídica da FANAP**, n. 01, jan./jun. 2018.

BOLOGNESI, Bruno; RIBEIRO, Ednaldo; CODATO, Adriano. Uma nova classificação ideológica dos partidos políticos brasileiros. **DADOS**, Rio de Janeiro, v.66, 2023.

BONFIGLIO, Fátima, C. M. **Gestão de projetos na administração pública municipal: um estudo de viabilidade de implementação de escritório de projetos em uma prefeitura**. TCC, Unipampa, 2022.

BORGES, André. Democracia vs. eficiência: a teoria da escolha pública. **Lua Nova Revista de Cultura e Política**, n. 53, 2010.

BORGES, Fabrini Q. *et al.* Capacidade de gestão pública e desenvolvimento municipal na região norte do Brasil: uma análise multivariada e espacial de indicadores. **Revista GeSec**, São Paulo, v. 14, n. 4, 2023.

BRASIL. Constituição da República Federativa do Brasil de 1988. Disponível em: https://www.planalto.gov.br/ccivil_03/constituicao/constituicao.htm. Acesso em: 01 mar. 2024.

BRASIL. Decreto Federal n.º 9.203, de 22 de novembro de 2017. Dispõe sobre a política de governança da administração pública federal direta, autárquica e fundacional. Disponível em: https://www.planalto.gov/legislação.htm. Acesso em: 01 mar. 2024.

BRASIL. GPGP - Guia da Política de Governança Pública do Governo Federal. Brasília, 2018. Disponível em: http://www.cgu.gov.br/ noticias/2018/12/governo-federal-lanca-guia-sobre-a-politica-de-governanca-publica. Acesso em: 01 mar. 2024.

BRASIL. Ministério da Transparência e Controladoria Geral da União. **Manual para Implementação de programas de integridade**. Brasília, 2017, 59p. Disponível em: https://www.gov.br/cgu/pt-br/centrais-de-conteudo/publicacoes/integridade/ arquivos/ manual_profip. pdf. Acesso em: 08 out. 2024.

BRASIL. Ministério do Desenvolvimento Regional. **Manual de Gestão de Riscos, Controles Internos e Integridade**. Brasília, 2020, 96p. Disponível em: https://www.gov.br/mdr/pt-br/acesso-a-informacao/governanca/manual_integridade _final.pdf. Acesso em: 08.out.2024.

BRASIL. Ministério do Planejamento, Orçamento e Gestão. Secretaria de Gestão Pública. Programa GESPÚBLICA, **Instrumento para avaliação da gestão pública**. Brasília, MP, 2016.

BRASIL. Página do Ministério do Planejamento. Disponível em: https://www.gov.br/planejamento/pt-br. Diversos acessos em 2024.

BRASIL. Portal da Transparência. Disponível em: https://portaldatransparencia.gov.br/emendas?ano=2023. Acesso em: 13 jul. 2024.

BRASIL. TCU - Tribunal de Contas da União. **Glossário de termos técnicos**. Brasília, 2012. Disponível em: https://portal.tcu.gov.br/biblioteca-digital/glossario-de-termos-do-controle-externo.htm. Acesso em: 12 abr. 2024.

BRASIL. TCU - Tribunal de Contas da União. **Referencial básico de governança-2**. 2014. Disponível em: https://portal.tcu.gov.br/data/files/E8/14/13/3D/ 43B0F410E827A0F42A2818A8/2663788.PDF. Acesso em: 05 nov. 2019.

BRASIL. TCU - Tribunal de Contas da União. **Referencial básico de governança organizacional para organizações públicas e outros entes jurisdicionados do TCU**. 3.ed. Brasília, 2020. Disponível em: https://portal.tcu.gov.br/imprensa/ noticias/tcu-publica-a-3-edicao-do-referencial-basico-de-governanca-organizacional.htm. Acesso em: 14 fev. 2024.

BRASIL. TCU - Tribunal de Contas da União. **Referencial para avaliação de governança multinível em políticas públicas descentralizadas**. Brasília, 2021. 52p. Disponível em: https://portal.tcu.gov.br/referencial-para-avaliacao-de-gove1rnanca-multinivel-em-politicas-publicas-descentralizadas.htm. Acesso em: 30 set. 2024.

BRESSER-PEREIRA, L. C. A reforma do estado dos anos 90: lógica e mecanismos de controle. **Lua Nova** [online], São Paulo, n.45, 1998.

BRESSER-PEREIRA, L. C. Do Estado patrimonial ao gerencial. *In*: SACHS, I.; PINHEIRO, P. S.; WILHEIM, J. (orgs.). **Brasil**: um século de transformações. São Paulo: Cia. das Letras, 2001.

BRESSER-PEREIRA, L. C. O conceito histórico de desenvolvimento econômico. **Texto de artigo para discussão**, n.157. São Paulo: Escola de Economia FGV-SP, 2006, 24p.

BRONSTEIN, Michelle M. **Governança no terceiro setor brasileiro: uma explicação à luz da teoria dos *stakeholders***. 2016. Tese, Unigranrio, Rio de Janeiro, 2016.

BRYANT, Christopher. Gouvernement versus gouvernance: structure versus processus. **EchoGéo**, v.43. p. 1-5. 2018.

CAMILO, Silvio P. O.; YAMAGUCHI, Cristina K.; MANENTI, Rosana V. A. Práticas de governança pública municipal: análise informacional dos sítios eletrônicos em portais de transparência. **Revista de Ciências da Administração**, v. 20, dez. 2018.

CANDIOTTO, Luciano Z. P. A difícil governabilidade do Brasil. **AMBIENTES, Revista de Geografia e Ecologia Política**, v. 5, n. 2, 2023.

CANDLER, Gaylord G. **The study of public administration in India, the Philippines, Canada and Australia: the universal struggle against epistemic colonization, and toward critical assimilation**. Universidade do Norte da Flórida, 2014. Disponível em: https://scholars.unf.edu/en/publications/the-study-of-public-administration-in-india-the-philippines-canad. Acesso em: 31 maio 2024. Tradução livre.

CARDOSO JR., J. C. **Estado, planejamento, gestão e desenvolvimento:** balanço da experiência brasileira e desafios no século XXI. Santiago, Chile: Ilpes/Cepal, 2014. 37p.

CARVALHO, Antonio O.; CINTRA, Renato F. Uma aproximação ensaística entre a administração política e a teoria dos stakeholders. **Revista Gestão e Secretariado**, São Paulo, v.14, n.11, 2023a.

CARVALHO, Delio N. G. **A incorporação das premissas de desenvolvimento sustentável ao planejamento governamental brasileiro** – o plano plurianual (PPA). 2022. Tese Instituto de Ciências Sociais da Universidade de Lisboa. Lisboa, 2022.

CARVALHO, Eduardo F. P. Sistema presidencialista em crise? Análise da governabilidade e das crises políticas. **Contemporânea - Revista de Ética e Filosofia Política**, v. 3, n. 1, 2023b.

CFA. Conselho Federal de Administração. **Planejamento estratégico municipal**. Disponível em: https://cfa.org.br/cfa-lanca-cartilha-de-planejamento-estrategico-municipal/. Acesso em: 13 jun. 2024.

CHIAVENATO, I. **Administração**: teoria, processo e prática. 4.ed. Rio de Janeiro: Campus; Elsevier, 2007.

CICHOSKI, Francielli C. L.; SEHN, Lieges C.; MELLO, Gilmar R. Índice de governança municipal e práticas de governança eletrônica: um estudo com os municípios do Oeste do Paraná. *In*: **XIX INTERNACIONAL CONFERENCE E ACCOUNTING**, São Paulo, USP, 2019.

COMBATE A FOME. Disponível em: https://combateafome.org.br. Acesso em: 13 mar. 2024.

CONFEDERAÇÃO Nacional dos Municípios. **Como promover a boa governança na gestão municipal**. Brasilia, 2018. Disponível em: www.cnm.org.br. Acesso em: 07 out. 2024.

CORRÊA Neto, Gilcindo C. Capital **Social e governança local no contexto do arranjo produtivo local de móveis do Sudoeste do Paraná**. 2018. Dissertação, UTFPR. Pato Branco, 2018.

COSTA NETO, João A.; LIMA, Caio R. P; DINIZ, Josedilton A. Análise da efetividade da gestão municipal na regularidade das contas públicas. **Revista ConTexto**, Porto Alegre, v.23, n.54. 2023.

COSTA, Francisco A. O momento, os desafios e as possibilidades da análise econômica territorial para o planejamento do desenvolvimento nacional. **Nova Economia**, Belo Horizonte, set./dez. 2014.

COSTA, Frederico L. Brasil: 200 anos de estado; 200 anos de administração pública; 200 anos de reformas. **Revista de Administração Pública**. Rio de Janeiro, FGV, set./out. 2008.

COSTA, Sérgio. Estrutura social e crise política no Brasil. **Revista de Ciências Sociais**, Rio de Janeiro, v. 61, p. 499-533, 2018.

COSTA, Sheyla L. (Des)governo, (in)governabilidade ou (des)governança? **Revista de Administração Pública**, Rio de Janeiro, mar./abr. 1997.

COSTA, Vavito A. **Democracia e Governabilidade na Guiné-Bissau**: um estudo sobre a instabilidade política. 2023. TCC, Universidade da Integração Internacional da Lusofonia Afro-Brasileira (UNILAB), 2023.

COVAS, Maria M. C. M.; COVAS, António M.; A. Cidades inteligentes e criativas e smartificação dos territórios: apontamentos para reflexão. **Desenvolvimento Regional em Debate**, v.10, 2020.

CRUZ, Edwin C. O.; BENAVENTE, Liliana J. G; RIVERA, Carmen G. J. Strategic planning model and its impact on the development of micro-enterprises in the services sector in Mexico. Intern. **Journal of Profess, Bus. Review.** Miami, v. 8, n. 5, p. 01-22, 2023.

CUNHA, Magali N. Evangélicos e política no Brasil: o avanço dos fundamentalismos e a aliança com o bolsonarismo. **Revista Davar Polissêmica**, Belo Horizonte, v. 17, n. 1, 2023.

CUST, James; HARDING, Torfinn; KRINGS, Hanna; BALLESTEROS, Alexis R. Public governance versus corporate governance: Evidence from oil drilling in forests. **Journal of Development Economics**, 163, 2023.

D'ALMEIDA, C. H.; FRANCO, F. M. Desenho institucional para a governança e planejamento metropolitanos em São Paulo. **Rev. Programa Pós-Grad. Arquit. Urban.**, São Paulo, FAUUSP, v.25, n.46, p. 32-55, maio/ago. 2018.

DALL'OLIO, Leandro L. S. O índice de efetividade da gestão municipal e a agenda 2030 como ferramentas para aprimoramento do Plano Plurianual (PPA). **Cadernos da Escola Paulista de Contas Públicas**, 2. sem. 2023.

DI PIETRO, Maria Sylvia Z. **Direito administrativo**. 29.ed. São Paulo: Atlas, 2016, 1.063p.

DIAS JUNIOR, Francisco D. **O papel da tecnologia da informação no modelo administrativo municipal**: o caso da prefeitura de Juazeiro do Norte. 2018. Dissertação UFPE. Recife, 2018.

DIAS, Luiz C.; PLEIN, Clério. Crescimento econômico, desenvolvimento econômico e desenvolvimento: afinal sobre o que tratam estes conceitos? **Gestão e Desenvolvimento em Revista**, Francisco Beltrão, v. 10, n. 2, 2022.

EMMENDOERFER, Magnus L.; MEDIOTTE, Elias J.; TRANTIN, Fábia; SILVESTRE, Hugo M. C. Governança pública local e planejamento sustentável: um estudo em um destino turístico da gastronomia. **Revista Gestão e Secretariado**, São Paulo, v. 14. 2023.

ESPARCIA, Javier; ABBASI, Fatemeh. Territorial governance and rural development: challenge or reality? *In*: CEJUDO, Eugenio; NAVARRO, Francisco (org.). **Neoendogenous development in european rural areas**: Results and Lessons. Cham: Springer, 2020. p. 33-60.

EYERKAUFER, Marino L.; SEDLACEK, Ana C.; MOSER, Paolo; FABRE, Valkyrie V. Planejamento estratégico para desenvolvimento sustentáveis local sob a ótica da governança pública. **Revista Gestão e Planejamento**, Salvador, v.21, 2020.

FAULHABER, Lucas; SIQUEIRA, Hipólita. Grupos econômicos e acumulação urbana na cidade do Rio de Janeiro: Odebrecht e Carvalho Hosken. **Revista Brasileira de Estudos Urbanos e Regionais**, Rio de Janeiro, v. 21, n. 3. 2019.

FERNANDES, Otávio A. T. **Gestão pública municipal: os desafios do Século XXI** Dissertação, IMESA. Assis, 2013.

FERREIRA, G. J. B. C. Governança corporativa aplicada ao setor público: o controle interno como um dos núcleos de implementação. **Revista Controle do TC-CE**, v. 14. n. 1, p. 39-73, jun. 2016. doi:10.32586/rcda.v14i1.315.

FIGUEIREDO, Alexandre L. C.; RODRIGUES, Luciana L. Teorias administrativas: um estudo sobre suas abordagens e evolução. **Rev. Psic. Eletrônica**, Jaboatão dos Guararapes, v.16, n. 60, maio 2022.

FRAGA, Brendow O; EMMENDOERFER, Magnus; COSTA, Vânia G; PAULA NETO, Alcielis; SILVA JUNIOR, Alessandro C. Em direção ao movimento Slow City: planejamento público coletivo na sustentabilidade de um pequeno município brasileiro. **Cidades, Comunidades e Territórios**, Spring Special Issue, Apr. 2021.

FREEMAN, R. E. **Strategic management**: a stakeholder approach. Boston: Pitman, 1984, 276p. Disponível em: https://books.google.com.br/books/about/ Strategic _Management.html?id=4PUJAQAAMAAJ&redir_esc=y. Acesos em: 01 mar. 2024.

FREITAS, Oziel R. **Governança de stakeholders e sua influência no desenvolvimento local**. 2022. Dissertação UFSM. Santa Maria, 2022.

FREY, Klaus. A dimensão político-democrática nas teorias de desenvolvimento sustentável e suas implicações para a gestão local. **Ambiente & Sociedade**, n. 9, 2001.

FREY, Klaus. **Governança multinível e desenvolvimento regional sustentável**. Capítulo 1, p. 9-20, do Livro Governança Multinível e Desenvolvimento Regional Sustentável, 397p. Organizadores: José Mario Brasiliense Carneiro e Klaus Frey. Oficina Municipal, São Paulo, 2018.

FURTADO, Celso. Desenvolvimento e Subdesenvolvimento. **Contraponto**, Rio de Janeiro, 2009, 236p.

FURTADO, Márcia N.; SILVA, Fábio C. **Governança dos planos de desenvolvimento local no município de Breves**: impactos sobre as políticas públicas de 2000 a 2015. UFPA, 2018. Disponível em: https://periodicos. ufpa.br/index.php/pnaea/article/view/11127/7679. Acesso em: 22 mar. 2024.

GARCIA, Melissa C. **A participação social como elemento de governança pública e fator relevante no desenvolvimento local**. 2021. Dissertação, CUSM. Varginha, 2021.

GARCIA, Melissa C.; ALVES, Alessandro F.; PORTUGAL JÚNIOR, Pedro Santos. Participação social, governança pública e desenvolvimento local: uma análise do estado de Minas Gerais. **Brazilian Journal of Development**, Curitiba, v.7, n.9, 2021.

GERHARDT, T. E.; SILVEIRA. D. T. **Métodos de pesquisa**. Porto Alegre: Editora da UFRGS, 2009. 120 p.

GOHN, M. G. **Conselhos gestores e participação sociopolítica**. 3.ed. São Paulo: Cortez, 2007, 120p.

GOMES FILHO, Walter V. **A Interação das universidades e empresas startups na visão dos seus empreendedores sob a luz da teoria institucional**. 2018. Tese, UFSC, 2018.

GOMES, Cláudia S. T. **Desenvolvimento local, governança colaborativa e associativismo**: dinâmicas de mobilização para a ação no contexto do Município de Peniche. 2014. Dissertação ISTEC. Lisboa, 2014.

GONÇALVES, A. A. *et al.* A governança de tecnologia da informação e comunicação em organizações de saúde pública: estudo de caso do Instituto Nacional de Câncer. **RISTI**, n.E17, p. 231-243, jan. 2018.

GRANJEIRO, J. Wilson. **Administração pública**, 12. ed. Brasília: Westcon, 2006.

GRIGOLETTO, F.; ALVES, M. A. Leitura do institucionalismo organizacional a partir da teoria do organizar de Karl Weick. **Cad. EBAPE.BR**, v. 17, n. 2, Rio de Janeiro, abr./jun. 2019.

GUIMARÃES, Duanne E. L.; SOARES, Cristiano S.; SOUZA, Adriano M. O índice de governança municipal e a influência da escolaridade e da experiência dos prefeitos sob a perspectiva da teoria do capital humano. *In*: **XLVI ANPAD**, 2022.

HALL, P. A.; TAYLOR, R. C. R. As três versões do neo-institucionalismo. **Lua Nova** [online], n. 58, p. 193-223, 2003.

HEDLUND, Patrique R.; ZALUSKI, Felipe C.; SIQUEIRA, Carelisa S.; SILVA, Patricia R.; BRIZOLLA, Maria M. B; GOMES, Clandia M.; MUELLER, Airton A. A relação entre governança corporativa e teoria da agência no gerenciamento de conflitos. **Revista Eletrônica Gestão & Sociedade**, v.15, jan./abr. 2021.

HININGS, B.; GEGENHUBER, T.; Greenwood, R. **Digital innovation and transformation**: an institutional perspective. 2018. Disponível em: https://www.sciencedirect.com/science/article/abs/pii/S1471772718300265. Acesso em: 09 abr. 2024.

IBGC. Instituto Brasileiro de Governança Corporativa. **Código das melhores práticas de governança corporativa**. 5.ed. 2016.

IBGC. Instituto Brasileiro de Governança Corporativa. **Código de melhores práticas de governança corporativa**. 6.ed. São Paulo: IBGC, 2023.

IBGE. Instituto Brasileiro de Geografia e Estatística. Disponível em: https://www.ibge.gov.br/explica/pib.php. Acessos diversos em 2024.

IMASATO, T.; MARTINS, P. E. M.; PIERANTI, O. P. Administrative reforms and global managerialism: a critical analysis of three Brazilian state reforms. **Journal of Administrative Sciences**, Canadian, v. 28, n. 2, p. 174-187, 2011.

INFORMAÇÕES sobre a fome no Brasil. Disponíveis em: Https://combateafome.org.br. Acesso em: 10 fev.2024.

IPEA. Instituto de Pesquisa Econômica Aplicada. Disponível em: https://www.ipea.gov.br/. Acessos diversos em 2024.

IVANYNA, M.; SHAH, A. Indicadores de governança centrados no cidadão. **Special, CESifo Forum**, n.1, p. 59-71, 2011. Disponível em: http://documents.worldbank.org. Acesso em: 30 dez. 2019.

JENSEN, M. C.; MECKLING, W. H. Theory of the firm: managerial behavior, agency costs and ownership structure. **Journal of financial economics**, v. 3, n. 4, p. 305-360, 1976. (tradução livre).

JESUS, Marlene R. **O planejamento estratégico do município de Ijuí/Rs como instrumento de desenvolvimento da mobilidade urbana**. 2019. Dissertação URN-RS. Ijui, 2019.

JIMENEZ, M. L. Efectividad de los procedimientos de participación ciudadana establecidos por la Ley 152 de 1994 en la discusión de los planes de desarrollo: un análisis desde la teoría de la elección pública. **Revista de Derecho y Economía**, v. 29, p. 93-123, 2008.

JOÃO, Belmiro N.; SOUZA, Crisomar L.; SERRALVO, Francisco A. Revisão sistemática de cidades inteligentes e internet das coisas como tópico de pesquisa. **Cad. EBAPE.BR**, Rio de Janeiro, v. 17, out./dez. 2019.

KAPLAN, R. S.; NORTON, D. V. **Mapas estratégicos: convertendo ativos intangíveis em resultados tangíveis**. 6.ed. Rio de Janeiro: Elsevier, 2004. 471p.

KINZLER, Édina C. S. **Influência do controle interno na efetividade da governança pública nos municípios paranaenses**. 2023. Dissertação UNIOESTE. Cascavel, PR, 2023.

KISSLER, L.; HEIDEMANN, F. G. Governança pública: novo modelo regulatório para as relações entre estado, mercado e sociedade? **Revista de Administração Pública**, Rio de Janeiro, v.40, n.3, p. 479-99, maio/jun. 2006.

KLIASS, Paulo. **Planejamento do desenvolvimento econômico e plano plurianual no Brasil**. Brasília: Ipea, 2020.

KOOIMAN, Jan. Gobernar en gobernanza. **Revista Instituciones y Desarrollo**, n.16, p. 171-194. Institut Internacional de Governabilitat de Catalunya, Comte d'Urgell. Barcelona, España, 2004.

LACRUZ, Adonai J. Considerações teóricas sobre governança corporativa no terceiro setor à luz da teoria da agência. **Cad. EBAPE.BR**, Rio de Janeiro, v. 18, n, 3, jul./set. 2020.

LACRUZ, Adonai J. **Governança no terceiro setor**: estudo em Associações e fundações privadas sem fins lucrativos do segmento meio ambiente com atuação no Brasil. 2017. Tese, UF-ES, Vitoria, 2017.

LENARDÃO, Elsio. Neo-clientelismo e cooptação na manutenção do poder político local. **Revista Mediações**, v. 2, n. 2. Londrina, 1997.

LIMA FILHO, Saulo S; PEIXE, Blênio C. S. Eficiência, austeridade fiscal e disponibilidade orçamentária em instituições federais de ensino superior à luz da teoria da escolha pública. **Revista Contemporânea de Contabilidade**, Florianópolis, v. 20, 2023.

LIMA, Antônio E. M. A teoria do desenvolvimento regional e o papel do Estado. **Revista Análise Econômica**, Porto Alegre, n. 45, 2006.

LIMA, Edilberto C. P. A democracia e seus problemas: breves notas à luz da teoria da escolha pública. **Revista Controle**, Tribunal de Contas do Ceará, Fortaleza, 2012.

LOBO, Carlos; CUNHA, Jose M. P. Migração e mobilidade pendular nas áreas de influência de metrópoles brasileiras. **Mercator**, Fortaleza, v. 18, e18017, 2019.

LOPEZ, F.; SILVA, T. M. Filiações partidárias e nomeações para cargos da burocracia federal (1999-2018). **Revista de Administração Pública**, Rio de Janeiro, v. 53. n. 4, p. 711-731, jul./ago. 2019.

LYNN JR., Laurence E.; HEINRICH, Carolyn; HILL, Carolyn J. Studying governance and public management: challenges and prospects. **Journal of Public Administration Research and Theory**, EUA, Abril. 2000. Disponível em: https://www.researchgate.net/publication/241759250_Studying_Governance_and_Public_Management_Challenges_and_Prospects. Acesso em: 18 jan. 2024.

MACHADO, José A. Federalismo e políticas sociais: conexões a partir da teoria da agência. **Revista do Serviço Público**, Brasília, jan./mar. 2018.

MADEIRA, Miguel A. L. **A governança municipal**: os desafios da gestão local nas modernas democracias. Dissertação, Algarve. Portugal, 2010.

MARIN Filho, C. J.; SAUSEN, J. O.; ALLEBRANDT, S. L. Gestão pública municipal: análise do processo de mudança estratégica de um município da região noroeste do Estado do Rio Grande do Sul. *In*: **ANAIS DO XXXII ENANPAD**. Rio de Janeiro, 2008.

MARTINS, Gisely J. T. **Framework para a comunicação como ponte entre stakeholders da governança multinível de cidades inteligentes**. 2023. 319 f. Tese, UFSC, Florianópolis, 2023.

MARTINS, Gisely J. T.; FREIRE, Patricia de S. Governança multinível: perspectivas de análise sobre o termo. *In*: **CONGRESSO BRASILEIRO DE GESTÃO DO CONHECIMENTO.** São Paulo, setembro de 2021.

MARTINS, Gislene D. **Governança pública: análise exploratória da disclosure dos municípios da região sul do Brasil**. 2020. Dissertação UFPR. Curitiba, 2020.

MARTINS, Rafael D.; VAZ, José C.; CALDAS, Eduardo L. A gestão do desenvolvimento local no Brasil: (des)articulação de atores, instrumentos e território. **RAP**, Rio de Janeiro, n. 44. maio/jun. 2010.

MATTEI, Taíse F.; CUNHA, Marina S. A crise econômica brasileira e seus efeitos sobre o emprego formal. **Revista Orbis Latina**, Foz do Iguaçu, v.10, n.1, 2020.

MATTIA, Casula. Quem governa na governança (local)? Reflexões teóricas e evidências empíricas. **Revista de Administração Pública**, Rio de Janeiro, v.51, p. 1122-1138. nov./dez. 2017.

MAZO, Alex M.; OLIVEIRA, Renata K.; BIANCOLINO, César A.; TOMAZZONI, Edegar L. Análise bibliográfica e sistemática da literatura acadêmica sobre "Cidades Inteligentes", "Turismo" e "Competitividade". **Tur., Visão e Ação**, Camboriu, v. 23, jan./abr. 2021.

MIRANDA, Cecília F. **Avaliação da capacidade da gestão municipal como indutora de desenvolvimento**: contribuições para a formação de gestores públicos. 2023. Dissertação, UF-BA, 2023.

MORAES, Claudio Z. Governança corporativa: uma visão sob a teoria da agência. **Rev. Cienc. Gerenc.**, Valinhos, SP, v.19., 2015.

MULLER, Claudia M. **Planejamento municipal**: balanced scorecard e desenvolvimento local integrado sustentável. 2008. Dissertação UNIVALI. Itajaí, 2008.

NARDONE, Jose P. Sustentabilidade e a gestão pública municipal. **Cadernos da Escola Paulista de Contas Públicas**, São Paulo, n.33, 2018. Disponível em: https://www.tce.sp. gov.br/epcp/cadernos/index.php/CM/article/view/59. Acesso em: 07 ago.2024.

NASCIMENTO, Anderson R.; GRIN, Eduardo. Poder local e gestão pública: dimensões para análises da governança municipal. **Revista Brasileira de Políticas Públicas e Internacionais**, v.6, n.3, dez. 2021.

NEVES, G.; GUIMARÃES, A.; GUIMARÃES JR. A. As bases para um novo modelo de administração pública orientada para resultados: evolução dos paradigmas, novos princípios e dimensões operacionais de funcionamento. *In*: **X CONSAD**, Brasilia, DF, 5 a 7 de julho de 2017.

NEVES, Sinvaldo C. **Democracia contemporânea**: a participação popular no direito brasileiro. São Paulo: E-boock Dialética, 2024. 208p.

NOVATO, V. O. L. **O burocrata de médio escalão na implementação de políticas públicas**: o caso REUNI na Universidade Federal de Goiás. 2019. 85 f. Dissertação (Mestrado em Administração) – Universidade Federal de Goiás, Goiânia, 2019.

OCDE. Organização para a Cooperação e Desenvolvimento Econômico. **Draft policy framework on sound public governance**. Paris, 2018. Disponível em: http://www.oecd.org/corporate/corporate-governance-factbook.htm. Acesso em: 23 mar. 2024.

OLIVEIRA, Antonio G.; CARVALHO, Hilda A.; CORRÊA, Dayanne P. Governança pública e governabilidade: *accountability* e disclosure possibilitadas pela contabilidade aplicada ao setor público como instrumento de sustentabilidade do estado. **REPeC**, v. 7, n. 1, Brasília, 2013.

OLIVEIRA, D. T. de. **A (in) dependência dos pequenos municípios paranaenses ao FPM para a efetividade de suas funções federativas e contribuição para o desenvolvimento local**. 2018. 162 f. Dissertação (Mestrado Profissional em Planejamento e Governança Pública) – Universidade Tecnológica Federal do Paraná, Curitiba, 2018.

OLIVEIRA, Nilton M. Desenvolvimento local: Quo Vadis? **Redes**, Santa Cruz, v. 25, 2020. Ed. Especial.

OLIVEIRA, Pamela T.; SILVA, Gustavo M.; EMMENDOERFER, Magnus L. Governança e desenvolvimento local no contexto da indústria de tecelagem tradicional de Resende Costa (Mg), Brasil. **G&DR**, Taubaté, SP, v. 12, n. 1, 2016.

OLIVEIRA, Rodrigo D. **Percepção de gestores de uma organização pública federal sobre os desafios à utilização do planejamento estratégico**. 2023. Monografia, UNB. Brasília, 2023.

OSBORNE, David; GLAEBER, Ted. **Reinventando o governo**. Brasília: Ed. MH Comunicações, 1994. 456 p.

PAIVA, Juarez A. **Gestão do sistema único de assistência social à luz das relações intergovernamentais e da teoria institucional**: uma análise no território do Mato Grande, RN. 2018. Tese, UFRN, 2018.

PALMA, Eduardo M. **Aceitação da telemedicina por médicos no Brasil**: um olhar sob a lente da teoria institucional. 2020. Tese, Unisinos, Porto Alegre, 2020.

PALUDO, Augustinho V. **Administração geral e pública**. 5.ed. Salvador: Juspodivm, 2022. 576p.

PALUDO, Augustinho V. **Administração pública**. 11.ed. Salvador: Juspodivm, 2024a. 670p.

PALUDO, Augustinho V. **Orçamento público, administração financeira e orçamentária e LRF**. 12.ed. São Paulo: Juspodivm, 2024b. 459p.

PALUDO, Augustinho V.; OLIVEIRA, Antonio G. **Governança organizacional pública e planejamento estratégico para órgãos e entidades públicas**. 2.ed. São Paulo: Editora Foco, 2024. 167p.

PALUDO, Augustinho V.; PROKOPIUK, Mario. **Planejamento governamental**. 2.ed. São Paulo: Atlas, 2014. 226p.

PALUDO, Augustinho V.; SiLva, Christian L.; GUIMARÃES, Inácio A. Curitiba, cidade inteligente, para quem? **Revista de Gestão e Secretariado - GeSec**, São José dos Pinhais, v. 15, n. 7, 2024.

PARANHOS, Michelle. Teoria e ideologia do desenvolvimento à luz das contribuições de Celso Furtado. **Intellèctus**, URJ, Rio de Janeiro, v. 19, n. 2, 2020.

PAULO, Vicente; ALEXANDRINO, Marcelo. **Direito administrativo descomplicado**. 23.ed. São Paulo: Método, 2016. 1.108p.

PDRAE. Plano Diretor de Reforma do Aparelho do Estado. 1995. 68p. Disponível em: http://www.bresserpereira.org.br/documents/mare/planodiretor/planodiretor.pdf. Acesso em: 01 dez. 2019.

PENEDO, Fabrício R. **Análise de modelos e práticas de governança pública**: o caso do Instituto de previdência municipal. 2016. Dissertação UFF. Niterói, 2016.

PEREIRA, Arcelo L.; WESZ Junior, Valdemar J. Crescimento e desenvolvimento: revisão e discussão. **Revista da FAE**, Curitiba, v. 24, 2021.

PEREIRA, Margarida. Governança territorial multinível: fratura(s) entre teoria e prática(s). **Desenvolvimento Regional em Debate**, Canoinhas, Universidade do Contestado, v.4, n.2, 2014.

PEREIRA, P. T. A teoria da escolha pública (public choice): uma abordagem neoliberal? Instituto Superior de Economia e Gestão. **Análise Social**, Lisboa, v. 32, n. 141, p. 419-442, 1997.

PERES, Paulo; BEZERRA, Gabriella. Presidencialismo, governabilidade e oposições parlamentares: uma análise crítica da literatura comparada. **Caderno CrH**, Salvador, v. 33, 2020.

PINI, Gustavo M. **Estagnação e crescimento**: a importância das instituições no desenvolvimento econômico brasileiro no Século XXI. São Paulo: INSPER, 2022.

PITSEYS, John. **Le concept de gouvernance. RIEJ**. França, 2010. Disponível em: https://doi.org/10.3917/riej.065.0207. Acesso em: 18 jan. 2024.

PLATT, Adreana D.; SEELANDER, Airton C. Orientações teóricas para a governabilidade pós-revolucionária. **Revista Direitos Culturais**, Santo Angelo, v. 8, maio 2013.

PMI. **A guide to the project management body of knowledge and the standard for pro-ject management**. 7.ed. USA, PMBOCK, 2021.

POWELL, Igor B. **(Re)Pensando estratégias para as cidades inteligentes brasileiras**. 2022. Dissertação, Universidade Presbiteriana Mackuenzie. São Paulo. 2022.

PROKOPIUK, Mário. **Políticas públicas e fundamentos de administração pública**. São Paulo: Atlas, 2013. 397p.

PROKOPIUK, Mario; FREDER, Schirlei M. Public policies and multilevel governance to promote the creative economy from the cultural fi eld: inter-federative support for Curitiba's policy. **Nova Economia**, Minas Gerais, v. 30 n. 2 p. 383-405, 2020.

REIS, J. O. B. **Aproximações entre planejamento estratégico situacional e governança colaborativa: implicações teóricas e práticas**. 2018. 114 f. Dissertação (Mestrado em gestão pública, tecnologias e inovação) – Programa de Pós-Graduação em Administração Pública, Universidade Federal de Lavras, Lavras, MG, 2018.

REZENDE, D. A.; CASTOR, B. V. J. **Planejamento estratégico municipal**: empreendedorismo participativo nas cidades, prefeituras e organizações públicas. 2. ed. Rio de Janeiro: Brasport, 2006. 123p.

REZENDE, F. C. Desafios gerenciais para a reconfiguração da administração burocrática brasileira. **Sociologias**, Porto Alegre, ano 11, n. 21, p. 344-365, jan./jun. 2009.

RGP. Rede de Governança Pública. **Governança pública municipal transformando sua administração**. Instituto Latino-Americano de Governança e Compliance Público/Rede de Governança Brasil. 2. ed. Brasília: NT Editora, 2021. 100p.

RIBCZUK, Paula; NASCIMENTO, Arthur R. Governança, governabilidade, *accountability* e gestão pública: critérios de conceituação e aferição de requisitos de legitimidade. **Revista Direito Mackenzie**, Campinas, v.9, n.2, p. 218-237, 2017.

RIBEIRO FILHO, W. F.; VALADARES, Josiel L. Governança: uma nova perspectiva de gestão aplicada à administração pública. **The Journal of Engineering and Exact Sciences - JCEC**., Viçosa: UFV, v. 03, n. 05, 2017.

RIBEIRO, Fernanda F. A. **Análise do modelo da gestão pública municipal brasileira e os diferenciais encontrados na gestão de uma cidade inteligente**. 2019. Dissertação, FUMEC, Belo Horizonte, 2019.

RISSI, Victor P.; BATISTA, Valquiria C. **A relevância da captação de recursos na gestão pública municipal**. Monografia 2023. IFES. Disponível em: https://repositorio.ifes.edu.br/bitstream/handle/123456789/4142/TFC_Victor%20Pertel_Versa%CC%83o%20Final%203%20%281%29.pdf?sequence=1&isAllowed=y. Acesso em: 07 out. 2024.

RODRIGUES, Fernando P. **Capacidades locais e governança multinível na implementação de políticas de meio ambiente**. 2023. 185 f. Tese, USP, São Paulo, 2023.

ROJAS, Saimelyn A. F.; DUARTE, Hugo M. P. Uma reflexão teórica sobre a seleção de problemas públicos municipais para a gestão governamental. **Revista Economia & Tecnologia**, Curitiba, v. 25, 2011.

ROMA, Ivanete A.; SANTOS, Ananias F.; PRADO, Wander B. S.; GOULART, Claiton P.; PARAPINSKI Lucia M. Análise da gestão municipal versus ranking dos municípios mais ricos do agronegócio no Brasil: o caso do Estado do Mato Grosso. **RRCF**, Fortaleza, v. 13, n. 2, 2023.

SALES, Wilson. **Os valores éticos na administração pública**. 2010. Dissertação. Estácio de Sá, 2010.

SALGADO, Silvia R. C. Experiências municipais e desenvolvimento local. **Perspectiva**, São Paulo, v. 10, n. 3, 1996.

SALLES, Helena M. **Gestão pública municipal**: gestão democrática e participativa. 3. ed. Brasília: Programa Nacional de Capacitação em Gestão Pública, 2014. 112p.

SANTOS, Évani L.; Franz, Nádia M.; Simão, Angelo G.; TERNOSKI, Simão; SILVA, Christian L.; SANTOS, Gilson D. Cidades inteligentes e sustentáveis: percepções sobre a cidade de Curitiba, PR a partir dos planos plurianuais de 2014 a 2021. **Revista Brasileira de Gestão Urbana - URBE**, v. 14, 2022.

SANTOS, Fabiano; LUZ Joyce. Primeiros passos em busca da governabilidade: análise preliminar da coalizão de apoio a Lula III, p. 29-58. *In*: INACIO, Magna (org.). **Presidente. Gabinete e burocracias**: o que a nova administração Lula precisa saber. São Paulo: Hucitec, 2023.

SANTOS, Milton. **A urbanização brasileira**. São Paulo: Hucitec, 1993. 157p.

SANTOS, Milton. **Economia espacial**: críticas e alternativas. São Paulo: Edusp, 2007. 204p.

SANTOS, Rodolfo R. **Influência da governança pública na eficiência da alocação dos recursos públicos em educação e saúde**. 2017. Dissertação. UFSC, Florianópolis, 2017.

SANTOS, Thawanny P. **Nepotismo de forma direta na administração pública no âmbito municipal**. 2022. TCC, Puc-Goias, 2022.

SCHIAVO, Priscila S. **Análise do espaço político discricionário à disposição dos gestores públicos municipais paranaenses a partir da vigência do novo regime fiscal sob a ótica da teoria da escolha pública**. 2021. Dissertação, Unioeste, Cascavel, 2021.

SCHMITTER. P. C. Corporatism is dead! Long live to corporatism. **Government and opposition**, v. 24, n.1. 1989. Disponível em: https://www.academia.edu/

10896204/Corporatism_is_Dead_Long_Live_Corporatism. Acesso em: 23 mar. 2024.

SCOTT, W. R. **Institutions and organizations**: ideas, interests, and identities. 4.ed. London: Sage Publications, 2014.

SECCHI, L. Modelos organizacionais e reformas da administração pública. **RAP**, Rio de Janeiro, v. 43, n. 2, p. 347-69, mar./abr. 2009.

SENA, Kárita E. R. **Comunicação pública e redes digitais – atores, técnicas e políticas**. 2020. Tese UNESP, BAURU, 2020.

SHAPIRO, S. P. Agency theory. **Annual Review of Sociology**, v. 31, p. 263-284, 2005. Disponível em: http://strategy.sjsu.edu/www.stable/pdf/Schapiro,%20S.,%202005,%20Annual%20Review%20of%20Sociology%20 31%20263-284.pdf. Acesso em: 12.fev. 2024.

SILVA, Alexsander D. **O conflito de interesses públicos e privados em sociedades de economia mista no Brasil**: a busca do equilíbrio. 2018. Tese, Unb, Brasília, 2018a.

SILVA, Edson A.; PEREIRA, José R.; ALCÂNTARA, Valderí C. Interfaces epistemológicas sobre administração pública, institucionalismo e capital social. **Cad. EBAPE.BR,** Rio de Janeiro, v. 10, nº 1. mar. 2012.

SILVA, F. A.; MARTINS, T. C. P. M.; CKAGNAZAROFF, I. B. Redes organizacionais no contexto da governança pública: a experiência dos tribunais de contas do Brasil com o grupo de planejamento organizacional. **Revista do Serviço Público**, Brasília, v. 64, n. 2, p. 249-271, abr./jun. 2013.

SILVA, Fabio H. R. **Determinantes de estrutura de capital na tomada de decisão em grupo sob a ótica da teoria da agência**. 2018. Dissertação, USP, Ribeirão Preto, 2018b.

SILVA, Geraldo; COSTA, Marco A.; MARTINS, Luiz G. V. **Desafios da governança interfederativa para a PNDU**. Brasília: IPEA, 2024, 52p.

SILVA, Joyce S. **Avaliação da governança municipal**: uma abordagem baseada nos ODS. 2022. Dissertação, UF-PE. Campina Grande, 2022.

SILVA, Lindomar; COSTA, Carlos; CASTRO, Miguel R.; ARAÚJO, Edmar. A. Reeleição e a eficiência dos municípios brasileiros sob a perspectiva da teoria da escolha pública. **Revista de Contabilidade da UFBA**, Salvador, v. 15, 2021.

SILVA, Marcus V. G. Índice de Governança Pública Municipal (IGovPMun): um instrumento de avaliação e controle social. **R. Bras. Planej. Desenv.**, Curitiba, v. 11, n. 3, 2022.

SILVA, Rui J.; MARQUES, Pedro. Teoria dos stakeholders – revisão sistemática de literatura. **Revista de Economia, Empresas e Empreendedores**, v. 9, n. 1, 2023.

SILVA, Ted J. P. ; SOBREIRA, Monica C;. MORAES, Melissa C. C.; SANTOS, Waldir J. L. Irregularidades financeiras dos pareceres prévios do município do Rio de Janeiro à luz da teoria institucional. **Revista Gestão e Secretariado**, São Paulo, v. 14, 2023.

SILVA, Thaméya L. B.; BÁ, Serigne A. C.; SILVA, André V.; SILVA, Graciele C. da; SILVA, Luiz A. da. A tomada de decisão na administração pública: revisão integrativa. **Humanidades & Tecnologia em Revista**, Paracatu, ano XIII, v. 19, ago./dez. 2019.

SIMÃO, Camilla Z. S. **Governança corporativa no senado federal**. 2014. Monografia ILB, Brasília, 2014.

SOUZA, Danielly P. G.; FRANCA, Acson G.; FRANCA, Arivone G.; COSTA, Sirlene A. P. ; FRANCA, Marclene G. Planejamento estratégico e gestão pública municipal: um estudo sobre a Secretaria Municipal de Educação de Itinga, MG. **Revista Multifaces**, v. 4, n. 1. fev. 2022.

SOUZA, L. M. C. G.; FARIA E. F. Governança corporativa na administração pública brasileira: um processo em construção. **Direito & Paz**, São Paulo, v. 10, n. 37, p. 273-292, 2. sem., 2017.

SOUZA, Yago P. **Matriz institucional e desenvolvimento local**: uma análise da região de integração de Carajás-PA. 2019. Dissertação, Unama, Belém, PA, 2019.

TAVARES, A. M. B. N.; AZEVEDO, M. A.; MORAIS, P. S. A administração burocrática e sua repercussão na gestão escolar. **HOLOS**, v. 30, n. 2, 2014.

TERRA, Josenai O. **Compreendendo as dimensões da governança pública**: um estudo de caso na Câmara de Vereadores de Tangará da Serra, Mato Grosso (MT). 2023. 324 f. Dissertação, Santa Maria, RS 2023.

TORRADO, Caroline G. *et al.* **Evolução da pobreza e insegurança alimentar no Brasil**. São Paulo: USJ, 2022.

TORRES, Roberto D. Governabilidade, governança e poder informal. Um problema central de sociologia política. **Civitas**, Porto Alegre, v. 16, n. 1, 2016.

TRAVAGLIA, Karina R.; CÉSAR, Claudia S. A importância do controle interno como instrumento de governança pública. **Revista Técnica dos Tribunais de Contas - RTTC**, Belo Horizonte, ano 3, n. 1, dez. 2016.

TZENG, Shin-Chieh. **Comparative research into the museum governance systems of national museums in the UK and Taiwan**. 2009. Tese Universidade de St. Andrews, 2009. Disponível em: https://research-repository.st-andrews.ac.uk/handle/10023/768.

VALADARES, Josiel L.; EMMENDOERFER, Magnus L.; SILVA JUNIOR, Alessandro C. Empreendedorismo no setor público (Esp): esboçando sentidos e (des) construindo o conceito para a gestão municipal. **Administração de Empresas em Revista**, Curitiba, v. 3, 2023.

VALLE, Vinicius S. M. Direita religiosa e partidos políticos no Brasil: os casos do PRB e do PSC. **Revista Teoria e Cultura**, Rio de Janeiro: UFJF, v.13, n.2, 2018.

VASCONCELOS, Antônio G. A. "Constituição econômica" do estado democrático de direito: direito e economia, uma questão epistemológico-ideológica. **RJLB**, Lisboa, Portugal, n. 5, 2020.

VAZ-CURADO, Samuel F. L. **Teoria dos ciclos econômicos**. O caso brasileiro entre 2003 e 2018. 2019. Dissertação UFSE, 2019.

VERGARA, S. C. **Projetos e relatórios de pesquisa em administração**. 7.ed. São Paulo: Atlas, 2006.

VIEIRA, J. B.; BARRETO, Rodrigo T. S. **Governança, gestão de riscos e integridade**. Brasília: ENAP, 2019. 241p.

VOGT, Paola; BOTELHO, Louise L.; WENTROBA, Jaíne C. A teoria do desenvolvimento como liberdade de amartya sem. **Revista de Estudos Interdisciplinares**, Florianópolis, n. 2, 2023.

ZAMBANINI, Marcos E.; BRESCIANI, Luis P.; ROBLE, Gilmara L. E.; ROSINI, Alessandro M. Governança e desenvolvimento local: análise do município de São José dos Campos. **RMS**, São Paulo, v.8, n.2. 2018.

APÊNDICE 1

MODELO PARA IMPLEMENTAÇÃO DA GOVERNANÇA EM ÓRGÃOS E ENTIDADES PÚBLICAS BRASILEIRAS

CAMINHO	JUSTIFICATIVA	O QUE FAZER
1. Governar e administrar para o bem comum.	Está no bojo da Governança assegurar o interesse público, traduzido como bem comum ou bem-estar da população. Uma forma da instituição voltar-se para o bem comum é combinando a Governança com a gestão, assegurando a participação das partes interessadas. A abertura e o envolvimento das partes interessadas mediante canais claros e confiáveis de comunicação e consulta, demonstra que a instituição está agindo no interesse público, e fortalecendo os laços de confiança (IFAC, 2014). O gestor público, em harmonia com as normas vigentes e as orientações e decisões da Governança, deve guiar sua instituição para que os resultados sejam satisfatórios para a sociedade, de forma a manter ou elevar o bem-estar dos cidadãos.	I. Guiar-se sempre pelo interesse público e pelo respeito as normas vigentes, e, quando houver mais de uma opção, decidir pelas ações que melhor promovam o bem comum. II. Assegurar canais acessíveis e práticos para que usuários, cidadãos e representantes da sociedade possam apresentar seus problemas, suas pretensões e possíveis soluções. III. Analisar e considerar as necessidades e sugestões das partes interessadas na tomada de decisão. IV. Tomar decisões participativas, precedidas de debate, e amparadas em dados e informações. V. Garantir que os cidadãos e demais interessados tenham acesso as decisões, ações e resultados da instituição. VI. Combater a corrupção em todas as suas formas.

CAMINHO	JUSTIFICATIVA	O QUE FAZER
2. Designar líderes em vez de chefes.	Líder é um moderno influenciador e motivador de pessoas, enquanto chefe é um ultrapassado ditador de ordens (Paludo, 2017, p. 96). As lideranças determinam os objetivos, orientam a atuação e influenciam os resultados da instituição. Por isso sua escolha deve respeitar critérios técnicos e profissionais, como a ética e idoneidade, competência e responsabilidade. Devem também estar livres de conflitos de interesses e outros impedimentos. Instituições de excelência demonstram o seu comprometimento com a continuidade e a sustentabilidade da organização, identificando, selecionando e preparando novos líderes para o exercício das funções (Modelo de excelência em gestão da FNQ, 2016).	I. Estabelecer critérios objetivos para a seleção e designação dos líderes, incluindo os membros do conselho e da alta administração, os diretores, gerentes e chefes. II. Dar transparência ao processo de seleção e designação dos líderes, que devem ser competentes, éticos e comprometidos com a instituição e com o interesse público. III. Estabelecer critérios, incluindo as sugestões das partes interessadas, para avaliar o desempenho dos gestores e demais lideranças. IV. Definir critérios e meios para recompensar os bons líderes e destituir aqueles incompetentes ou com desvios de conduta. V. Instituir política para identificação, seleção e preparação de novos líderes.
3. Planejar a implementação da Governança.	O planejamento precede a ação, que, neste caso, deve ser precedido pelo estudo da Governança. Planejamento é um instrumento que assegura racionalidade nas escolhas e um guia que especifica os meios para alcançar os objetivos e/ou promover as inovações e mudanças pretendidas. O planejamento indicará o caminho mais adequado para cada instituição organizar e estruturar a Governança, aumentando as chances de sua correta implementação.	I. Reunir as lideranças da instituição e discutir a implementação da Governança. II. Capacitar as lideranças acerca da Governança organizacional. III. Elaborar o planejamento da implementação da Governança, com a participação de todas as áreas da instituição. IV. Considerar no planejamento o interesse público, o bem comum e as partes interessadas.

CAMINHO	JUSTIFICATIVA	O QUE FAZER
4. Estruturar o sistema de Governança e definir as competências.	Todo sistema compreende um conjunto de elementos inter-relacionados, por isso é importante estabelecer mecanismos de interação e coordenação. O sistema de Governança deve assegurar o compartilhamento do poder com as partes interessadas, e reduzir a enorme assimetria para com os usuários e cidadãos. Os princípios e as premissas indicados são a base para a estruturação da Governança, que deve especificar as principais funções da Governança e da gestão, segregando as funções críticas. Tanto a estrutura como a distribuição de poder e as competências devem ser formalizadas mediante atos normativos internos.	I. Definir os princípios da Governança e adotar um código de Ética, assegurando que sejam observados. II. Estruturar a Governança garantindo o compartilhamento de poder com as partes interessadas. III. Definir as principais funções da Governança e da gestão, observando a segregação de funções. IV. Estabelecer mecanismos de coordenação com as partes interessadas, que promovam a atuação conjunta na tomada de decisão, na implementação, no monitoramento e na avaliação de resultados. V. Elaborar atos normativos para formalizar a nova estrutura e as competências. VI. Divulgar o sistema de Governança para todas as partes interessadas.
5. Elaborar o planejamento estratégico associado a um modelo de gestão.	A Governança utiliza a gestão estratégica para orientar e decidir, e o planejamento estratégico como instrumento para guiar a implementação das mudanças e das práticas que ela propõe. É preciso revisar a missão e a visão, e elaborar o diagnóstico institucional (interno e externo) para saber se a organização está no caminho certo, assim como o que precisa melhorar ou mudar. O modelo de gestão estratégica indicado é o BSC, que permite comunicar a estratégia, gerir a implementação do plano, medir sua evolução e avaliar o desempenho e os resultados.	I. Definir, manter ou revisar a missão e a visão organizacional, e escolher a estratégia. II. Elaborar um plano exequível, considerando as necessidades e sugestões das partes interessadas, assim como as competências, os recursos e o ambiente. III. Divulgar a missão, a visão e a estratégia para todas as partes interessadas. IV. Estabelecer o modelo de gestão da estratégia focado nos aspectos essenciais orientados pela Governança. V. Estabelecer reuniões periódicas para analisar o desempenho e reavaliar a estratégia.

CAMINHO	JUSTIFICATIVA	O QUE FAZER
6. Gerir a implementação do plano e das mudanças.	Após a elaboração do plano estratégico vem a etapa mais difícil: sua implementação. Devem ser estabelecidas metas que permitam avaliar a evolução do plano, as principais entregas e o alcance dos objetivos; e delegada a responsabilidade para sua execução. Compete à gestão desmembrar os planos em projetos e ações, e executá-los para que se tornem realidade, visto que toda a execução é levada a termo pela gestão. No entanto, o plano somente terá sucesso quando todos estiverem comprometidos com a sua execução: alta administração, diretores, gerentes, chefes e equipe operacional.	I. Definir a responsabilidade pela gestão do plano, e designar equipe para acompanhar a implementação dos principais projetos e ações estratégicos. II. Estabelecer metas vinculadas as principais mudanças e aos projetos e ações que concorrem para o alcance dos objetivos estratégicos. III. Assegurar dotação orçamentária suficiente para a execução dos projetos e ações estratégicos. IV. Implementar os projetos e ações estratégicos, assim como as inovações e mudanças pretendidas. V. Providenciar treinamento para lideranças, equipes e servidores.
7. Coordenar a atuação e monitorar a implementação do plano e demais atividades.	A boa Governança depende de coordenação e interação administrativa, política e social. Em face das várias partes interessadas, com assimetria de poder e diversidade de ideias e interesses, a coordenação é essencial para minimizar conflitos, conciliar interesses e assegurar a cooperação e a unidade de esforços. O monitoramento, por sua vez, consiste na observação contínua dos aspectos mais relevantes da realidade institucional, sendo realizado com espaço para a participação das partes interessadas. Ele incide na implementação do plano, em tempo real, para assegurar alcance de objetivos e metas; e também, nas demais atividades rotineiras e de prestação de serviços, e ainda, sobre a atuação e no desempenho das lideranças.	I. Utilizar os mecanismos de coordenação para assegurar a cooperação e atuação conjunta. II. Estabelecer mecanismos de conciliação de interesses e resolução de conflitos. III. Definir e coletar informações que permitam aferir em tempo real a evolução da implementação do plano e demais atividades. IV. Instituir indicadores vinculados ao cumprimento das principais funções institucionais, das principais mudanças e dos objetivos e metas – que permitam medir sua evolução. IV. Monitorar a implementação do plano e das mudanças, a execução dos projetos e ações, e a atuação e desempenho das lideranças. V. Promover os ajustes necessários e solucionar gargalos com vistas a assegurar a continuidade das ações e o alcance dos objetivos estabelecidos.

CAMINHO	JUSTIFICATIVA	O QUE FAZER
8. Fortalecer a auditoria interna, estabelecer controles, e gerenciar riscos.	A auditoria interna, com estrutura adequada e vinculada diretamente a autoridade máxima, é um poderoso instrumento de apoio ao conselho de administração e ao gestor máximo. A ela compete avaliar os controles internos, os riscos e a própria Governança, fornecer informações para à tomada de decisão, e atuar na prevenção de desvios e irregularidades e na responsabilização dos agentes. Os controles internos contribuem para que a organização atue em harmonia com as normas vigentes e orientações superiores, e para a boa execução dos processos, identificando eventuais riscos. Riscos existem em todas as organizações e em todas as áreas. Isso exige que aqueles capazes de impactar nos processos ou no alcance dos objetivos estratégicos sejam identificados, analisados e gerenciados.	I. Estabelecer e estruturar a função de auditoria interna, vinculando-a ao dirigente máximo e assegurando sua independência. II. Considerar os relatórios e informações da auditoria na tomada de decisão. III. Instituir e fomentar os controles internos em todas as áreas da instituição. IV. Mapear os processos finalísticos e de apoio e identificar os principais riscos e pontos de controle. V. Mapear e identificar os principais riscos que podem afetar o alcance dos objetivos institucionais. VI. Gerenciar os riscos mediante tratamento adequado, definindo e implementando as ações de resposta aos riscos, e avaliando sua eficácia.
9. Assegurar a transparência, a prestação de contas (*accountability*) e a responsabilização.	A transparência é um princípio basilar do estado democrático, que permite o exercício do controle social sobre a atuação a os resultados da instituição pública. A *accountability* deve demonstrar em que e para que foram aplicados os recursos e quais foram os resultados obtidos. No Brasil tem-se uma situação de "fraca accountability" fomentada principalmente pela ausência de punição dos agentes responsáveis (Paludo, 2019, p. 200-201).	I. Formalizar e implementar práticas de transparência na instituição, incluindo decisões, ações e resultados. II. Fomentar a cultura da transparência e instituir meios que assegurem o cumprimento das normas relacionadas. III. Fomentar a comunicação com a mídia e as demais partes interessadas. IV. Estabelecer a forma e os meios para a prestação de contas (*accountability*).

CAMINHO	JUSTIFICATIVA	O QUE FAZER
	Para reverter esse quadro, em caso de negligência, desídia, desvio, má aplicação dos recursos públicos ou corrupção, deve haver a responsabilização do agente público que lhe deu causa.	V. Instituir mecanismos e instrumentos de responsabilização dos agentes em casos de negligência, desídia, desvios, má aplicação dos recursos públicos ou corrupção.
10. Avaliar, revisar e inovar.	A Governança é dinâmica e toda instituição deve estar comprometida com a melhoria contínua, por meio de um processo de avaliação e revisão (IFAC, 2014). Assim, as práticas da Governança e os resultados alcançados devem ser avaliados criticamente e revisados para a promoção de ajustes ou mudanças necessárias. A instituição deve assegurar espaço para que as partes interessadas participem da avaliação e apresentem sugestões de melhoria, bem como para que ideias inovadoras possam ser testadas e implementadas. A inovação é essencial para aumentar a capacidade de resposta das instituições públicas, que devem estar abertas a novas ideias e arranjos mais eficientes (BRASIL, CPGP 2018). Por fim, os resultados da avaliação devem ser amplamente divulgados para a sociedade e para todas as demais partes interessadas.	I. Estruturar o processo de avaliação com espaço para as partes interessadas. II. Avaliar a implementação e a estrutura da Governança, bem como os resultados da Governança e da gestão. III. Avaliar a atuação da alta administração e demais lideranças. IV. Revisar a estrutura, os processos e as práticas, para identificar possibilidades de melhorias. V. Fomentar a inovação com vistas a reduzir custos, aumentar a produtividade e melhorar a eficiência e a qualidade dos serviços prestados. VI. Dar ampla divulgação dos resultados da avaliação para a sociedade e demais partes interessadas. VII. Disponibilizar um canal para o *feedback* da sociedade e das demais partes interessadas, quanto aos resultados obtidos pela instituição.

Fonte: Paludo & Oliveira (2024, p. 59-62).

Parte II

ESG APLICADO AO SETOR PÚBLICO

AUGUSTINHO V. PALUDO
FERNANDO D. TRUJILLO
ISABEL J. GRIMM
MÁRIO PROKOPIUK

1

SUSTENTABILIDADE, DESENVOLVIMENTO SUSTENTÁVEL E ESG

A sustentabilidade tem a ver com a habilidade de utilizar os recursos naturais, de forma a preservar sua disponibilidade para as gerações futuras. Por isso seu foco está na redução de impactos negativos relacionados à preservação dos ecossistemas ambiental, e ao cuidado com as pessoas e o planeta.

Trata-se de um conceito amplo e estratégico, e sua aplicação nas companhias privadas tem o propósito de garantir o retorno econômico, oriundo de práticas que minimizem os impactos negativos ambientais, e promovam o bem-estar social (Trujillo, 2021).

De acordo com Sachs (1993, p. 18), "a sustentabilidade econômica significa reduzir os custos sociais e ambientais na busca de prosperidade financeira", considerando a ecoeficiência no desenvolvimento econômico, e buscando a eficiência na produção, redução do impacto ambiental, e melhorias nos indicadores sociais (Trujillo, 2010). Para o IBGC (2022), a sustentabilidade é uma abordagem inovadora para a viabilidade econômico-financeira da companhia, que preserva a integridade ambiental para as gerações atuais e futuras, construindo um relacionamento mais harmonioso com a sociedade, resultando em uma reputação positiva e sólida.

Os debates iniciais acerca da sustentabilidade a vinculavam ao meio ambiente, porém logo percebeu-se que esse tema envolve perspectivas mais amplas, que vão além de iniciativas isoladas.

Nesse contexto, um expoente foi Elkington, que em 1999 introduziu o conceito do Tripé da Sustentabilidade (*Triple Bottom Line*), explicando a sustentabilidade como a forma de promover o desenvolvimento, harmonizando as dimensões econômica, social e ambiental, numa interação que corresponde a sustentabilidade das empresas nas esferas: viabilidade financeira, socialmente justa e ambientalmente responsável.

Sachs (2008) propõe uma ampliação ao tripé da sustentabilidade ao acrescentar as dimensões espaciais, políticas e culturais. Corroborando para o tripé da sustentabilidade, as instituições que buscam promover o desenvolvimento sustentável devem integrar de forma equilibrada os pilares ambiental, social e econômico. A ausência ou negligência de qualquer um desses elementos compromete a eficácia das ações sustentáveis.

Esse entendimento tem direcionado o modo de atuação das empresas diante da atual cobrança por ações e iniciativas de sustentabilidade (Marinho, Andrade, 2017). Assim, na sustentabilidade de Elkington (figura 1), estão presentes os três elementos que formam o tripé: todos importantes para a compreensão das variáveis que compõem a sustentabilidade empresarial.

FIGURA 1 – TRIPÉ DA SUSTENTABILIDADE EMPRESARIAL

SUSTENTABILIDADE

<table>
<tr><th>ECONÔMICA</th><th>SOCIAL</th><th>AMBIENTAL</th></tr>
<tr><td>Vantagem competitiva</td><td>Tecnologias limpas e reciclagem</td><td>Assumir responsabilidade social</td></tr>
<tr><td>Qualidade e custo</td><td>Utilização sustentável de recursos naturais</td><td>Suporte no crescimento da comunidade</td></tr>
<tr><td>Foco</td><td>Atendimento a legislação</td><td rowspan="2">Compromisso com o desenvolvimento dos RH</td></tr>
<tr><td>Mercado</td><td>Tratamento de efluentes e resíduos</td></tr>
<tr><td>Resultado</td><td>Produtos ecologicamente corretos</td><td rowspan="2">Promoção e participação em projetos de cunho social</td></tr>
<tr><td>Estratégias de negócios</td><td>Impactos ambientais</td></tr>
</table>

Fonte: Coral (2002, p. 129)

Enquanto a sustentabilidade tem foco na manutenção e preservação dos sistemas existentes, priorizando a redução de impactos negativos e a preservação ambiental, o desenvolvimento sustentável é mais amplo, reconhece a causa social e que o progresso e o desenvolvimento devem respeitar o uso equilibrado dos recursos do planeta.

QUADRO 1 – SUSTENTABILIDADE E DESENVOLVIMENTO SUSTENTÁVEL

Sustentabilidade	Desenvolvimento Sustentável
Qualidade e propriedade do sistema global humano ambiental	Objetiva o crescimento econômico sem agressão ambiental humana
Considera as evoluções dinâmicas temporais	Visão de longo prazo em relação às gerações futuras
Avaliação com indicadores e índices	Materializado por meio de estratégias, processos e práticas
Mais restrita, foca na manutenção e preservação ambiental	Mais amplo, inclui a causa social e o aspecto econômico, junto com o ambiental

Fonte: Os autores (2025), inspirado em Feil, Schreber (2017).

Para Sachs (2015) o desenvolvimento sustentável tenta compreender a interação de três sistemas complexos: a economia mundial, a sociedade global e o ambiente físico da terra. O desenvolvimento sustentável ocorre quando há o respeito ao limite ecológico com divisão igualitária dos benefícios do crescimento econômico (Trujillo, 2020). Portanto, seu foco é mais abrangente e global, com a preocupação na proteção do planeta, respeitando a capacidade cíclica e regenerativa.

Ao debater o desenvolvimento sustentável, surge outra temática importante que trata da produção e consumo responsável, cujo conceito e diferenciação de produção e consumo sustentável é sugerido pelo Ministério do Meio Ambiente (MMA, 2024), destacando que o primeiro é a incorporação, ao longo do ciclo de vida de bens e serviços, das melhores alternativas possíveis para minimizar custos ambientais e sociais; e o segundo é o uso de bens e serviços que atendam às necessidades básicas, proporcionando uma melhor qualidade de vida, enquanto minimizam o uso de recursos naturais e materiais tóxicos, a geração de resíduos e a emissão de poluentes.

De acordo com o relatório da Comissão Mundial Sobre Meio Ambiente e Desenvolvimento (1988, p. 49), o desenvolvimento sustentável deve ser entendido como:

> [...] um processo de transformação no qual a exploração dos recursos, a direção dos investimentos, a orientação do desenvolvimento tecnológico e a mudança institucional se harmonizam e reforçam o potencial presente e futuro, a fim de atender as necessidades e aspirações humanas.

Mesmo não sendo consenso, o crescimento econômico visa melhorar a produtividade, com menos agressão ao meio ambiente, redução de custos, visão de longo prazo, maior transparência nas empresas, investimento em inovação tecnológica, melhoria na qualidade dos produtos e serviços, entre outras (Trujillo, 2010; Moyer, Hedden, 2020). Na questão social, têm-se os projetos que visam o bem-estar da comunidade local, respeitabilidade, segurança e bem-estar aos funcionários da empresa, e desenvolvimento dos recursos humanos (Barbosa, Lopes, 2018). No equilíbrio ecológico, encontra-se os projetos de remanejamento florestal, tecnologia limpas, reuso da água, reciclagem, tratamento de efluentes e rios, respeito à legislação vigente, entre outras (Trujillo, 2020).

Em relação ao desenvolvimento sustentável o mundo empresarial tem papel relevante para a qualidade de vida das pessoas, tanto dos colaboradores internos, quanto da comunidade externa. O desenvolvimento sustentável transcendendo as questões sociais, exigindo das empresas o comprometimento com ações vinculadas e alinhadas, de forma clara, transparente e objetiva, aos movimentos socioambientais (Costa, Ferezin 2021).

Na sociedade atual, o desenvolvimento sustentável permeia todas as atividades e todas as decisões que vêm sendo tomadas nos sistemas social, econômico, político e administrativo (Frey, 2001, p. 2), incluindo, também, o debate das liberdades (Vogt, Botelho; Wentroba, 2023), e temas como "fome, pobreza, desigualdade social, poluição, precarização do acesso a água e saneamento, degradação ambiental, violência, corrupção, desenvolvimento econômico" (Silva, 2022, p. 59).

Assim, é consenso que o desenvolvimento sustentável passa pelo equilíbrio entre o econômico, o ambiental e o social; incluindo, também, métricas relacionadas aos serviços de saúde, educação, participação em discussões políticas e ambiental, e temas como direitos civis e qualidade de vida das pessoas (Vogt, Botelho; Wentroba, 2023).

Vê-se, portanto, que a sustentabilidade e o desenvolvimento sustentável **estão diretamente relacionados com a vida**, e não apenas no sentido de sobreviver, mas de vida plena e com qualidade. E esse caminho inclui a implementação de políticas sociais, a racionalidade no consumo, e a exploração consciente dos recursos naturais, de forma a preservar o equilíbrio do planeta e não comprometer o futuro das próximas gerações.

Nesse contexto, os Objetivos de Desenvolvimento Sustentável-ODS da ONU (2015) são um marco que orientam os esforços visando o desenvolvimento com justiça social e preservação do meio ambiente, nas dimensões: institucional, econômica, social, ambiental, cultural, política e espacial. Eles "buscam assegurar os direitos humanos, acabar com a pobreza, lutar contra a desigualdade e a injustiça, alcançar a igualdade de gênero e o empoderamento de mulheres, agir contra as mudanças climáticas, bem como enfrentar outros desafios de nosso tempo" (ENAP, 2021, p. 3).

Todavia, em meados de 2021, o Brasil não tinha nada a comemorar nesse sentido: nesse ano o "Brasil não apresentava progresso satisfatório em nenhuma das 169 metas dos 17 ODS da Agenda 2030, estabelecida pela Assembleia-Geral das Nações Unidas em 2015. Das 169 metas, 54,4% estavam em retrocesso, 16% estagnadas, 12,4% ameaçadas e 7,7% mostram progresso insuficiente" (ENAP, 2021, p. 28).

Ainda que, a partir de 2023, houve retomada de políticas e ações de sustentabilidade, justiça social e preservação do meio ambiente, certamente estamos atrasados e há muito que ser feito. Todavia, o caminho, que não era fácil, tornou-se mais difícil com o surgimento de grupos de extrema direita, cuja ideologia é contrária as práticas ambientais, sociais e de sustentabilidade.

Fato concreto é que – há décadas – o nosso planeta vem dando sinais de esgotamento com grandes alterações ambientais, demonstrando que os recursos naturais não suportariam o ritmo de consumo mundial. A partir da década 1960 as mudanças climáticas e o crescimento da população tornaram mais forte a preocupação, com destaque para: a limitação dos recursos naturais; a percepção que a regulação era insuficiente e que as empresas deveriam fazer a sua parte; e a mudança na governança das empresas e seu relacionamento com o governo e partes interessadas (Elkington, 2004).

Esse fato fez com que os representantes das nações se reunissem para discutir as questões ambientais e de sustentabilidade, com destaque para os eventos demonstrados no quadro 2.

QUADRO 2 – EVENTOS DE SUSTENTABILIDADE E DESENVOLVIMENTO SUSTENTÁVEL

1966	É fundado o Clube de Roma, de perfil diversificado, para debater diversos aspectos com foco na sustentabilidade, conforme documento "Os Limites do Crescimento" publicado em 1972.
1972	Ano em que ocorreu a conferência de Estocolmo, para debater temas acerca do Desenvolvimento e Meio Ambiente Humano.
1983	A ONU criou a Comissão Mundial de Meio Ambiente e Desenvolvimento (UNCED), para tratar de problemas globais, ambientais e desenvolvimento.
1987	Foi proposto o conceito de Desenvolvimento Sustentável, pela Comissão Mundial de Meio Ambiente e Desenvolvimento (CMMAD), por meio do "Relatório Brundtland".
1992	A Rio-92, no Brasil, debateu acerca da justiça social, crescimento econômico, preservação ambiental e sustentabilidade, cujo relatório foi denominado de "Agenda 21 Global".
1997	Ano em que foi assinado, no Japão, o Protocolo de Kyoto, acerca de mudanças climáticas.
2002	Ocorreu a Conferência de Johannesburgo, também denominada Rio+10, que discutiu metas ambientais.
2003	A ONU criou dois departamentos internos específicos para tratar de temáticas relacionadas à sustentabilidade.
2012	No Brasil, ocorreu a Rio+20, momento em que foram avaliados os resultados das políticas ambientais e elaborado o documento "O futuro que queremos", reafirmando compromissos relacionados a preservação do meio ambiente.
2015	Foi realizada a COP-21 em Paris, resultando no "Acordo de Paris", cuja preocupação foi o aquecimento global, e estabeleceu metas para redução na emissão de gases de efeito estufa.
2021	Na Escócia foi realizada a CPO-26. Pela primeira vez tratou-se da necessidade de transição de combustíveis fósseis para os renováveis, e de que a emissão de gases deveria ser compensada por reflorestamento ou mecanismos de captura de carbono.
2024	Ano em que ocorreu a COP-29, no Azerbaijão, em que o G-20 discutiu questões ambientais, sociais, sustentabilidade e combate à pobreza.

Fonte: ENAP/2021; MMA/2024.

A desigualdade crescente, a necessidade de justiça social, as exigências por maior transparência, e eventos de clima extremos, estão entre os fatores que têm impulsionado líderes em todo o mundo a fomentar à adoção de regulamentação e melhores práticas de gestão, em busca do tão sonhado desenvolvimento sustentável.

Influenciados pela ONU e pelo aumento da consciência sobre a importância do tema sustentabilidade e desenvolvimento sustentável, o setor privado e o setor público foram pressionados a integrar fatores de *Environmental, Social and Governance* – ESG na gestão das organizações, incorporando práticas ambientais, sociais e de governança no gerenciamento de risco, estratégias, políticas, processos e cultura da organização.

O conceito de ESG tem ganhado relevância crescente nas instituições públicas e privadas, impulsionando transformações nos modelos de gestão e promovendo comportamentos organizacionais mais responsáveis e sustentáveis (Leoni, Grimm, 2023).

Cesar Sanches, superintendente de sustentabilidade da B3-Bovespa, considera que o ESG tem um papel fundamental em apoiar empresas mais eficientes, pois níveis elevados de transparência e acesso a dados podem mitigar riscos importantes relacionados a mudanças climáticas, desflorestamento, gestão da água, diversidade, inclusão, capital humano e social, governança, modelos de negócio, inovação, tecnologia, entre outros.

Assim, apesar de existirem diferenças, há um número maior de convergências entre sustentabilidade, desenvolvimento sustentável e ESG, pois todos buscam um mesmo objetivo: soluções para os atuais problemas globais, nas dimensões econômicas, sociais e ambientais, contribuindo para a justiça social e o futuro das próximas gerações.

Nesse contexto, é importante que consumidores identifiquem empresas comprometidas com essas questões, e priorizem seus produtos na hora do consumo, como forma de pressionar as demais empresas privadas a investirem em práticas ambientais sustentáveis, respeitando e promovendo a justiça social.

Registre-se que, cobrar ação de empresas e governos é necessário, mas não é suficiente para avançar na sustentabilidade e desenvolvimento sustentável: é preciso que a sociedade participe, e, além do apoiar as práticas de ESG, combatam os grupos ideológicos que desconsideram essa questão; ou as ações de sustentabilidade continuarão sendo insuficientes para assegurar o futuro do planeta e promover a justiça socioambiental.

2

ESG NO SETOR PRIVADO

2.1 ORIGEM E CONCEITO

Com o surgimento da internet (década 1990) e das redes sociais (2004), as pessoas se tornaram mais conectadas, engajadas e globalizadas. As informações estavam na "palma da mão", disponíveis, rápidas e facilitadas por meio de redes sociais, sites de pesquisas, entre outros.

A jornada rumo ao desenvolvimento sustentável estava na pauta dessa geração, que por meio da internet e das redes, mantinha-se em sintonia com os conceitos e a agenda da sustentabilidade, acompanhando as empresas quanto ao desempenho das ações de governança, meio ambiente, e social; e os consumidores se tornaram mais exigentes quanto ao compromisso das empresas com a agenda sustentável.

Em 2004, surgiu o tema ESG, a partir de inciativa do Pacto Global da ONU, externalizada no relatório chamado de "Who Cares Win: Connecting Financial Markets to a Changing World", liderada pelo ex-secretário geral da ONU, Kofi Annan. Na mesma época, a UNEP-FI lançou um relatório que também demostrava a importância da integração de fatores ESG para avaliação financeira.

A consolidação da temática vem em 2006, com os Princípios para o Investimento Responsável – PRI, cujo propósito era incentivar investidores e gestores de recursos financeiros a considerar critérios ESG na pauta de investimento.

Contudo, é no ano de 2015, que o ESG se fortalece, com a divulgação da Agenda 2030: um plano de ação global, firmado em 2015, pelos 193 Estados-Membros da ONU, com o compromisso de seguir as medidas recomendadas no documento "Transformando o Nosso Mundo": A Agenda 2030 para o Desenvolvimento Sustentável.

Esse plano contém 17 Objetivos de Desenvolvimento Sustentável e 169 metas. Para a ONU, as empresas são parceiras no alcance dos ODS, e conectando esses objetivos as atividades de negócio, elas também se tornam mais competitivas e preparadas para o futuro.

A Agenda 2030 foi criada para erradicar a pobreza e promover vida digna a todos, sem extrapolar os limites de recursos do planeta e sem comprometer a qualidade de vida das próximas gerações. Os objetivos e metas são integrados e abrangem as três dimensões do desenvolvimento sustentável - social, ambiental e econômica - e podem ser colocados em prática por governos, sociedade civil, setor privado e por cada cidadão comprometido com as gerações futuras.

FIGURA 2 - OBJETIVOS DE DESENVOLVIMENTO SUSTENTÁVEL DA ONU

Fonte: ENAP, 2021.

O fortalecimento do ESG continua em 2020, quando o CEO da BlackRock, maior administradora de investimentos do mundo, divulgou à "Carta aos Investidores e CEOs de empresas", trazendo a sustentabilidade como o norte para as ações da companhia. O comunicado gerou efeito cascata nas grandes companhias mundiais, provocando reflexão entre os gestores, quanto a incorporação da agenda ESG.

O conceito de ESG ganha relevância crescente na economia e no setor de investimentos, representando mais do que apenas uma sigla. Ele simboliza uma filosofia empresarial que integra práticas sustentáveis aos modelos de gestão, promovendo a transparência, a responsabilidade social e a governança ética. Essa abordagem visa assegurar a longevidade dos negócios, alinhando-os às demandas contemporâneas por sustentabilidade e responsabilidade corporativa (Santos et al, 2023).

Também contribuiu para consolidar a relevância do ESG, o "Relatório de Riscos Globais 2020", apresentado no Fórum Econômico Mundial, em que os cinco maiores riscos listados foram ambientais.

O significado da sigla ESG, pode ser assim compreendido:

- **Environmental** (E): Esse pilar ambiental possui diversos aspectos que devem ser considerados em sua gestão. O seu foco se encontra na minimização dos impactos e externalidades negativas, e na potencialização dos impactos e efeitos positivos sobre o meio ambiente. Este pilar inclui aspectos relevantes como: gases de efeito estufa, resíduos e produtos perigosos, recursos hídricos, efluentes líquidos, qualidade do ar, biodiversidade, emissões, uso da água, poluição da água, uso de recursos renováveis e não renováveis, mudanças climáticas, exploração do solo, entre outros (Yip, Yu, 2023).
- **Social (S)**: Esse pilar tem como base o fator e elemento humano. É o modo que a empresa enxerga, respeita e se relaciona com os seus públicos de interesse, representados pelos clientes, funcionários, fornecedores, comunidade externa, entre outros. Trata-se do compromisso das empresas com a responsabilidade social e seu impacto nas comunidades em que existe uma interação. Os temas envolvidos aqui são a diversidade no local de trabalho, a equidade e inclusão, os direitos humanos, e o engajamento das equipes. Ainda são tratados temas como: privacidade e proteção de dados, políticas e relações de trabalho, treinamento da força de trabalho, saúde e segurança, trabalho infantil, impacto das operações na comunidade e na sociedade, dentre outros (Taliento *et al.*, 2019).
- **Governança** (G): A governança pode ser definida como um sistema, cujas práticas propõe o alinhamento dos objetivos da empresa com os interesses dos stakeholders (colaboradores, fornecedores, clientes, comunidade, acionistas, entre outros). A partir desta integração sinérgica, as bases devem ser sustentadas por diretrizes que envolvem a transparência, prestação de contas, ética, equidade e responsabilidade corporativa.

A governança é fundamental para que os eixos de meio ambiente e social se sustentam, ou seja, sem uma base sólida no pilar "governança", não há o pilar "meio ambiente" e "social", e como explica Machado, Checon (2023), este fator vai além da questão ética e de responsabilidade, constituindo-se em estratégia relevante para o sucesso sustentável nos negócios.

De acordo com Grimm (2024), a adoção de práticas ESG se tornou uma questão estratégica para as organizações, pois financiadores, compradores, fornecedores e clientes estão cada vez mais atentos às empresas mais sustentáveis. Elas não são práticas caras e exclusivas para grandes corporações: todo tipo de negócio, independentemente do tamanho, deve motivar-se a participar dessa pauta global e implantar a Agenda ESG. A autora propõe uma estrutura (figura 3) para a implementação de agenda ESG nas organizações.

FIGURA 3 – ESTRUTURA PARA A AGENDA ESG NAS ORGANIZAÇÕES

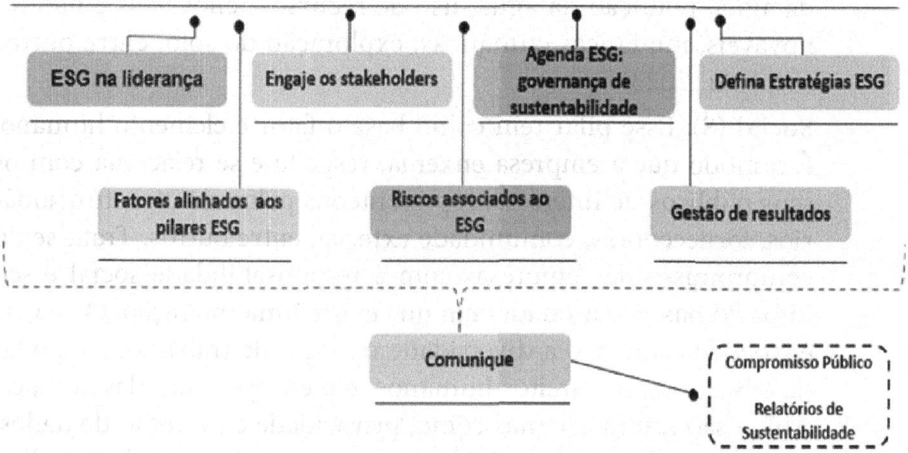

Fonte: Grimm, 2023.

Para ilustrar e reforçar o entendimento de cada eixo proposto na sigla ESG, a ABNT apresenta à sociedade brasileira, um material descritivo e orientativo sobre o tema. A "Normativa ABNT PR 2030" contém diversas práticas recomendadas para o setor ESG no Brasil, e estabelece que os objetivos devem ser incorporados aos da organização (ABNT, 2022).

De acordo com a norma ABNT PR 2030, a integração dos aspectos do ESG deve ser estratégica, e depende de alguns fatores, como: estágio de desenvolvimento, situação atual, apetite cultural por mudança, desenvolvimento tecnológico, visibilidade das questões, tendências de mercado e objetivos. As práticas desenhadas no documento seguem as normas e boas práticas internacionais.

Os critérios e eixo temático relacionados ao ESG compreende o pilar ambiental, social e de governança. O "tema" é a subdivisão temática de cada eixo, permitindo o agrupamento de critérios em temas ou famílias com aspectos afins. Por fim, o "critério" é a subdivisão dos temas em aspectos específicos para abordagem na organização. O quadro, a seguir, apresenta o detalhamento dos eixos ambiental, social e governança de acordo com a ABNT (2022).

QUADRO 3: EIXOS, TEMAS E CRITÉRIOS DO ESG INDICADOS PELA ABNT

EIXO	AMBIENTAL
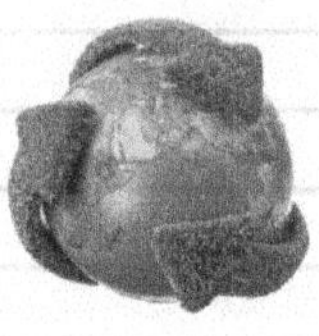	Todas as organizações afetam e são afetadas pelo meio ambiente. As organizações dependem de recursos naturais e ativos físicos para realizar suas operações. Assim, o eixo ambiental inclui os recursos naturais e energéticos consumidos pela organização, bem como, os resíduos gerados, os impactos decorrentes e as consequências para os seres vivos. Produtos e serviços podem impactar, direta ou indiretamente, o meio ambiente.
Tema	**Critério**
Mudanças Climáticas	Mitigação de emissões de gases do efeito estufa (GEE)
	Adaptação às mudanças climáticas
	Eficiência energética
Recursos Hídricos	Uso da água
	Gestão de efluentes
Biodiversidade e serviços ecossistêmicos	Conservação e uso sustentável da biodiversidade
	Uso sustentável do solo
Economia circular e gestão dos resíduos	Economia circular
	Gestão de resíduos
Gestão ambiental e prevenção da poluição	Gestão ambiental
	Prevenção da poluição sonora (ruídos e vibrações)
	Qualidade do ar (emissão de poluentes)
	Gerenciamento de áreas contaminadas
	Produtos perigosos

EIXO	**SOCIAL**
	Toda organização opera dentro de uma sociedade mais ampla e diversificada. O eixo social aborda os relacionamentos que a organização mantém com seus atores internos e externos e a reputação que ela promove entre pessoas e instituições nas comunidades onde atuam e o quanto contribuem para o respeito aos direitos humanos fundamentais. Para conduzir suas operações, as organizações aproveitam o talento e as habilidades dos trabalhadores. Produtos e serviços e atividades operacionais envolvidas na sua produção podem beneficiar a sociedade ou causar danos.
Tema	**Critério**
Diálogo social e desenvolvimento territorial	Investimento social privado
	Diálogo e engajamento das partes interessadas
	Impacto Social
Direitos humanos	Respeito aos direitos humanos
	Combate ao trabalho forçado ou compulsório
	Combate ao trabalho infantil
Diversidade, equidade e inclusão	Políticas e práticas de diversidade e equidade
	Cultura e promoção de inclusão
Relações e práticas de trabalhos	Desenvolvimento profissional
	Saúde e segurança ocupacional
	Qualidade de vida
	Liberdade de associação
	Política de remuneração e benefícios
Promoção de responsabilidade social na cadeia de valor	Relacionamento com consumidores e clientes
	Relacionamento com fornecedores
EIXO	**GOVERNANÇA**
	Todas as organizações, considerando a sua própria constituição legal, exigem governança. Governança é o sistema interno de práticas, controles e procedimentos que a organização adota para se governar, tomar decisões eficazes, cumprir a lei e atender às necessidades das partes interessadas. Ao tomar decisões e alocar seus recursos naturais, humanos e financeiros, as organizações devem considerar como criarão valor a longo prazo para beneficiar todas as partes interessadas.

Tema	Critério
Governança corporativa	Estrutura e composição da governança corporativa
	Propósito e estratégia em relação à sustentabilidade
Conduta empresarial	Compliance, programa de integridade e práticas anticorrupção
	Práticas de combate à concorrência desleal (antitruste)
	Engajamento das partes interessadas
Práticas de controle e gestão	Gestão de riscos do negócio
	Controles internos
	Auditorias interna e externa
	Ambiente legal e regulatório
	Gestão da segurança da informação
Transparência na gestão	Responsabilização (prestação de contas)
	Relatórios ESG, de sustentabilidade e/ou relato integrado

Fonte: Os autores (2025), a partir da ABNT (2022).

Na cronologia evolutiva da sustentabilidade, o ESG fornece insumos que ajudam as empresas quanto aos métodos e aculturamento das práticas sustentáveis. Assim, o caminho das empresas para avançar em sua jornada ESG, deve ir além da responsabilidade corporativa, remodelando o desenvolvimento dos negócios mediante às novas exigências regulatórias, do mercado e dos consumidores.

Contudo, inúmeras organizações não possuem a expertise necessária para implementar determinadas práticas, principalmente, as que envolvem mudança cultural segundo (Trentin, Marques, 2024). De acordo com esses autores, o ESG está limitado às companhias com estrutura robusta, e que possuem recursos (materiais, humanos e financeiros) para estruturar um departamento voltado à sustentabilidade; e, mesmo assim, a tarefa não é simples e trivial.

Para facilitar o processo de implementação do ESG, o modelo de gestão deve ser contemporâneo, com foco na otimização de processos, políticas e práticas, e modelos oportunos e apropriados para avaliar a maturidade sustentável organizacional, e determinar a melhoria contínua (Voltolini, 2021; Chen, Xie, 2022).

Registre-se que, quanto mais consistentes forem as práticas de ESG, mais elevado será o nível de maturidade da organização (Trentin, Marques, 2024), sua legitimidade junto a sociedade, e a probabilidade de sucesso no longo prazo.

Contudo, ainda que haja convergência e sinergia entre os conceitos de ESG, Sustentabilidade e Desenvolvimento Sustentável, e essas concepções estejam inseridas uma na outra, existem diferenças, conforme demostrado na figura a seguir.

FIGURA 4 – DIFERENCIANDO OS CONCEITOS

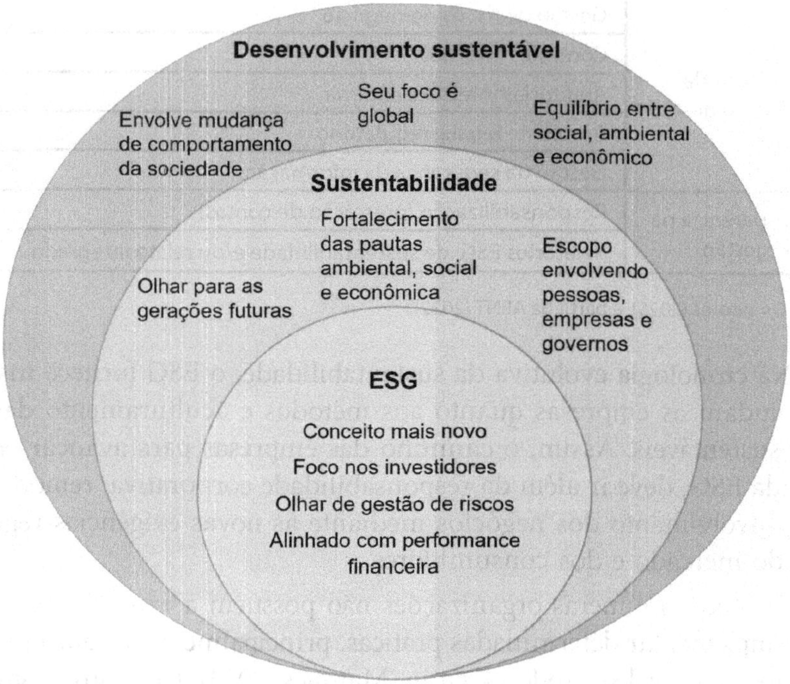

Fonte: Os autores (2025).

Conforme a figura 4 demonstra, a sustentabilidade e o desenvolvimento sustentável não são o mesmo que ESG: a sustentabilidade tem objetivo de preservar, para o bem-estar das gerações presentes e futuras; o desenvolvimento sustentável é mais amplo e busca equilibrar as dimensões ambiental, social e econômica, em todas as camadas da sociedade; e o ESG é um framework, que utiliza um conjunto de critérios para medir o desempenho e a gestão de empresas em relação a práticas ambientais, sociais e de governança, como norteador para investidores e stakeholders avaliarem riscos e oportunidades relacionados à sustentabilidade nos negócios.

Nas principais organizações o ESG já é uma prática, em que a Governança Corporativa trouxe um escopo maior na visão das organizações quanto ao nível de transparência na divulgação de dados e informações, erradicação da corrupção e ética na conduta corporativa, com a finalidade de alcançar resultados mais assertivos e acurados (Costa, Farezin, 2021).

Trata-se de um novo modelo de sustentabilidade, em que os instrumentos da Governança Corporativa rejeitam a estratégia de marketing que promove uma imagem de sustentabilidade que não corresponde à realidade (Büring *et al.*, 2024). Para Ruiz-Blanco *et al.*, (2021) muitas organizações usam uma imagem ecologicamente correta, socialmente responsável, e com respeito as bases da governança, quando de fato, suas práticas são antagônicas e inconsistentes com essas afirmações. Práticas de greenwashing devem ser combatidas, e o consumidor consciente desempenha papel relevante nesse sentido.

Na visão de Costa, Farezin (2021), a aplicação do ESG está provocando mudanças nas corporações, cuja pedra angular, não está estritamente conectada com o desenvolvimento econômico, mas sim, como a empresa pode e deve divulgar suas ações e iniciativas por meio de métricas concretas e decisões estratégicas, que de fato, geram valor para a sociedade e meio ambiente.

Na evolução da sustentabilidade, o termo ESG se ajustou ao novo momento do ambiente empresarial. As organizações trouxeram essa pauta nas discussões de suas agendas, como forma de se adaptarem a nova realidade (Niemoller, 2021). Segundo esse autor, o tema ESG provocou a contrarreforma paradigmática ao envolver os fatores sociais, ambientais, de governança, sendo denominado como "revolução da sustentabilidade", ou até mesmo, sustentabilidade 2.0.

Assim, o ESG integrou os aspectos socioambientais, alicerçados com a governança, no gerenciamento de riscos financeiros e reputacionais, utilizando essas dimensões para fomentar o sucesso a longo prazo das empresas, e trazer benefícios aos seus *stakeholders* e a sustentabilidade do planeta.

2.2 INDICADORES ESG E RELATÓRIO DE SUSTENTABILIDADE

Indicadores quantificam ou qualificam o desempenho de algo, permitindo avaliar e acompanhar a evolução de processos, projetos ou organizações, e obter informações sobre um fenômeno, facilitando a compreensão (ISO, 2018): são a base para avaliar, acompanhar, comparar, identificar, medir, monitorar, quantificar, simplificar e comunicar, as tendências e mudanças no fenômeno atendido. Portanto, os indicadores são ferramentas utilizadas para avaliar objetivos, metas e resultados, e fazer comparações sobre o seu desempenho (Moyer, Hedden, 2020).

Ainda que os principais elementos que compõem o ESG sejam atualidade, precisão, relevância e integridade; o conceito comporta múltiplos critérios e termos, com componentes de diversos campos científicos, e com o espectro bem abrangente, de forma que a bibliografia não estabeleceu um padrão ou consenso de definições para uma avaliação homogênea (Pompella, Constantino, 2023).

Raza *et al.*, (2022) alerta que a discrepância metodológica pode influenciar a classificação e resultados do ESG, suscitando dúvidas a respeito de como deveriam ser os indicadores e quais as metodologias que devem ser utilizadas. Nesse ponto, a *Global Reporting Initiative* (GRI) tem sido a referência mais utilizada pelas corporações, em nível mundial (Belizário, Ávila, 2024).

Ainda que não padronizados, os indicadores são essenciais para medir e avaliar o desempenho corporativo quanto as práticas do ESG. Assim, listam-se alguns indicadores que poderão ser utilizados como métricas para mensuração do ESG.

QUADRO 4 - INDICADORES E MÉTRICAS DE ESG

Sustentabilidade Ambiental	Comunidade e Voluntariado	Governança Corporativa e Conselho
- Emissões do GEE nos escopos 1, 2 e 3	- Valores investidores na comunidade local	- Diversidade e composição do Conselho
- Eficiência energética	- Percentual de compras de insumos e produtos da comunidade	- Participação de índices de sustentabilidade
- Geração e destinação de resíduos e efluentes	- Satisfação de clientes	- Assiduidade do conselho
- Consumo de combustíveis	- Doações realizadas	- Percentual de conselhos independentes
- Consumo de água	- Horas dedicadas em projetos comunitários	Critério para escolha da diretoria
	- Direitos humanos da criança e do adolescente	

Economia Circular	Diversidade e Inclusão	Conduta Empresarial e Transparência
- Taxa de reciclagem	- Diversidade de colaboradores	- Envolvimento das lideranças com ESG
- Índice de reutilização de produtos	- Diversidade de lideranças	- Índice de denúncias internas e externas
- Percentual de produtos reparados	- Acessibilidade	- Taxa de conformidade por reclamações
- Índice de conformidade e não conformidade dos produtos	- Percentual de PCD na empresa	- Política de acesso à informação – LGPD
	- Percentual de inclusão na empresa	- Índice de transparência
Compras Sustentáveis	**Engajamento de colaboradores**	**Finanças Sustentáveis**
- Avaliação do ciclo de vida dos produtos	- Taxa de *turnover* e retenção	- Aumento das receitas por iniciativas em ESG
- Índice de rastreabilidade dos produtos	- Investimento em treinamentos	- Redução de custos por iniciativas em ESG
- Percentual de fornecedores locais	- Taxa de acidentes no trabalho	- ROI de investimentos em sustentabilidade
- Avaliação de riscos da cadeia de suprimentos	- Taxa de absenteísmo	- Impacto do ESG nas métricas financeiras
- Índice de reciclagem	- Pesquisa de clima organizacional	- Investimento Socialmente Responsável

Fonte: Os autores (2025), inspirados no GRI e ABNT PR 30.

O quadro acima contém sugestões para trabalhar com indicadores do ESG, que devem estar alinhados com a estratégia organizacional e serem validados pela alta administração. Com as diretrizes e indicadores definidos, a organização pode abrir os indicadores em subitem mais específicos, se desejar, aumentando assim a abrangência e a quantidade de informações.

Grimm (2023), sugere como apoio a implantação de Agenda ESG nas organizações, a utilização de alguns fatores baseados no GRI (figura

5), para que a partir do tipo de negócio, porte da empresa, localização, cadeia produtiva, *stakeholders* etc., se possa selecionar os melhores indicadores para diagnosticar o grau de maturidade da empresa em relação aos fatores ESG.

FIGURA 5 - FATORES ALINHADOS AOS PILARES ESG

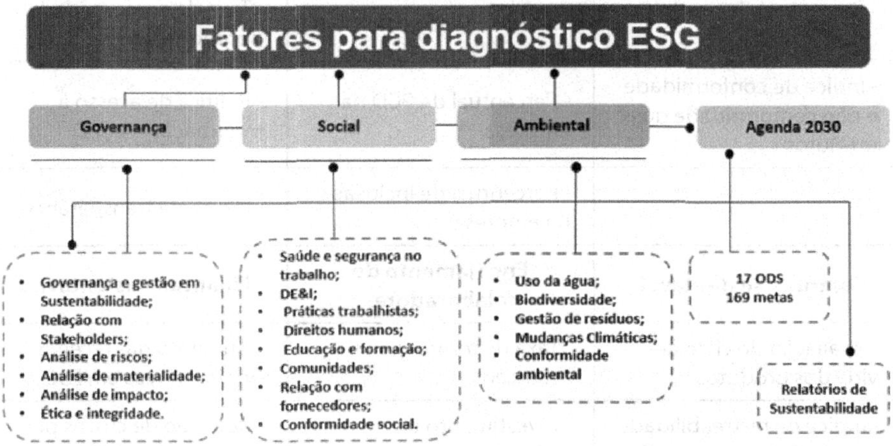

Fonte: Grimm, 2023.

Nesse contexto, independentemente do setor de atuação empresarial, os indicadores de ESG devem ser estabelecidos e utilizados para a medição do desempenho da empresa quanto a essas práticas, permitindo a construção de relatórios de suporte a tomada de decisão, para cumprimento a eventual normativo, ou para divulgação aos interessados e a sociedade.

O relatório de sustentabilidade, por sua vez, é o documento que detalha o desempenho ambiental, social e de governança (ESG) de uma empresa, destacando seu comprometimento com a transparência e a responsabilidade empresarial e coletiva. De acordo com o GRI (2011, p. 5), o relatório de sustentabilidade oferece "uma descrição equilibrada e sensata do desempenho de sustentabilidade da organização relatora, incluindo informações tanto positivas como negativas". Esses relatórios servem como instrumentos de transparência e padronização, apresentando o progresso quanto ao alcance das metas (Azevedo *et al.*, 2024).

De acordo com GRI (2011), a elaboração do relatório possui como referência documentos, acordos e normas internacionais, com destaque para: Declaração Universal dos Direitos Humanos das Nações Unidas e seus Protocolos; Pacto Internacional de Direitos Civis e Políticos; Convenção das Nações Unidas; Pacto Internacional dos Direitos Econômicos, Sociais e Culturais; Declaração da Organização Internacional do Trabalho sobre os Princípios e Direitos Fundamentais no Trabalho, 1998; Diretrizes da Organização para Cooperação e Desenvolvimento Econômico (OCDE) para Empresas Multinacionais; e, normas específicas de cada país.

Segundo Azevedo *et al* (2024), com o amadurecimento das práticas ESG e com as determinações internacionais e institucionais que orientam as empresas para as práticas sustentáveis, houve um considerável aumento nas normas de gestão. Diante dessa circunstância, surgiu a *Global Reporting Initiative* (GRI), cujas diretrizes de sustentabilidade são divulgadas globalmente, passando por revisões regulares, enfatizando a transparência e padronização.

A Global Reporting Initiative (GRI) é a organização internacional, sem fins lucrativos, fundada na cidade de Boston (EUA), no ano de 1997. Foi pioneira no desenvolvimento de estrutura e padrão de relatos sustentáveis para auxiliar empresas, governos e instituições a comunicar o impacto de sua atividade no mundo, sendo a mais utilizada no mercado.

Após diversas atualizações, em 2011 a GRI publicou as Diretrizes G3.1 (uma atualização do G3), incluindo orientações de reportes para desempenhos relacionados a questões de gênero, comunidade e direitos humanos (Azevedo *et al.*, 2024); e em agosto de 2018, lançou um guia para integrar os ODS nos relatórios corporativos. O guia GRI estruturou e padronizou etapas desses relatórios, destacando a importância da definição, medição, análise, divulgação, integração e implementação dos ODS no contexto empresarial.

Nas atuais normas GRI (2021), existem duas formas de fazer um relatório: (i) em conformidade; e (ii) com referência. A opção "com referência" só indica que você levou em consideração o GRI, mas não seguiu todas as suas normas e recomendações à risca, ou seja, não pode ser considerado um relatório GRI. Para fazer um relatório GRI a empresa deve utilizar a opção "em conformidade", que possui 9 requisitos a serem seguidos, conforme elencados a seguir:

a) Aplicar os princípios do relato (exatidão, equilíbrio, clareza, comparabilidade, confiabilidade, contexto sustentável, tempestividade, verificabilidade);

b) Relatar os conteúdos do GRI 2 (30 conteúdos gerais que devem ser respondidos de acordo com a realidade da empresa);

c) Determinar os temas materiais que são mais relevantes para a empresa (consultando as normas setoriais do GRI disponíveis);

d) Relatar os conteúdos do GRI 3 – Temas Materiais;

e) Relatar os conteúdos das Normas Temáticas GRI para cada tema material (ou seja, para cada tema relevante listado, ver a relação com os cadernos temáticos);

f) Fornecer razões para a omissão de conteúdos e requisitos que a empresa não usa (deixando claro o motivo de ter deixado aquele conteúdo de fora);

g) Publicar o sumário do conteúdo GRI (conforme exemplo que vou mostrar mais abaixo no tópico Exemplo Prático de Criação do GRI);

h) Fornecer uma declaração de uso (um parágrafo que deve ser inserido no Sumário indicando que o relatório GRI está "em conformidade" e o período da análise);

i) Notificar o GRI pelo e-mail: reportregistration@globalreporting.org indicando o nome da empresa, o link para o sumário GRI, um link para o relatório GRI, a declaração de uso e um contato da organização.

No Brasil, entre os meses de março a junho, são divulgadas pelas companhias, o "relatório ESG/Sustentabilidade", mas também existem o "relato integrado" e o "relatório de impacto". Todavia, conforme quadro abaixo, existem diferenças entre eles, e cada um tem o seu objetivo, público-alvo, nível de exigência, técnica, e grau de compromisso distinto.

QUADRO 5 - DIFERENÇA ENTRE RELATOS ESG

	Relato integrado	**Relatório de sustentabilidade**	**Relatório de impacto**
Objetivo	Conectar informações financeiras e não financeiras, mostrando a criação de valor	Divulgar o desempenho ESG e compromissos da empresa com a sustentabilidade	Mostrar os resultados e transformações geradas por um projeto ou iniciativa
Público-alvo	Investidores, analistas, conselhos, *stakeholders* institucionais	*Stakeholders* em geral e Sociedade	Financiadores, parceiros, beneficiários, público interessado em impacto social

Metodologia	Framework do IIRCI-FRS S1 e S2	GRI Standards, SASB, TCFD)	Não obrigatória: pode utilizar: Teoria da Mudança, IRIS+, SROI
Conteúdo principal	Modelo de negócio; Governança; Riscos e oportunidades; Capitais; Resultados financeiros e ESG integrados	Desempenho ambiental, social e de governança Objetivos, Metas e indicadores	Resultados sociais e ambientais gerados Dados qualitativos
Formato	Estruturado, objetivo, com foco conciso e materialidade	Estrutura mais flexível; pode ser técnico ou narrativo	Narrativo, com dados qualitativos, quantitativos e linguagem acessível
Auditoria / Verificação	Deve ser auditado ou revisado por comitês internos/ externos	Pode ser auditado por terceira parte (não é obrigatório)	Normalmente, não é auditado
Obrigatoriedade	Pode ser exigido por investidores ou reguladores em alguns contextos (ex: IFRS)	Voluntário, mas cada vez mais comum, algumas exigências regulatórias específicas	Totalmente, voluntário

Fonte: Os autores (2025), inspirado em Laura Peiter (2025).

São vastos os benefícios para a organização que segue o padrão GRI em seu relatório de sustentabilidade. Quando divulgado esse relatório para a sociedade, demonstra a transparência, a ética na relação de trabalho, e o compromisso com seus *stakeholders*, fortalecendo a reputação da empresa.

2.3 MATERIALIDADE, ENGAJAMENTO, IMPLEMENTAÇÃO E BENEFÍCIOS DO ESG

Como fomento e suporte a implementação do ESG, e pela sua importância, devem ser considerados na implementação do ESG, os fundamentos do Instituto de Engenharia (2023): impactos, diligência, tema material e *stakeholders*. Esses fundamentos embasam, inclusive, a forma de elaborar um relatório de sustentabilidade de acordo com as normas GRI.

Os impactos, por definição, são o efeito que a organização tem ou poderia ter na economia, no meio ambiente, nas pessoas, especialmente, nos direitos humanos, como resultado de suas atividades e relações de negócio. A tipicidade podem ser: 1) real ou potencial; 2) negativa ou positiva; 3) de curto ou longo prazo; 4) intencional ou não; 5) reversível ou irreversível.

A devida diligência, de acordo com o Instituto Latino-Americano Para a Justiça Coletiva - ILAJUC (2023), é a prática diligente e estruturada, por meio a qual uma organização identifica, previne, mitiga, cessa e presta conta dos danos potenciais e reais que a sua atividade empresarial pode causar, não apenas individualmente, mas em toda a cadeia de produção, abastecimento e valor que possa estar inserida, especialmente, no que se refere a impactos socioambientais. A devida diligência busca empreender a atitude proativa de se antecipar aos possíveis impactos negativos e delírios de suas atividades, constituindo-se em mecanismo de monitoramento e transparência que permite, não apenas dar uma resposta e reparar um dano causado, mas sim, antecipá-los (ILAJUC, 2023).

Os *stakeholders* são um grupo de indivíduos que possuem interesses, que são ou podem ser afetados pelas atividades de uma organização. É importante mapear a cadeia de valor, analisando a importância e criticidade, inclusive, utilizando de questionários, como forma de identificar e engajar os *stakeholders* interessados na empresa. Com isso, consegue-se priorizar os mais relevantes, e àqueles que são os mais afetados e potencialmente impactados pelas atividades de negócio.

O último fundamento, e talvez, a pedra angular das ações de ESG, e o ponto inicial de qualquer processo de relato é a **materialidade** (GRI, 2018). Os temas materiais refletem os impactos causados pelos negócios e orientam tanto a gestão e a sustentabilidade, como o reporte junto às partes interessadas.

A materialidade são as informações relevantes capazes de influenciar na tomada de decisão dos stakeholders de uma organização (We.flow, 2025). Com isso, ao categorizar os riscos com base na visão de materialidade, as empresas podem definir orientações estratégicas e planejamento tático que permitam uma alocação eficaz de recursos, e estabelecer um sistema de governança que internalize preocupações, priorizando interesses sinérgicos entre os grupos (ETHQUO, 2025).

FIGURA 6 – EXEMPLO DE MATRIZ DE MATERIALIDADE

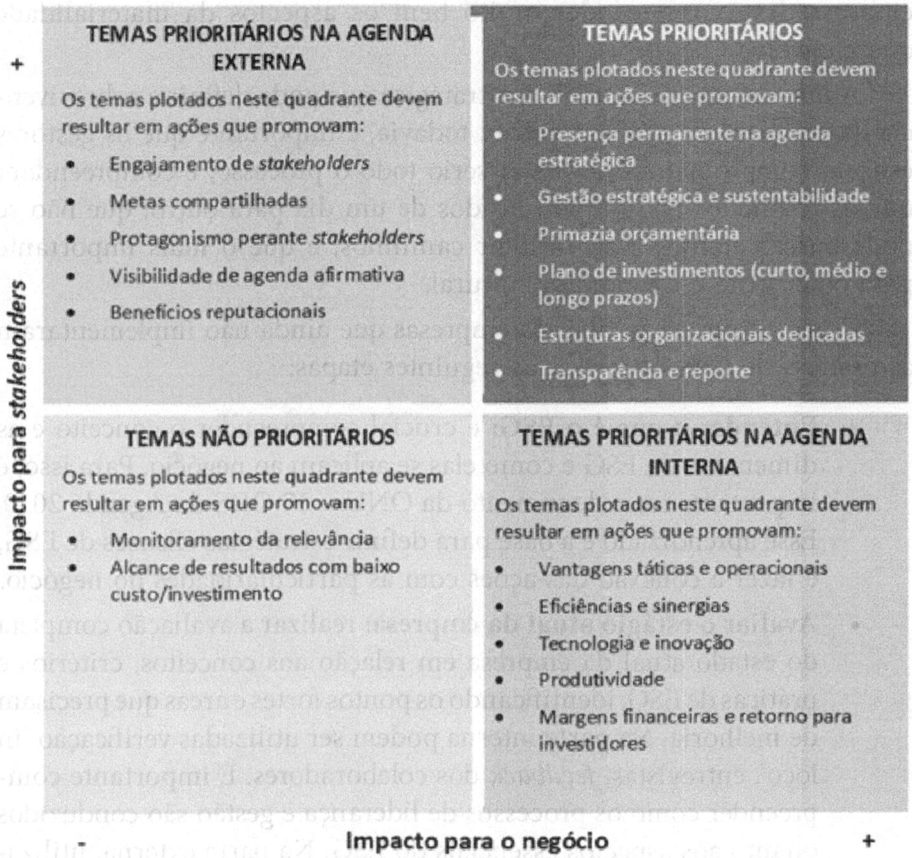

Fonte – Ethquo (2025)

A matriz de materialidade apresenta uma visão dos assuntos que impactam a organização e de seus *stakeholders*, dando a ambas o mesmo peso, ajudando a refinar, e dar clareza, ao propósito da organização. Ela facilita as escolhas práticas de gestão e governança, com prioridades aos assuntos que, efetivamente, se enquadram ao seu modelo de negócio, o que contribui para assegurar a sustentabilidade e perenidade.

Nas organizações privadas a relação entre a matriz de materialidade e a estratégia ESG é fundamental para as empresas no quesito vantagem competitiva, imagem reputacional e diminuição de riscos. Esta conexão engaja as empresas a buscar soluções que possam ser socialmente responsáveis, e ao mesmo tempo, com consciência ambiental, até como forma de prosperar em um mercado cada vez mais competitivo.

Assim, antes de iniciar o processo de implementação do ESG, a empresa deve compreender muito bem os aspectos da materialidade que a envolve.

A implementação do ESG é estratégica que pode definir a sobrevivência da companhia no longo prazo; todavia, é importante que os gestores estejam comprometidos, levem a sério todo o processo, e compreendam que os resultados não são alcançados de um dia para outro; que não se pode buscar atalhos para facilitar caminhos; e que o mais importante para obter êxito é a mudança cultural.

Como forma de auxiliar as empresas que ainda não implementaram as práticas de ESG, sugere-se as seguintes etapas:

- **Entender o que é o ESG:** é crucial compreender o conceito e as dimensões do ESG e como elas se aplicam ao negócio. Para isso, é importante ler o documento da ONU - 17 ODS da Agenda 2030. Esse aprendizado é a base para definir estratégias eficazes de ESG, e fazer a conexão das ações com as particularidades do negócio.
- **Avaliar o estágio atual da empresa:** realizar a avaliação completa do estado atual da empresa em relação aos conceitos, critérios e práticas de ESG, identificando os pontos fortes e áreas que precisam de melhoria. Na parte interna podem ser utilizadas verificação 'in loco', entrevistas, *feedback* dos colaboradores. É importante compreender como os processos de liderança e gestão são conduzidos quanto aos aspectos essenciais do ESG. Na parte externa, utiliza-se a técnica de *Benckmarking* para analisar as organizações que já implementaram o ESG e comparar com as ações existentes ou que deveriam existir na companhia.
- **Planejar a implementação:** o planejamento dá racionalidade a todo o processo de implementação do ESG, coletando e organizando as informações, e relacionando tudo que deve ser feito para que o ESG se torne uma realidade. É nessa etapa que são definidos os temas prioritários, os projetos e ações, os objetivos, metas e indicadores, e a estratégica a ser adotada; e, ainda, todos os recursos necessários a implementação.
- **Estabelecer políticas e definir práticas**: com base nos temas prioritários, nas áreas e nas ações que deveriam existir, deve ser estabelecida a política e definidas as práticas de ESG a serem implementadas. A política define as diretrizes e os princípios, en-

quanto as ações pretendidas indicam as atividades que devem ser transformadas em práticas.

- **Definir um agente, equipe responsável, ou Conselho de ESG**: de acordo com o porte e a estrutura da companhia deve ser definido o agente, equipe ou conselho, que será o responsável pelo acompanhamento da implementação da estratégia e das práticas, pelo envolvimento de colaboradores, e pela disseminação dos valores do ESG.
- **Conscientizar, treinar e envolver colaboradores:** treinar os colaboradores quanto as práticas de ESG e envolver outras partes interessadas, incluindo informações para fornecedores e clientes afetados com novas práticas. Devem ser promovidos treinamentos, *workshops*, e distribuídos materiais informativos, para conscientizá-los sobre a importância do ESG. A comunicação aqui é importante, e deve ser clara e objetiva para explicar as ideias, as motivações e os objetivos da empresa ao adotar essas atividades.
- **Implementar as práticas de ESG:** esse é o momento mais difícil, onde a teoria e as definições devem ser traduzidos em práticas concretas. Compete a gestão traduzir as orientações em atividades, compete a equipe operacional implementá-las, tornando-as uma realidade, e compete ao agente, equipe ou conselho definido, acompanhar as ações e atividades implementadas, e fornecer informações para a alta administração.
- **Monitoramento e Avaliação:** tanto o monitoramento como a avaliação utilizam como parâmetros e unidades de medidas, os indicadores estabelecidos no planejamento. O monitoramento é o acompanhamento em tempo real, visando solucionar obstáculos e assegurar a continuidade da implementação. A avaliação é realizada ao final de uma etapa ou processo, para analisar as pretensões estabelecidas com as alcançadas, e relatar o alcance ou não de objetivos e metas. Essas informações devem ser encaminhadas ao Conselho e a Alta Administração, para que tenham conhecimento dos resultados obtidos e possam avaliar se a estratégia ESG está funcionando ou se precisa ser ajustada. Ao final da avaliação elabora-se o relatório de sustentabilidade, que deve ser reportado ao público interno e externo.
- **Revisar e melhorar:** é o momento de aprender com as informações oriundas do monitoramento e da avaliação, bem como com o

feedback dos colaboradores envolvidos. As ações e práticas que se mostraram eficientes e que geraram bons resultados devem ser mantidas e as que não atenderam às expectativas devem ser reformuladas. As tendências também devem ser consideradas, e podem ser revisadas a estratégia, a materialidade, os objetivos e as metas.

O ciclo para implementação do ESG é apresentado como sugestão: assim, é essencial que seja adaptado a realidade e particularidades de cada empresa. Esse ciclo do ESG deve ser repetido anualmente, até que a implementação se torne uma realidade, as práticas de ESG sejam eficientes, e os resultados sejam satisfatórios para a companhia e demais interessados.

Implementado o ESG, fortalecido e otimizado com melhorias contínuas, é inegável os benefícios que pode trazer para as companhias. Dentre eles, destacam-se:

1. Melhoria da Reputação: as empresas podem fortalecer sua imagem e atrair mais investidores e consumidores;
2. Redução de custos e aumento na lucratividade: a implementação de medidas sustentáveis, como eficiência energética, pode reduzir despesas operacionais;
3. Aumento da lucratividade: as empresas podem melhorar seu desempenho financeiro;
4. Fortalecimento da posição social: as empresas podem se posicionar como agentes de mudança social e ambiental;
5. Conformidade legal e mitigação de riscos: a implementação de práticas ESG ajuda as empresas a manterem-se em conformidade com as regulamentações ambientais e sociais, evitando multas e sanções. E, ao adotar uma abordagem proativa em relação a questões ambientais e sociais, é possível identificar e mitigar riscos antes que se tornem problemas sérios, melhorando sua avaliação junto a instituições financeiras;
6. Aumento da confiança do investidor: os investidores podem valorizar as empresas que adotam práticas ESG;
7. Garantia da fidelidade do consumidor: os consumidores podem priorizar a aquisição de produtos e serviços das empresas que adotam práticas ESG;

8. Assegura a transparência: empresas que adotam as práticas ESG fortalecem a transparência, gerando maior confiabilidade nos seus dados, informações, processos e pessoas;
9. Desenvolvimento e atração de talentos: empresas comprometidas com ESG, tem maior potencial para atrair, desenvolver, e reter talentos;
10. Aumento da resiliência operacional: por meio da implementação do ESG, estas práticas exercem influência para o fortalecimento da companhia em um momento de crise econômica e ambiental;
11. Acesso facilitado a capital: empresas com práticas ESG tendem a ter um acesso facilitado ao crédito, e os investidores estão cada vez mais interessados em investir em empresas sustentáveis que gerem valor a longo prazo;
12. Vantagem competitiva e inovação: empresas que implementam práticas ESG estão na vanguarda da inovação. A procura por soluções sustentáveis e a promoção de projetos de responsabilidade social incentivam a inovação e a criatividade dentro da organização.

Assim, ao utilizar a matriz de materialidade, implementar o ESG em sua empresa, e divulgar o relatório de sustentabilidade, as companhias dão um salto em termos de gestão, com muitos aspectos positivos financeiros e reputacionais, além de contribuir para um mundo melhor e mais sustentável, com maior justiça social e preservação do meio ambiente.

3

ESG: DO PRIVADO PARA O PÚBLICO

Em português, ESG é traduzido para ASG - Ambiental, Social e Governança: trata-se de um modelo de desenvolvimento que facilita o atendimento das necessidades das gerações atuais sem comprometer o das futuras gerações.

O ESG tem a ver com a responsabilidade social corporativa, entendida como "a atuação de uma organização buscando uma postura ética nas perspectivas social e ambiental, considerando os pilares: sociedade e comunidade; promoção da cidadania e democracia; redução das diferenças econômicas entre ricos e pobres; condições de trabalho e direitos trabalhistas; e comportamento ético" (Cruz, 2009, p. 2).

Mesmo tendo origem e maior disseminação na iniciativa privada, a pressão pelo desenvolvimento sustentável, mediante a implementação da governança e adoção de práticas ambientais, sociais consistentes, chegou ao meio público, e **veio para ficar**.

É incontestável que a adoção de práticas ESG se tornou um diferencial para as empresas privadas, que influencia consumidores a conhecer a origem e condições de produção dos produtos e serviços – tornando-se um critério de preferência e um fato gerador de valor para as empresas privadas.

Registre-se, que o ESG privado **não é o mesmo do ESG público**, porque existem diferenças importantes entre o público e o privado, a começar pela questão maior, em que o setor privado visa o lucro financeiro e o setor público deve visar a promoção do bem-estar da coletividade. Todavia, o setor público "pode e deve melhorar suas práticas a partir da utilização de técnicas consagradas pela iniciativa privada: o que não pode é simplesmente aplicar as práticas privadas sem uma adaptação adequada à realidade pública" (Paludo, 2024, p. 117).

O setor privado utiliza o ESG e a sustentabilidade na gestão de riscos, visando a criação de valor para os acionistas, e o aumento da competitividade: ambiente em que os investidores pressionam e desempenham papel fundamental, e as métricas financeiras e de mercado são importantes.

No setor público, em face da missão de promover o bem comum, o ESG é utilizado para promover o desenvolvimento sustentável e o bem-estar da população, incluindo questões como justiça social, acesso a serviços públicos e preservação ambiental: ambiente em que a participação da sociedade civil é importante e necessária, e as métricas sociais são sensíveis.

Empresas privadas consideram o ESG uma questão estratégica, não só para atrair consumidores simpatizantes com essa causa, mas para fortalecer seu nome local e nacionalmente, mediante ações sociais no município onde estão instaladas: assim, além da preservação do meio ambiente as empresas investem em ações que respeitam os direitos humanos e favorecem a justiça social.

No setor público as ações abrangem todo o território nacional, ainda que hajam enfoques regionais e locais diferenciados, e o ESG não é tratado como estratégico e sistêmico: ainda que existam ações pontuais de governança visando maior transparência, melhor gestão e combate à corrupção; ações de regulação e proteção ambiental; e nas ações voltadas a inclusão, direitos humanos e redução das desigualdades sociais.

A crescente relevância dos princípios ESG no setor público evidencia a necessidade de uma gestão mais colaborativa e estratégica. A integração desses princípios fortalece a governança, promovendo práticas sustentáveis e responsáveis que atendem às demandas sociais e ambientais contemporâneas. Além disso, a adoção de políticas públicas alinhadas ao ESG contribui para a construção de uma administração pública mais transparente, eficiente e comprometida com o desenvolvimento sustentável (Leoni e Grimm, 2023).

Apesar das diferenças, os dois setores (público e privado) implementam ações comuns, bem como encontram dificuldades na mensuração dos impactos do ESG, e enfrentam a cultura patrimonialista arcaica (de empresários e grupos políticos) que não valorizam essas questões, bem como resistências a realização de investimentos em questões ambientais e sociais.

Tanto no meio privado como no público o ESG aborda três questões inter-relacionadas. A ambiental engloba riscos de mudanças climáticas, redução de resíduos tóxicos, recursos energéticos, recursos hídricos, biodiversidade, gestão de resíduos, gestão ambiental, prevenção da poluição, responsabilidade na produção de bens e serviços, e transparência. A social compreende direitos humanos, relacionamento com as pessoas, relações com a sociedade, fornecedores e consumidores, saúde ocupacional, promoção da diversidade, equidade de gêneros, redução de desigualdades, e inclusão social. A governança envolve conselhos, comitês, administração, participação, auditoria interna, gerenciamento de riscos, divulgação de informações, prestação de contas, remuneração e recompensa para altos executivos, questões transparência, corrupção e proteção de dados (Figueira, 2023; Mello, 2023; Assunção et al, 2024).

Todavia, na prática, as empresas privadas utilizam o ESG mais voltado para investimentos seguros, retornos financeiros, e geração de valor, do que para contribuir para a questão ambiental, social e desenvolvimento sustentável (Reis, 2022; Mello, 2023; Assunção et al, 2024); e no setor público ainda predomina o discurso sem ações concretas e práticas correspondentes; contudo, acredita-se que os melhores resultados serão obtidos se o setor público trabalhar em conjunto com o setor privado.

Nesse ponto, Leoni e Grimm (2023) destacam que um dos principais desafios da governança pública contemporânea é fortalecer a *accountability*, entendida como a obrigação de prestar contas e garantir a transparência. Embora seja enfatizada a participação dos *stakeholders* e a visão do cidadão como cliente, ainda persiste uma lacuna na efetividade dos mecanismos de responsabilização e controle. A superação dessa lacuna requer um ajuste estratégico interno que vá além das parcerias tradicionais com os setores privado e terceiro setor, incorporando novos atores sociais na formulação e implementação de políticas públicas. Essa abordagem colaborativa pode promover uma governança mais eficaz e responsiva às demandas da sociedade e do ESG (Leoni e Grimm, 2023).

A transição do ESG privado para o meio público tem sido gradual e contínua, contudo o setor público ainda está atrasado em relação a essas práticas. À medida que "organizações e governos avançam nessa jornada colaborativa, é imperativo que aprendamos com as experiências passadas e nos comprometamos a aprimorar constantemente as parcerias para enfrentar os desafios que estão diante de nós" (Gomes, 2023, p. 120).

No setor público o ESG também pode se tornar um diferencial para indicar as instituições mais comprometidas com práticas sustentáveis e respeito aos direitos humanos e sociais: em troca elas obterão maior reconhecimento da sociedade.

No meio público o ESG assume aspectos mais amplos que no meio privado, inclusive já previstos na CF/1988, onde o desenvolvimento sustentável está entre os objetivos fundamentais, e se analisado em conjunto com os demais fundamentos e objetivos, têm-se, também, os aspectos sociais, econômicos e ambientais.

Um dos fundamentos da CF/88 é a dignidade da pessoa humana; o artigo 3º prevê a redução das desigualdades sociais; os artigos 5º e 6º complementam os direitos e garantias fundamentais e sociais; a ordem econômica visa assegurar a todos existência digna, conforme os ditames da justiça social (art. 170); e o artigo 225 é claro ao dizer que, todos têm direito ao meio ambiente ecologicamente equilibrado e determina que a coletividade e o Poder Público têm o dever de defendê-lo e preservá-lo para as presentes e futuras gerações.

Todavia, no meio público, é a partir da vontade política do governo federal, estadual e municipal, e dos dirigentes máximos das instituições públicas, aliada a uma regulação de qualidade, que os municípios e órgãos/entidades públicas, orientadas pela governança, direcionarão esforços e ações voltadas para a sustentabilidade ambiental e a justiça social.

Os líderes das nações e das instituições, assim como as pessoas, perceberam a urgência em tratar desses temas, tão caros ao futuro da humanidade, o que pode explicar a grande velocidade da difusão do ESG no meio privado, e mais recentemente no meio público, em que pese existirem empresários do setor privado, e grupos no setor público, atuando em sentido contrário.

Para o IBGC (2022), adotar práticas de ESG é urgente, até para viabilizar uma vida digna a todos, amenizando as desigualdades sociais e contribuindo para uma vida mais plena, dentro dos limites naturais.

No setor público, é por meio da agenda regulatória que os governos podem fomentar a adoção das práticas de ESG pelas empresas privadas e instituições públicas, atraindo investidores e empresas parceiras para sua efetivação.

Os governos têm a responsabilidade pela regulação; pelo estabelecimento de normas de ESG que se apliquem a todo o meio público. Em nível institucional fica a responsabilidade pela tradução da regulamentação, transformando as recomendações em guias e orientações passíveis de serem compreendidas e implementadas pelos gestores em atividades práticas na sua organização.

No contexto do ESG e da sustentabilidade, a ONU tem assumido posição de vanguarda, e reunindo instituições de diversos países construiu "recomendações e diretrizes para integrar as questões ambientais, sociais e de governança corporativa" (Figueira, 2023, p. 29), que se aplicam tanto a iniciativa privada com ao setor público.

Analisados sob a ótica da sustentabilidade, os riscos sociais e ambientais, e outros como os tecnológicos, políticos e econômicos, as empresas privadas e instituições públicas tomam melhores decisões, demonstram melhor qualidade de gestão, e estão em harmonia com os ODS da ONU, o que indica maior chance de sucesso no longo prazo.

A Organização para a Cooperação e Desenvolvimento Económico-OCDE (2017) também passou a adotar a perspectiva do ESG, demonstrado por meio do documento "Investment Governance and the Integration of Environmental, Social and Governance Factors", direcionado para empresas e governos, visando fomentar a adoção das práticas de ESG.

Na União Europeia e no Reino Unido existem legislações voltadas a sustentabilidade nos moldes do ESG (Monteiro, 2023). No Brasil as iniciativas práticas e de regulamentação ainda são poucas, todavia, podem ser citadas:

- A nova lei de licitações (14.133) contém temas do ESG, como o princípio do desenvolvimento sustentável a ser observado nas contratações, priorizando produtos que causem menos impactos ambientais, com destinação adequada de resíduos;
- Projetos de lei tramitam no Senado (4363/2021) e na Câmara (1657/2024), acerca do ESG aplicado ao setor privado e público;
- A Associação Brasileira de Normas Técnicas – ABNT, publicou a norma ABNT PR 2030-ESG, contendo recomendações para que os serviços públicos e privados adotem padrões de práticas sustentáveis. Apesar de não ter caráter legal e obrigatório, o conteúdo da ABNT contém conceitos, diretrizes e modelos que orientam quanto aos princípios e práticas de ESG;
- Para as empresas privadas, a Comissão de Valores Mobiliários-CVM editou a Instrução 480/2009, que exige informações sobre aspectos ambientais, sociais e de governança;
- O Ministério do Desenvolvimento Regional, lançou a "Estratégia Investimento Verde", fornecendo aos governos locais os indicadores de acompanhamento das metas ambientais;

- A lei 14.119/2021 institui a Política Nacional de Pagamento por Serviços Ambientais, permitindo a compensação de danos ambientais mediante créditos de carbono;
- Outra iniciativa, regulamentada pelo Banco Central, por meio da Resolução 139/2022, foi a permissão para emissão de "títulos verdes", cuja utilização dos valores é restrita ao financiamento de projetos sustentáveis;
- No poder Judiciário, o Conselho Nacional de Justiça-CNJ por meio da Resolução nº 400/2021, implementou a política de sustentabilidade inspirada no conceito e elementos do ESG. Assim, no judiciário existem instruções, ações e práticas voltadas as questões ambientais, sociais e de sustentabilidade. O CNJ também tem código para fornecedores, que vai além do menor preço, e exige observância de aspectos sociais e ambientais;
- A Agência Nacional de Saúde Suplementar – ANS também assumiu compromisso com a ESG, por meio do documento "Política Integrada de Governança e Responsabilidade Socioambiental" (2023), estimulando práticas inovadores de inclusão social, respeitando a diversidade, com adoção de medidas de compliance, integridade e transparência. O plano de ação da ANS para 2023/2024 prevê projetos e iniciativas para consumo sustentável, gestão de resíduos, materiais recicláveis, integridade e governança;
- O Ministério do Meio Ambiente criou a Agenda Ambiental denominada A3P, que visa incentivar as instituições públicas a implementarem práticas de sustentabilidade, baseado em cinco princípios: reutilizar, reciclar, reduzir, recusar, repensar. Seus objetivos são: sensibilizar os gestores públicos para as questões socioambientais; promover o uso racional dos recursos naturais e a redução de gastos institucionais; contribuir para revisão dos padrões de produção e consumo e para a adoção de novos referenciais de sustentabilidade no âmbito da administração pública; reduzir o impacto socioambiental negativo direto e indireto causado pela execução das atividades de caráter administrativo e operacional; e contribuir para a melhoria da qualidade de vida.

Essa agenda tem seis eixos de atuação: uso racional dos recursos naturais e bens públicos; gestão adequada dos resíduos gerados; qualidade de vida no ambiente de trabalho; sensibilização e capacitação dos servidores; compras públicas sustentáveis; e construções sustentáveis (MMA, 2024).

Todavia, a adesão a agenda A3P é livre discricionariedade do gestor público, e poucos resultados foram divulgados até agora. O mesmo se repete nos governos estaduais e municipais, onde a grande maioria sequer tem uma agenda de sustentabilidade ativa.

Assim, ainda que existam diversas iniciativas quanto a regulação relacionada ao ESG, resta claro que são insuficientes para exigir e assegurar o compromisso de empresas privadas e instituições públicas, em fortalecer a governança, minimizar danos ambientais, assegurar a sustentabilidade, e promover os direitos humanos e a justiça social.

4

ESG NO SETOR PÚBLICO

A adoção e a implementação do ESG no setor público brasileiro é tanto um desafio em face de sua complexidade, como uma oportunidade para que os governos e as instituições públicas contribuam para um futuro melhor e mais sustentável.

No setor público, a adoção de critérios ESG representa uma oportunidade de fortalecer a governança e a gestão, promover a transparência, a responsabilidade dos gestores, e melhorar os serviços prestados à população. Governos e órgãos públicos que incorporam princípios de ESG em suas políticas e práticas podem otimizar o uso de recursos naturais, promover a inclusão social, garantir a ética e a integridade na administração, e aumentar a confiança dos cidadãos nas instituições públicas.

Ainda, a implementação de práticas ESG no setor público pode estimular o desenvolvimento sustentável em nível local, regional e nacional, alinhando as ações governamentais com os ODS da ONU.

Ao adotar práticas de ESG, as instituições públicas promovem a inclusão social e a proteção do meio ambiente. No Brasil, existem diversas instituições de caráter público, que já adotaram um conjunto de práticas de ESG, conforme demonstra o quadro 6.

QUADRO 6 – PRINCIPAIS INSTITUIÇÕES E PRÁTICAS DE ESG ADOTADAS

TCU	Ambiental: Índice de acompanhamento da sustentabilidade, com ênfase no ambiental; auditorias específicas sobre políticas ambientais; programa de sustentabilidade para gestão interna; incentivo ao uso racional de energia. Social: Auditorias sobre políticas sociais; avaliação da contribuição das políticas públicas para o alcance dos ODS, no aspecto social. Governança: Comitê para avaliação de políticas públicas na ótica ESG; metodologia para avaliação da contribuição das políticas públicas para o alcance dos ODS; transparência nas auditorias e fiscalizações.
MMA	Ambiental: Programa agenda ambiental na administração pública (A3P); plano nacional de adaptação às mudanças climáticas; sistema nacional de informações sobre gestão de resíduos sólidos; instrumentos para avaliação da sustentabilidade nos órgãos públicos. Social: Programa de educação ambiental para o público; componentes sociais do plano nacional de adaptação à mudança do clima; ações de inclusão e respeito a diversidade. Governança: Criação de instrumentos para avaliação da governança ambiental e social; transparência na gestão de políticas ambientais e sociais.
ANS	Ambiental: Plano de gestão de logística sustentável; programa de descarbonização e redução de emissões de gases de efeito estufa; diretrizes para contratações públicas sustentáveis. Social: Índice de desempenho da saúde suplementar, com indicadores ESG, na avaliação das operadoras; programa de certificação em sustentabilidade para operadoras, com foco em práticas de ESG; política de equidade e inclusão, com diretrizes para promoção da diversidade. Governança: Política de governança que inclui os princípios ESG; marco regulatório para divulgação do ESG no Setor; comitê de sustentabilidade, com estrutura específica para iniciativas ESG; programa de transformação digital sustentável, integrando critérios ESG.
BANCO CENTRAL	Ambiental: Laboratório de inovação financeira para desenvolver sistemas de desenvolvimento; implementação de análise de riscos ambientais. Social: Implementação de análise de riscos sociais nas instituições financeiras; sistema de relatórios de gestão de riscos sociais. Governança: Sistema de relatório de riscos e oportunidades sociais, ambientais e climáticas; política de divulgação de ESG para instituições financeiras reguladas.
BNDES	Ambiental: Criação de linhas de crédito para projetos sustentáveis; fundo Amazônia para combate ao desmatamento; títulos verdes; metodologia para mensuração de impacto ambiental de projetos. Social: implementação da política socioambiental; mensuração de impacto social de projetos financiados. Governança: Implementação da política de governança; transparência na emissão de títulos verdes.

EMBRAPA	Ambiental: Tecnologias para agricultura de baixo carbono; pesquisas próximas de áreas degradadas; conservação da biodiversidade; métricas de impacto ambiental das tecnologias desenvolvidas. Social: Programa de inclusão produtiva rural; balanço social com análise do impacto social das tecnologias. Governança: Programa de governança científica; transparência e integridade em pesquisas.
EBSERH	Ambiental: Programa de eficiência energética em hospitais universitários; protocolos de saúde sustentável; gestão de resíduos hospitalar. Social: Políticas de inclusão para pacientes e colaboradores; programas de humanização no atendimento hospitalar. Governança: Transparência na gestão de recursos e contratos; processos de compliance na gestão hospitalar.
CNJ	Ambiental: Plano de logística sustentável do poder judiciário; programa de redução de papel com incentivo à digitalização de processos; metas de eficiência ambiental; gestão sustentável de resíduos; promoção de licitações sustentáveis. Social: Política nacional de justiça restaurativa; programas de inclusão nos tribunais; política judiciária nacional de estudo à violência contra mulheres; programas de ressocialização para egressos do sistema prisional; atividades de promoção da diversidade no judiciário. Governança: Política de governança do poder judiciário; metas nacionais para o poder judiciário; programa de transparência pública e ouvidorias judiciais; implantação de políticas de compliance e integridade.

Fonte: Os autores (2025), a partir das páginas-web das Instituições citadas.

Todavia, o que observa são iniciativas isoladas e regras específicas aplicadas a determinadas instituições ou setores, visto que não existe, ainda, normas jurídicas impositivas de ESG para a administração pública brasileira; fato que dificulta sua implementação, visto que fica vinculada a discricionariedade do governante e do gestor.

No meio público o **primeiro passo** para avançar rumo ao ESG é fortalecer a governança e utilizá-la para reorganizar e melhorar a estrutura administrativa e as práticas de gestão; deve-se "criar instrumentos para o fortalecimento da governança aliada à preocupação com os impactos ambientais gerados por suas atividades, e com a promoção do desenvolvimento social" (Mello, 2023, p. 200).

As ações para preservação e redução de impactos no meio ambiente relacionadas às mudanças climáticas, emissões de gases, biodiversidade, etc.; assim como as medidas voltadas para as pessoas e a sociedade, como a redução das desigualdades, promoção dos direitos humanos, etc., **dependem de uma governança implementada e em pleno funcionamento**, que imponha a administração e a gestão a adoção de práticas que priorizem essas ações, de forma profissional, observando a ética e o interesse público.

Assim, para o alinhamento às práticas internacionais de ESG, o setor público brasileiro deve implementar medidas "para fortalecimento da governança pública, implantação de programa de integridade, bem como iniciativas que demonstram preocupação com questões ambientais e sociais" (Marx, 2023, p. 115).

Para implementar uma governança sustentável e ampliar a visão estratégica no planejamento público, é essencial promover não apenas a cooperação, mas também o estabelecimento de consensos. Isso demanda um modelo inovador de gestão pública que integre a liderança política, visando otimizar o planejamento estratégico governamental e assegurar a efetividade do princípio da supremacia do interesse público sobre o privado. Tal abordagem reconhece o setor privado como parceiro fundamental na promoção da sustentabilidade e na garantia dos direitos humanos e fundamentais. Essa integração fortalece a conexão entre governança e governabilidade, alinhando-as aos princípios ESG (Leoni e Grimm, 2023).

O setor público brasileiro precisa desse novo olhar do ESG para ampliar a discussão acerca da responsabilidade social de instituições públicas e governos, e promover ações de conscientização e proteção do meio ambiente, alinhadas com os objetivos de desenvolvimento sustentável da ONU; e o ESG precisa da governança para tornar-se realidade.

A governança tem avançado no setor público, todavia a pulverização do termo, por quem não tem forte compromisso com o interesse público, tem amenizado o seu potencial transformador: trata-se de um boicote de governos e altas autoridades que não querem mudanças.

Outro problema é que a questão da preservação ambiental e promoção dos direitos humanos, com ações voltadas para o social, foi politizada e tem sido atribuídos a partidos de centro-esquerda e esquerda; em contraposição, os partidos de direita não são amigáveis a essas questões: assim, politizaram algo que não tem partido, que é a proteção ambiental e os direitos humanos.

Apesar disso, a preocupação com a natureza está presente no discurso de todos os governos federativos, partidos políticos, e instituições públicas; e houve avanços quanto aos direitos humanos, principalmente no que se refere a diversidade de gênero e o combate ao assédio moral e sexual; em regra presentes nos planos das instituições públicas que tem ações voltadas a integridade e respeito à diversidade.

No meio público, não haverá ESG sem uma governança forte, que leve as instituições públicas a novos patamares de ética, integridade, desempenho, eficácia e transparência; que oriente a elaboração de um planejamento estratégico participativo em que as práticas de ESG estejam presentes, e sejam suficientes para assegurar a sustentabilidade, com preservação ambiental, a redução das desigualdades sociais, e a melhoria da qualidade de vida de todos os cidadãos.

Assim, no setor público **a governança precede as demais dimensões do ESG**; ou seja, a implementação do ESG pressupõe a existência de governança implementada e em funcionamento, visto que ela é quem determina e orienta a administração e a gestão a adotarem boas práticas de ESG.

E para que a governança possa ser considera implementada, deve conter os elementos essenciais que a caracterizam, como: critérios para a indicação de gestores; participação das partes interessadas nas decisões estratégicas; auditoria interna independente e atuante; gerenciamento de riscos; programa de ética e integridade; transparência ampla; prestação de contas (*accountabilitty*); e responsabilização dos agentes com poder de decisão.

Sem uma boa governança para orientar a administração e a gestão, os pressupostos e as práticas de ESG estarão incompletos e comprometidos (como vem ocorrendo atualmente), pois existe um discurso de ESG descontextualizado e afastado de práticas efetivas: existe um modismo que utiliza os conceitos de ESG para mascarar as velhas práticas, e tornar todo o processo uma ilusão.

Todavia, se as instituições públicas tiverem uma governança em funcionamento, então a teoria do ESG encontrará terreno fértil para a implementação das práticas sociais e ambientais sustentáveis, tornando-se uma realidade.

E, considerando que as práticas são de responsabilidade da gestão, a governança exige bons gestores, com competência e conduta ética que respeite o meio ambiente e implemente ações para a redução das desigualdades sociais, como forma de perseguir a sustentabilidade em suas dimensões mais importantes.

Assim, após a existência de governança, é preciso verificar como são escolhidos os gestores públicos, visto que são esses agentes que irão tomar a maioria das decisões e orientar as ações da instituição. O ESG “é uma iniciativa voluntária que fornece diretrizes para a promoção do crescimento sustentável e da cidadania, por meio de lideranças corporativas comprometidas e inovadoras” (CI-MPU, 2023, p. 6).

Todavia, se as lideranças públicas (gestores) não estiverem comprometidas com a ética, o interesse público e as práticas ambientais e sociais – o ESG também não se tornará realidade: fato que reforça o estabelecimento de critérios para a nomeação de gestores públicos.

Nesse contexto, Grimm (2023) destaca a importância da transparência: sugere definir uma série de etapas com foco em diagnóstico, seleção de prioridades, implementação de indicadores, mensuração de resultados, boas práticas e elaboração de relatórios, especialmente com enfoque na dupla materialidade publicizando resultados como forma de tornar público o compromisso assumido em relação a adoção de critérios ESG também na administração pública.

Mesmo sabendo que o meio público tem muitas outras questões importantes para se preocupar, o ESG veio para ficar, e consiste numa estratégia em que a governança a sustentabilidade e o social **caminham juntos** para melhorar o bem-estar atual e assegurar o das futuras gerações.

FIGURA 7 - GOVERNANÇA, ESG, ADMINISTRAÇÃO E GESTÃO NO SETOR PÚBLICO

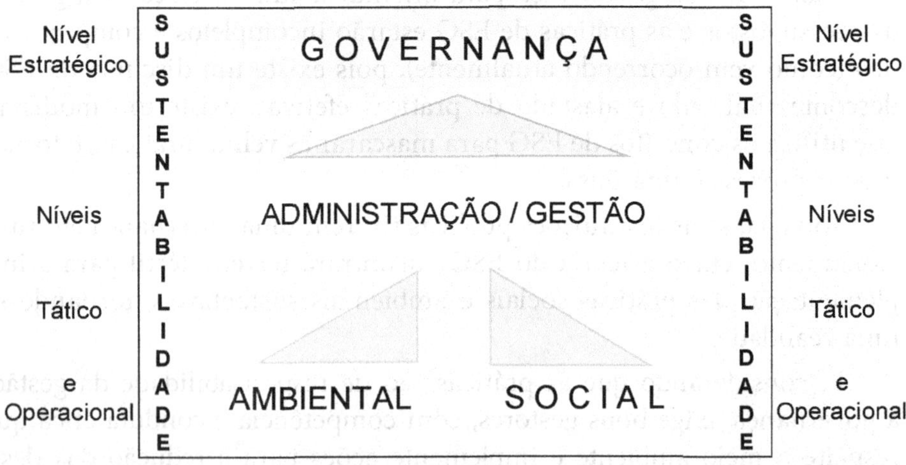

Fonte: Os autores (2025).

Observando a figura acima percebe-se que a palavra 'sustentabilidade' consta em duplicidade, para destacar sua importância; e que a governança está acima da administração e da gestão, e acima do ambiental e o social. Assim, no meio público a governança deixa o papel de coadjuvante para desempenhar o papel principal: ela é a responsável para que o ESG se torne realidade, e deve "usar de seu poder para exigir da administração e da gestão que, sem esquecer de todas as demais práticas corretas e adequadas, priorizem a sustentabilidade ambiental e social em suas decisões e ações" (Paludo e Oliveira, 2024, p. 74).

É no ambiente estratégico, onde posiciona-se a governança, que são tomadas as decisões relacionadas ao ESG e a sustentabilidade, cujas diretrizes são transmitidas a administração, para que sejam traduzidas em práticas efetivas de gestão, no dia a dia dos municípios e das instituições públicas brasileiras.

4.1 IMPLEMENTAÇÃO DO ESG NO SETOR PÚBLICO

A implementação do ESG no setor público – precedida pela implementação da governança – envolve a regulamentação, criação de políticas públicas, a gestão de recursos, e a priorização de ações, sendo influenciada pelos interesses e processos políticos e pela participação da sociedade civil.

Considerando que planos sofisticados são mais difíceis de serem compreendidos e implementados, e que na maioria dos casos é melhor uma escolha racional limitada e dentro do possível – do que uma escolha ótima que não será alcançada – o caminho para a implementação do ESG no setor público brasileiro, descrito a seguir, utiliza forma simples e linguagem objetiva, visando facilitar a sua compreensão e implementação.

FIGURA 8 – ETAPAS PARA A IMPLEMENTAÇÃO DO ESG

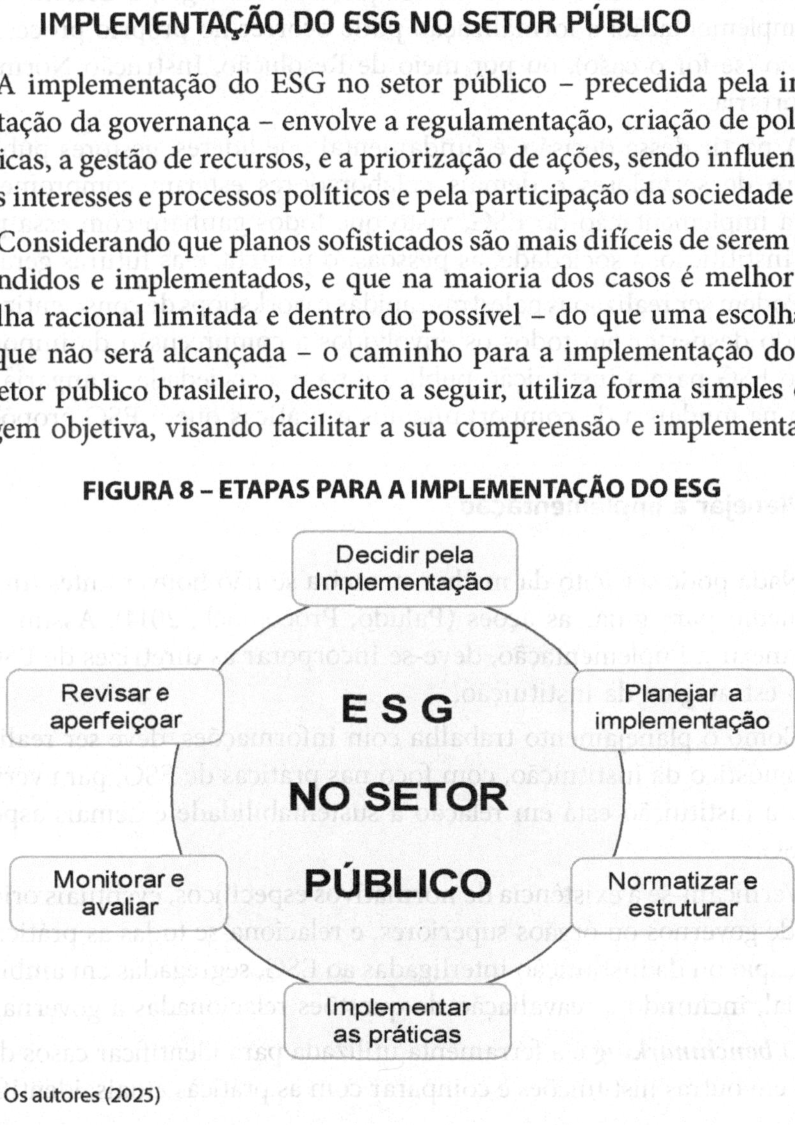

Fonte: Os autores (2025)

1. Decidir pela Implementação do ESG

Apesar de fomentado e importante, o ESG não é obrigatório no Brasil, visto que não existe norma legal que determine sua implementação. Assim, cabe ao governante ou a autoridade máxima da instituição a decisão de implementar e/ou fortalecer as práticas do ESG no Município ou nos órgãos/entidades públicas.

A decisão deve constar em ato oficial assinado pela autoridade competente, reconhecendo o ESG como questão estratégia, e determinando sua implementação: a formalização pode ocorrer no próprio processo de decisão (se for o caso), ou por meio de Resolução, Instrução Normativa ou Portaria.

A partir dessa decisão, é fundamental que líderes, gestores públicos, quadro de servidores e demais colaboradores estejam comprometidos com a implementação do ESG, visto que todos ganham com essa prática: a instituição, a sociedade, as pessoas, o planeta, e as futuras gerações.

Podem ser realizadas palestras rápidas e workshops de conscientização, visando despertar em todos os envolvidos a compreensão da importância do ESG para a instituição pública e para a sociedade, e angariar seu apoio na mudança de comportamentos e práticas que o ESG propõem.

2. Planejar a implementação

Nada pode ser feito da melhor maneira se não houver antes um planejamento para guiar as ações (Paludo, Procopiuck, 2014). Assim, além de planejar a implementação, deve-se incorporar as diretrizes de ESG no plano estratégico da instituição.

Como o planejamento trabalha com informações, deve ser realizado o diagnóstico da instituição, com foco nas práticas de ESG, para verificar como a instituição está em relação a sustentabilidade e demais aspectos do ESG.

Verificam-se a existência de normativos específicos, eventuais orientações de governos ou órgãos superiores, e relaciona-se todas as práticas do município ou da instituição interligadas ao ESG, segregadas em ambiental e social, incluindo a reavaliação de questões relacionadas a governança.

O ***benchmarking*** é a ferramenta utilizada para identificar casos de sucesso em outras instituições e comparar com as práticas atuais, identificando onde o município ou a instituição pública podem melhorar a regulação e as práticas de ESG. Na sequência, classificam-se as práticas existentes em ponto forte ou ponto fraco, bem como identificam-se as práticas inexistentes.

É importante, também, ouvir os atores da sociedade, para facilitar o alinhamento institucional às expectativas da população.

De posse dessas informações, definem-se os objetivos e as metas quanto ao ESG, considerando as dimensões ambiental e social, com metas e indicadores para medir o desempenho e o progresso. A esses indicadores acrescente-se os da governança que guardam relação com o ESG e a sustentabilidade.

Finalizada essa etapa têm-se o plano, que é o produto do planejamento. O plano deve conter objetivos e metas mensuráveis e realistas para o ESG; prever a reserva de recursos para a transformação proposta, e detalhar as ações específicas para que as práticas de ESG se tornem uma realidade.

Considerando que as pretensões são sempre maiores que as disponibilidades, é importante estabelecer uma ordem de prioridade para as ações a serem implementadas, a começar pelas ações mais viáveis e que podem proporcionar os melhores resultados.

3. Normatizar e Estruturar

Por tratar-se do meio público, visando dar segurança jurídica as mudanças propostas e as práticas de ESG, a instituição deve elaborar norma específica, contendo os princípios, diretrizes e objetivos de ESG, e demais aspectos específicos de cada município ou órgão/entidade pública.

As instituições públicas podem se valer de resolução, instrução normativa ou portaria para estabelecer as regras para o ESG. Normatizado, cabe a administração elaborar manuais, guias e orientações, que servirão de suporte para os gestores implementarem as práticas de ESG.

Deve ser reavaliada a estrutura para verificar a necessidade, ou não, de criar um setor específico para acompanhar e avaliar as práticas de ESG, com atribuição de responsabilidade correspondente: especificando ainda os fluxos de decisão e quem será o responsável pela prestação de contas.

Os mecanismos de controle devem se fazer presentes, preferivelmente vinculados ao gerenciamento de riscos; assim como a auditoria interna, periodicamente, deverá realizar a avaliação e fornecer informações sobre todo o processo para a alta administração e agentes da governança.

4. Implementar as Práticas de ESG

O plano resultante do planejamento, ainda que especifique as ações, é genérico, e precisa ser detalhado para que se tornar exequível e operacional.

Considerando que a maioria das instituições desconhece as práticas de ESG, é necessário designar uma equipe para acompanhar a implementação, capacitá-la quanto a teoria, conceitos e práticas de ESG. Tratando-se de pequeno município (até 10.000 habitantes) ou de instituição pública padrão, a equipe pode ser substituída por um agente responsável, formalmente designado.

Nessa etapa, a ferramenta mais utilizada é a matriz do tipo 5W2H, pois contém um conjunto de elementos que estabelece e deixa claro: o que será feito; quem irá fazer; quando deve ser feito; onde deve ser feito; por que fazer (justificativa); como fazer/qual método a utilizar para implementar o plano; e quanto custa (Paludo, 2024). A compilação desses dados traduz-se num cronograma operacional utilizado para o acompanhamento da execução.

A implementação pode ser completa ou gradual, adaptativa ou inovadora, mas sempre priorizando as ações de maior de maior impacto e viabilidade, considerando a estrutura, competências e recursos do município ou da instituição.

Na questão ambiental, as práticas devem estar relacionadas a: redução do consumo de energia mediante a promoção da eficiência energética, bem como incentivar o uso de energias renováveis; consumo consciente de água; gestão resíduos e emissões de gases de efeito estufa; e incentivo a compra de produtos e serviços sustentáveis.

Na área social, as ações compreendem: promoção da inclusão social e da equidade, garantia de acesso aos serviços públicos de qualidade a todos os cidadãos; promoção de políticas de diversidade e inclusão no ambiente de trabalho; apoio dos dirigentes a projetos e iniciativas que promovam a redução das desigualdades.

Quanto a governança: devem ser verificadas se os principais elementos da governança estão presentes e em funcionamento, com destaque para: critérios para a nomeação de gestores; transparência na divulgação de informações sobre a gestão e os resultados; ética e a integridade; participação das partes interessadas nas decisões estratégicas; a *accountability*, e a responsabilização dos agentes com poder de decisão.

O quadro 7 apresenta, de forma mais detalhada, ações que podem ser implementadas nas dimensões governança, ambiental e social.

QUADRO 7 – AÇÕES PRÁTICAS DE ESG

Gover-nança	1. Definir critérios para a nomeação de gestores e líderes. 2. Aperfeiçoar e ampliar a divulgação de dados e informações públicas. 3. Implementar ou fortalecer o sistema de gerenciamento de riscos relacionados com o ESG. 4. Implementar ou fortalecer programa de compliance e código de ética e conduta. 5. Criar ou fortalecer mecanismos de prevenção, detecção e combate a desvios e corrupção. 6. Criar ou ampliar os canais de participação das partes interessadas. 7. Fortalecer a transparência nas decisões, ações e resultados.
Dimensão Ambiental	1. Gestão de Recursos: Estabelecer programas de eficiência energética, hídrica e de materiais, incluindo: campanha de conscientização de servidores quanto ao uso eficiente de energia elétrica; substituir lâmpadas convencionais por lâmpadas LED em prédios e espaços públicos; instalar sistemas de energia solar em edifícios governamentais. 2. Gestão da Água: instalar dispositivos para economizar água em torneiras e vasos sanitários; captar e reutilizar água da chuva para fins não potáveis, como limpeza e irrigação; monitorar o consumo de água e estabelecimento de metas de redução; realizar campanha de conscientização de servidores quanto ao uso racional da água. 3. Gestão de Resíduos: Implementar planos de gerenciamento de resíduos sólidos, compreendendo: programa de coleta seletiva em todas as sedes da instituição pública, parcerias com cooperativas, ou grupos específicos, de reciclagem para destinação adequada dos resíduos; reduzir a geração de resíduos por meio da digitalização de processos e da redução do uso de papel; implementar ações para compostagem de resíduos orgânicos. 4. Mudanças Climáticas: Realizar inventário e desenvolver plano de redução de gases de efeito estufa; estabelecer metas de redução de emissões de GEE; incentivar o uso de transporte público, bicicletas e veículos elétricos pelos servidores; desenvolver projeto para compensação de emissões de GEE, mediante reflorestamento ou outras iniciativas. 5. Compras Sustentáveis: Incorporar critérios ambientais, sociais e de sustentabilidade nas licitações e contratos; priorizar a aquisição de produtos e serviços com menor impacto ambiental; exigir certificados para produtos reciclados ou biodegradáveis; incentivar à contratação de fornecedores que adotam práticas ESG.

Dimensão Social	1. Diversidade e inclusão: Instituir políticas de equidade de gênero, racial e de pessoas com deficiência; fomentar ações afirmativas para a inclusão de grupos minoritários no serviço público; promover a igualdade de gênero e o combate à discriminação e ao assédio; assegurar a acessibilidade em prédios públicos e serviços online para pessoas com deficiência. 2. Desenvolvimento e Bem-Estar: Implementar ações de promoção da saúde e qualidade de vida no trabalho; criar um ambiente de trabalho saudável e seguro; fomentar atividades físicas a ações de apoio psicológico; incentivar o equilíbrio entre vida a pessoal e profissional; criar programa de capacitação e desenvolvimento profissional, que permita o crescimento na carreira. 3. Relacionamento com a comunidade: Instituir canais de diálogo e engajamento com os cidadãos; promover o diálogo e a transparência com a sociedade; apoiar projetos sociais e culturais na comunidade; incentivar o voluntariado entre os servidores e demais colaboradores. 4. Impacto Social das Políticas Públicas: avaliar o impacto social das políticas públicas implementadas; incentivar a participação da sociedade na formulação e implementação de políticas públicas; apoiar projetos e iniciativas que promovam o desenvolvimento social e a redução das desigualdades.

FONTE: Os autores (2025).

5. Monitorar e Avaliar

O Monitoramento consiste na observação contínua da execução físico-financeira das ações de implementação das práticas de ESG, permitindo a identificação e superação das restrições. A avaliação, por sua vez, é um processo sistemático, integrado e institucionalizado de análise, que tem como objetivo avaliar os resultados e aprimorar as práticas organizacionais (Paludo, 2024).

Devem ser definidos indicadores para aferir o progresso das ações e o alcance das metas estabelecidas para o ESG. Registre-se que é preciso estabelecer o ponto de partida para medir uma evolução, e que os indicadores devem considerar a realidade do setor público, e as particularidades do município e de cada instituição.

Em seguida procede-se a coleta e análise de dados para alimentar os indicadores, e cria-se um painel de monitoramento para facilitar a identificação de áreas que necessitam de ajustes. Relatórios periódicos devem ser elaborados e remetidos à alta administração e aos responsáveis pela governança.

Ao final de uma etapa, ou do processo, faz-se a avaliação do alcance de objetivos e metas, com a utilização de indicadores pré-estabelecidos e demais informações coletadas na avaliação; e divulga-se os resultados das ações de ESG para a instituição, para a sociedade e para os demais interessados, de forma transparente e acessível.

Com os dados da avaliação, a instituição pode elaborar o relatório anual de sustentabilidade, ao qual deve ser dada ampla divulgação.

6. Revisar e aperfeiçoar

A revisão introduz as recomendações para corrigir as falhas identificadas nos processos de monitoramento e avaliação, no sentido de aprimorar continuamente o plano, a gestão e as práticas.

As iniciativas e práticas, as lições aprendidas, bem como outros aspectos de gestão, devem ser analisadas criticamente, tendo como resultado a incorporação e padronização das práticas positivas e/ou o realinhamento da estratégica e das ações para as práticas ineficientes.

Sempre que a instituição pública se deparar com algo que queira reavaliar e melhorar, inclusive quanto ao ESG, pode ser utilizado o Ciclo PDCA: ferramenta simples e eficaz para análise e melhorias na administração pública.

A revisão periódica do plano e das ações práticas de ESG, com base nos resultados obtidos no monitoramento e na avaliação, junto com o *feedback* dos *stakeholders* internos e externos, e a análise da conjuntura, é um bom caminho para o aprimoramento da gestão, das práticas e de todo o processo de ESG.

Deve-se avançar no aprimoramento, até que as práticas de ESG sejam suficientes para assegurar que a instituição pública, ou município, tenha uma boa governança, justiça social e proteção ambiental, capazes de assegurar a sustentabilidade, e gerar resultados que sejam bons para a instituição e contribuam para reduzir as desigualdades sociais, com transparência.

Ao concluir as etapas acima o município ou a instituição pública terão implementado as principais práticas de ESG, contribuindo para um futuro mais sustentável e com maior justiça social; todavia, registre-se que implementar o ESG não é uma iniciativa isolada, mas um processo contínuo, que começa com o comprometimento da autoridade máxima e demais colaboradores, seguido do planejamento, monitoramento e avaliação, e a análise e revisão visando seu aperfeiçoamento.

5

CONSIDERAÇÕES FINAIS

A implementação do ESG no setor público é um paradigma para os municípios e instituições públicas brasileiras, que vai além de tópicos isolados para um conjunto de ações planejadas e implementadas, visando fazer a diferença na proteção ao meio ambiente e na justiça social.

Para cumprir as regras constitucionais e assegurar um desenvolvimento sustentável, com proteção ao meio ambiente e redução das desigualdades sociais, é preciso regulamentação e transformação cultural de governos, altos gestores e demais colaboradores.

Em que pesem as limitações orçamentárias e a complexidade burocrática da administração pública brasileira, **cabe ao Estado o papel de liderar a transição** para um modelo de desenvolvimento mais sustentável. Missão que exige dos governos e gestores públicos a habilidade de articular e coordenar esforços para atuação conjunta e colaborativa do setor público, empresas privadas e sociedade civil.

Conforme demonstrado, o papel da governança no meio público é diferente do meio privado, e de forma mais acentuada quanto ao ESG. No setor público a governança é mais que um componente do ESG: ela está acima da administração e da gestão, e do próprio ESG.

Nessa posição, a governança exercendo seu poder de governar, orienta, direciona e exige, por meio de suas normas, regras e agentes, que a administração e a gestão respeitem e pratiquem os pressupostos apregoados pelo ESG: que as questões ambiental e social estejam presentes nos planos, decisões, ações e resultados públicos.

Para que o ESG/ASG se torne realidade, refletida em práticas consistentes, a governança deve ter sido implementada e estar em funcionamento, bem como é preciso uma regulação que fomenta o ESG na administração pública. O Poder público "deve realizar as regulamentações e alterações legislativas necessárias para adequar os normativos referentes à governança, ampliando sua abrangência para atender aos critérios de ESG" (Marx, 2023, p. 124); e as instituições públicas devem transformar as regras em medidas práticas, passíveis de serem implementadas pela administração e a gestão.

Todavia, o governo não conseguirá avançar sozinho, visto que suas ações são insuficientes para garantir o futuro sustentável: assim, é preciso trabalhar em conjunto com o setor privado e a sociedade. Incentivando a colaboração entre os setores público e privado, "é possível aproveitar as capacidades e recursos de ambos para enfrentar os desafios socioambientais que se apresentam" (Gomes, 2023, p. 120).

Implementar as práticas de ESG não é uma missão fácil: o bom é que os gestores públicos não estão sozinhos, pois eles podem contar com a governança, que, entre outros, trará as partes interessadas para o debate e unirá esforços públicos, privados e do terceiro setor, na busca pelo desenvolvimento sustentável, em harmonia com os ODS da ONU.

Nesse contexto, o cidadão e a sociedade civil também tem seu espaço, apresentando sugestões e cobrando, das empresas e dos governos, objetivos e ações alinhados com os princípios e práticas do ESG; e priorizando a aquisição de produtos e serviços de empresas comprometidas com esses valores.

Assim, é preciso um pacto interfederativo e público-privado para o desenvolvimento sustentável nos moldes do ESG, e "que privilegie a opção pela redução das desigualdades" (Nalini, 2021,160). Isso pode ser facilitado pela governança, pois a maioria de seus elementos contribuem para as práticas do ESG: preservação do interesse público, olhar social voltado para o bem comum, tomada de decisão participativa, comitês temáticos, código de ética, programa de integridade, análise de riscos, transparência, *accountability*.

Registre-se que não há desenvolvimento econômico sem desenvolvimento humano e social sustentável, e que **sustentabilidade tem a ver com preservar a vida**: desconsiderar a questão da justiça social e insistir em iniciativas que privilegiem o aspecto econômico, relegando a segundo plano o bem-estar da população obtido pela melhora da educação, saúde, trabalho, assistência social e sustentabilidade ambiental "seria como persistir no erro e nadar contra a maré da história", pois o desenvolvimento sustentável "deve modificar para melhor, o político, o institucional e o social, ou não haverá desenvolvimento" (Pereira & Wez Jr, 2021, p. 32).

ESG não é brincadeira; não é um modismo: é tema urgente que impacta diretamente em nossas vidas e na das futuras gerações, e protelar essas ações é atirar contra si e comprometer o futuro dos entes queridos e de toda a humanidade.

A crise climática e a desigualdade social são poderosos argumentos para que os governos, instituições públicas e empresas privadas **passem de boas intenções para ações concretas**, até como forma de responder a pressão de cidadãos e da sociedade civil por mais ações relacionadas com o social e a sustentabilidade.

Os recursos públicos não são abundantes, mas existem, e podem ser complementados mediante parcerias com a iniciativa privada: o que precisa é vontade política para determinar, e gestores públicos com ousadia para colocar em prática.

Assim, é preciso mudar a cultura corporativista pública (Nalini, 2021, p. 164), de preocupar-se com seus interesses e deixar de lado o interesse público-social (Silva, 2018), e implantar a cultura da ética, compromisso, transparência, e ações que contemplem os aspectos do ESG: a começar pela governança, pelo estabelecimento de critérios para a nomeação de gestores, e pela elaboração das normas que devem orientar as práticas, até a responsabilização pelos resultados.

Todavia, é preciso estar atento para não cometer a "lavagem verde" que ocorre no setor privado, onde as empresas – falsamente (Ruiz-Blanco *et al.*, (2021) – afirmam promover ações sustentáveis e de interesse social, no sentido de induzir os interessados a acreditarem num compromisso socioambiental que não existe.

Para afastar essa falha no meio público, e assegurar que o ESG seja verdadeiro, é preciso assegurar que a governança esteja em funcionamento, promovendo a ética, preservando o interesse público, zelando pelo bem comum, e proporcionando decisões participativas, transparência e prestação de contas, em que se demonstrem os resultados concretos quanto aos aspectos ambiental, social e de sustentabilidade.

REFERÊNCIAS

ABNT PR 2030/2022. **Recomendações para o setor ESG no Brasil**. Rio de Janeiro: ABNT. Disponível para compra em https://www.abntcatalogo.com.br/pnm.aspx.

ACOCELLA, Jessica; ROTTA, Helena M. Z. **Concessões verdes, agenda ASG e seus impactos positivos**. R. BNDES, Rio de Janeiro, v. 28, dez. 2021.

ANS. **Governança e Sustentabilidade**. Disponível em: https://www.gov.br/ans/pt-br/acesso-a-informacao/transparencia-e-prestacao-de-contas/planos--de-gestao-de-logistica-sustentavel. Acesso em 14.dez.2024.

ASSUNÇÃO, Marlene L; Almeida, Francisco A. S; Porto, Marcelo D. Environmental, social and governance (ESG): uma revisão sistemática. **CUADERNOS DE EDUCACIÓN Y DESARROLLO**, v.16, n.2, p. 01-18. Portugal, 2024.

AZEVEDO, M. E. P; LEBRE, A. P; Nagalli, A. Relatórios de sustentabilidade: gestão ambiental e Agenda 2030. **Revista da FAE**, Curitiba, v. 27, 2024.

BARBOSA, Christina; LOPES; Sonia; **Sustentabilidade**: gestão estratégica na prática. Rio de Janeiro: Brasport, 2018.

BELIZÁRIO, A.P; ÁVILA, L. V. Mensurando a sustentabilidade: uma revisão sistemática da literatura recente dos indicadores ESG na gestão de empresas, cidades e universidades. **Revista de Gestão e Secretariado** – GeSec. v. 5, n. 8, p – 02 – 20, 2024.

CHEN, Z., & XIE, G. (2022). ESG disclosure and financial performance: Moderating role of ESG investors. **International Review of Financial Analysis**, 83, 102291. https://doi. org/10.1016/j.irfa.2022.102291

Comissão Mundial sobre Meio Ambiente e Desenvolvimento (CMMAD). **Nosso futuro comum**. Rio de Janeiro: Fundação Getulio Vargas, 1988.

Controladoria do Estado de Santa Catarina. **Guia ESG para Gestoras e Gestores Públicos**. Florianópolis, 2022, 21p.

CORAL, Elisa. **Modelo de planejamento estratégico para a sustentabilidade empresarial**. 2002. 282 f. Tese (Doutorado em Engenharia da Produção) – Universidade Federal de Santa Catarina, Florianópolis – SC, 2002.

COSTA, Edwaldo; Ferezin, Nataly Bueno. ESG (Environmental, Social And Corporate Governance) e a comunicação: O Tripé da Sustentabilidade Aplicado às Organizações Globalizadas. **Revista ALTEJOR**. São Paulo, v. 2, 2021.

CRUZ, Breno de P. A. Ensinando Responsabilidade Social para Administradores: Um Enfoque Gerencial Contextualizado às Características Brasileiras. **VI Encontro de Estudos de Estratégia**. Recife-PE, jun-2009.

ELKINGTON, J. **Cannibals with forks**. Canada: New Society, 1999

ELKINGTON, John. Enter the Triple Bottom Line. In: Henriques, Adrian; Richardson, Julie (Org). **The Triple Bottom Line: Does it All Add Up**? 1st Edition. Londo: Routledge, 2004.

FEIL, A. A.; SCHREIBER, D. Sustentabilidade e desenvolvimento sustentável: desvendando as sobreposições e alcances de seus significados. **Cadernos EBAPE**.BR, 2017. v. 15, n. 3, p. 667–681.

FREY, Klaus. A dimensão político-democrática nas teorias de desenvolvimento sustentável e suas implicações para a gestão local. **Ambiente & Sociedade**, n. 9, 2001.

GOMES, Alex A. M. **As potencialidades da agenda ESG no fomento de interações entre o público e o privado**. Dissertação, PUC-Rio de Janeiro, 2023.

GRIMM, I.J. **Responsabilidade ESG empresarial**: uma liderança protagonista dessa transformação. E-Book. Instituto Superior de Administração – ISAE/FGV. 2024.

IBGC. **Boas práticas para uma agenda ESG nas organizações**. 1. ed. São Paulo: IBGC, 2022. Disponível em: <https://conhecimento.ibgc.org.br/Paginas/Publicacao. aspx?PubId=24587> Acesso em: 24.nov.2024.

ISO. (2018). ISO 37120:2018 - **Sustainable development of communities** – Indicators for city services and quality of life. Geneva: ISO.

LEONI, A.; GRIMM.I.J. **Integridade e a adoção dos princípios Environmental, Social and Governance (ESG) na gestão pública** In: Grimm, I.J.; Farias, A.S.; Santos,L.C.; Incorporação ESG à estratégia organizacional (Org). Curitiba: Appris 2023.

LOPEZ, F.; SILVA, T. M. Filiações partidárias e nomeações para cargos da burocracia federal (1999-2018). **Revista de Administração Pública**, Rio de Janeiro, v.53. n.4, p. 711-731, jul./ago. 2019.

MARX, César A. A nova governança pública e os princípios ESG. Controle Externo: **Revista do Tribunal de Contas do Estado de Goiás**. Ano 3, 2023. p. 115-125

MONTEIRO, Ana C.S. **Os fatores de sustentabilidade ESG e o desempenho das ações das empresas Europeias**. Dissertação, Universidade do Porto, Portugal, 2023.

MACHADO, P. K. O.; CHECON, B. Q. Análise do cumprimento de critérios de governança corporativa por empresas ditas como Ambiental, Social e de Governança. **FGV RIC Revista de Iniciação Científica**, v. 4, n. 1, 2023.

MARINHO, L. E. S; ANDRADE, J. N. T. Análise da aplicação do Triple Bottom Line em uma Indústria Alimentícia de Imperatriz-MA. **Revista Humanidades e Inovação** - ISSN 2358-8322 - Palmas - TO - v.10, n.11, 2017.

Ministério Público da União. **ESG e a Gestão Pública: Uma Visão Geral**. Brasília, 2023, 21p.

MOYER, J. D.; HEDDEN, S. (2020). Are we on the right path to achieve the sustainable development goals? **World Development**, n. 127, pp. 1-13.

NALINI, José Renato. ESG no universo jurídico. In: Revista Amagis Jurídica, **Ed. Associação dos Magistrados Mineiros**, Belo Horizonte, v. 13, n. 3, p. 151-166, set.-dez. 2021.

OCDE, 2017. **Investment governance and the integration of environmental, social and governance factors**. Disponível em: https://www.ocde.org/finance/Investment-Governance-Integration-ESG-Factors.pdf. Acesso em 14.dez.2024.

Páginas-web do: TCU, BACEN, MMA, ANS, BNDES, EMBRAPA, EBSERH, CNJ; ETHQUO, WE. FLOW, GRI, INSTITUTO LATINO-AMERICANO PARA A JUSTIÇA COLETIVA, SUSTAINABILITY, IBGC, REDE PACTO GLOBAL.

PALUDO, Augustinho V. **Administração Pública**, 11º ed. JUSPODIVM, São Paulo, 2024.

PALUDO, Augustinho V; OLIVEIRA, Antonio G. **Governança Organizacional Pública e Planejamento Estratégico para Órgãos e Entidades Públicas**, 2º ed. FOCO, São Paulo, 2024.

PALUDO, Augustinho V; PROKOPIUK, Mário. **Planejamento Governamental**, 2ª ed. ATLAS, São Paulo, 2014.

PEREIRA, Arcelo L.; WESZ JUNIOR, Valdemar J. Crescimento e desenvolvimento: revisão e discussão. **Revista da FAE**, Curitiba, v. 24, 2021.

POMPELLA, M., & COSTANTINO, L. (2023). ESG disclosure and sustainability transition: A new metric and emerging trends in responsible investments. **Taltech Journal of European Studies**, 13(1), 8–39.

RAZA, H., Ahmed, S., & REHMAN, S. (2022). **Applying artificial intelligence techniques for predicting the environment, social, and governance (ESG) pillar score based on balance sheet and income statement data**: A case of non-financial companies of USA, UK, and Germany. Frontiers in Environmental Science, 10.

RUIZ-BLANCO, S., Romero, S., & Fernandez-Feijoo, B. (2021). **Green, blue or black, but washing**–What company characteristics determine greenwashing?. Environment, Development and Sustainability, 24(3), 4024-4045.

SACHS, W. **Global ecology and the shadow of development.** In: SACHS, W. (Ed.). Global ecology. A new arena of political conflict. London: Zed Books, 1993.

SACHS, I. **Caminhos para o desenvolvimento sustentável**. Editora Garamond, 2008.

SACHS, J. D. (2015). **The age of sustainability development**, New York, Columbia University Press.

SANTOS, A. E. M.; CORINTO L. A; ANDRICH , R.G. **Gerenciamento de risco e ESG**. In: GRIMM, I.J.; FARIAS, A.S.; SANTOS, L.C.; Incorporação ESG à estratégia organizacional (Org). Curitiba: Appris 2023.

SILVA, Alexsander D. **O Conflito de Interesses Públicos e Privados em Sociedades de Economia Mista no Brasil**: A Busca Do Equilíbrio. Tese, Unb, Brasília, 2018.

SILVA, Joyce S. **Avaliação da governança municipal**: uma abordagem baseada nos ODS. 2022. Dissertação, UF-PE. Campina Grande, 2022.

TRENTIN, L; MARQUES. M. Modelo de consultoria em ambiental, social e governança [ESG]. **Rev. Adm. UFSM, Santa Maria**, v. 18, n. 1, e4, 2024.

TRUJILLO, F. D. **Sustentabilidade Empresarial**: uma abordagem analítica acerca dos desafios de implantação dos projetos sustentáveis. 2010. 56f. Monografia (Bacharelado em Ciências Econômicas) – Universidade Estadual de Londrina (UEL), Londrina, 2010.

TRUJILLO, F. D. **Usina de biomadeira para tratamento de resíduos sólidos urbanos em município de pequeno porte**: uma análise da viabilidade financeira utilizando a Simulação de Monte Carlos. 2021. 174f. Dissertação (Mestrado em Planejamento e Governança Pública) – Universidade Tecnológica Federal do Paraná (UTFPR), Curitiba, 2021.

TRUJILLO, F. D.; Trujillo, T. S.; Rasoto, V. I. O choque das políticas econômicas de incentivo ao consumo com a Lei Federal nº 12.305/10 e seus reflexos nos municípios brasileiros. **Revista do Serviço Público**, v. 71, n. 04, p. 859 – 886, ano 2020.

VOGT, Paola; BOTELHO, Louise L.; WENTROBA, Jaíne C. A teoria do desenvolvimento como liberdade de amartya sem. **Revista de Estudos Interdisciplinares**, Florianópolis, n. 2, 2023.

VOLTOLINI, R. (2021). **Vamos Falar de ESG?** - Provocações de um pioneiro em sustentabilidade empresarial. 1ª edição. Editora Voo, 225.

YIP, A., & YU, W. (2023). **The quality of environmental KPI disclosure in ESG reporting for SMEs in Hong Kong**. Sustainability, 15(4).

EDITORA
JusPODIVM
www.editorajuspodivm.com.br

Impresso por:

Docuprint
CNPJ 01.036.332/0001-99

JUS4526